# 中国信息通信业发展指导（2019）

中华人民共和国工业和信息化部办公厅 编

人民邮电出版社
北京

**图书在版编目（CIP）数据**

中国信息通信业发展指导. 2019 / 中华人民共和国工业和信息化部办公厅编. -- 北京 : 人民邮电出版社, 2019.11
ISBN 978-7-115-52168-2

Ⅰ. ①中… Ⅱ. ①中… Ⅲ. ①电信－邮电经济－经济发展战略－中国－2019 Ⅳ. ①F632.1

中国版本图书馆CIP数据核字(2019)第209576号

## 内 容 提 要

本书在分析中国信息通信行业2018年发展状况以及2019年发展形势和挑战的基础上，提出了2019年中国信息通信行业的发展目标、主要任务和重要举措。全书共分总体篇、专题篇和附录3个部分。其中专题篇包括工业互联网发展最新态势、智能+：高质量发展新引擎、大数据产业、技术发展及关键问题研究、全球人工智能关键技术应用及产业化趋势分析等反映2019年中国通信行业发展重点的专题。

本书适合基础和增值电信运营商、电信设备制造商、金融投资机构、科研机构和其他有关机构的管理和研究人员以及关注中国信息通信业发展的人士阅读及查阅资料。

◆ 编　　　　中华人民共和国工业和信息化部办公厅
责任编辑　王建军
责任印制　彭志环

◆ 人民邮电出版社出版发行　　北京市丰台区成寿寺路11号
邮编　100164　　电子邮件　315@ptpress.com.cn
网址　http://www.ptpress.com.cn
北京圣夫亚美印刷有限公司印刷

◆ 开本：787×1092　1/16
印张：18.75　　　　2019年11月第1版
字数：336千字　　　2019年11月北京第1次印刷

定价：368.00元

读者服务热线：(010)81055493　印装质量热线：(010)81055316
反盗版热线：(010)81055315

# 编　委　会

# 前　言

当今世界正处在科技和产业大变革、大融合、大发展的时期。以新一代信息通信技术为代表的信息革命方兴未艾，为全球经济社会发展不断积聚新动能，开辟新道路，拓展新空间。习近平总书记指出，要敏锐抓住信息化发展的历史机遇，充分发挥信息化对经济社会发展的引领作用，让信息通信技术更好地服务经济社会发展和人民生活的改善。

在过去的2018年，信息通信行业砥砺奋进、戮力同心。面对错综复杂的国内外形势，在以习近平同志为核心的党中央的坚强领导下，全行业奋发作为，扎实推进制造强国、网络强国建设，提前超额完成政府工作报告提出的网络提速降费年度任务，提前实现“十三五”规划电信普遍服务目标，5G研发和产业化进程加快，IPv6规模部署快速推进。行业改革开放步伐加快，“放、管、服”改革持续深入，重点领域改革加快推进，移动通信转售业务转为正式商用，中国联通混改方案落地实施，行业管理和安全保障工作持续加强。

2019年是新中国成立70周年，是践行新发展理念、全面建成小康社会的关键之年，实体经济的供给侧结构性改革与信息通信行业的转型调整交汇共振，信息通信基础设施对经济社会发展的核心驱动作用将日益凸显。中央经济工作会议强调要“加快5G商用步伐，加强人工智能、工业互联网、物联网等新型基础设施建设”。2019年政府工作报告强调要“打造工业互联网平台，拓展‘智能+’，为制造业转型升级赋能”“深化大数据、人工智能研发应用”“壮大数字经济”“加快在各行业各领域推进‘互联网+’”“持续推动网络提速降费”。

为深入贯彻党中央、国务院的决策部署，落实国民经济和社会发展对信息通信业提出的要求和任务，引导各地方信息通信主管部门、基础电信运营企业、互联网企业等协同推进信息基础设施建设和产业发展，持续增强信息通信业对国民经济的支撑作用，工业和信息化部组织编写了《中国信息通信业发展指导（2019）》，在总结回顾2018年全行业发展情况的基础上，研判重点领域发展态势，梳理2019年信息通信行业发展思路和目标，提出行业发展主要任务和行业管理重点举措，为行业管理者和从业人员提供指导与参考。

# 目　　录

# 第一篇　总体篇

## 一、2018年中国信息通信业发展回顾

2018年，我国信息通信业保持良好发展势头。基础电信业健康平稳增长，电信业务收入突破1.3万亿元，增速回落至3%；电信业务总量同比增长137.9%，比2017年增幅提升61个百分点。互联网及相关服务业保持平稳较快增长，规模以上互联网企业完成业务收入9 562亿元，比2017年增长20.3%。

### （一）信息通信基础设施建设扎实推进

**网络服务能力持续提升**。2018年，我国光纤宽带部署规模进一步扩大，接入网基本实现全光纤化，光纤接入端口占比提升至88%，光纤宽带覆盖水平进入全球领先行列。4G网络建设进入平稳发展期，全国城区及人口密度较大的中、东部农村地区覆盖进一步完善，4G基站总规模达到372万个，网络质量和承载能力持续优化。骨干网新平面建设初步完成，扁平化改造同步深入推进。基础电信企业启动第三张网的建设，打造智能化承载网络。IPv6规模部署快速推进，2018年骨干互联互通设备已全部支持IPv6，部分直联点设备已开启IPv6双栈功能，全国互联网骨干网络设备均已具备支持IPv6的能力。IDC建设全

面快速增长，2018 年全国 IDC 机架规模[1]达 215 万架，年增长率超过 30%。IDC 云化进程加快，IDC 云化率[2]（IDC 云机架数与总机架数的比值）平均水平为 23.9%。广东、北京、陕西、江西的 IDC 云化率较高，超过 40%。国际互联网出入口带宽快速提升，总带宽达到 7.8Tbit/s，年增幅近 20%。国际通信网络布局持续调整，桐乡、珠海等城市获批建设国际互联网数据专用通道，中国移动获批建设乌鲁木齐区域性国际通信业务出入口局。海外 POP 点达到 124 个。

**网络提速降费年度目标提前超额完成**。2018 年，我国百兆宽带普及提速，4G 网络覆盖和速率持续提升，宽带下载速率进入全球前列。截至 2018 年年底，100Mbit/s 及以上固定宽带用户占比达七成，4G 用户占比近 75%，12 月月户均移动互联网接入流量达 6.3GB，同比增长 1.3 倍。互联网骨干直联点达到 13 个，网间互联带宽新扩容 1 950Gbit/s，网间通信时延平均值同比降低 12%。固定宽带和移动宽带 4G 网络平均下载速率[3]比 2017 年同期分别增长 47.6%和 21.3%。互联网网间结算价格从 12 万元/（G•月）下降到 8 万元/（G•月），国内流量漫游资费全面取消，推出大流量资费套餐等，移动数据流量全年平均资费已降至 8.5 元/GB 以下，降幅达 63%，超额完成政府工作报告所提出的年内至少降低 30%的目标。基础电信运营商全年累计让利超过 1200 亿元[4]。

**电信普遍服务提前实现“十三五”规划目标**。前三批试点累计投入 400 多亿元，支持 27 个省的 13 万个行政村实施宽带网络建设和升级改造，行政村通光纤和贫困村通宽带比例均超过 97%。2018 年，我国启动第四批电信普遍服务试点申报工作，重点转向农村及偏远地区 4G 网络覆盖，支持行政村、边疆地

1 数据来源：中国信息通信研究院。
2 数据来源：中国信息通信研究院。
3 数据来源：宽带发展联盟《中国宽带速率状况报告第 22 期 （2018Q4）》。
4 数据来源：国资委。

区和海岛地区建设 4G 基站 1.4 万个。

**5G 研发和产业化进程加快。**5G 研发和产业化进程加快。2018 年，3GPP 完成 5G 国际标准第一版本的研制和发布，5G 进入商用部署的关键阶段。截至 2018 年 12 月底，我国 5G 技术研发试验第三阶段测试工作基本完成，5G 基站与核心网设备均可支持非独立组网和独立组网模式，达到预商用水平。国内运营企业积极开展规模试验，优化产品性能，积累运营经验。

### （二）电信领域改革开放步伐加快

**市场多元供给主体竞合发展。**2018 年，移动通信转售业务转为正式商用，截至 2018 年年底，42 家试点企业中已有 31 家获得移动转售正式商用许可。移动转售用户总规模超过 8 000 万户，占全国移动用户总数的比重达到 5%。宽带接入网业务试点范围进一步扩大，开放黑龙江、浙江、江西、山东、海南 5 省全部城市，新增廊坊、秦皇岛、包头、鄂尔多斯、曲靖、玉溪、楚雄、红河 8 个城市（州），试点时间延长至 2020 年年底。三网融合全面推进，广电企业获电信业务经营许可数量持续上升，截至 2018 年年底，全国广电企业已发展有线宽带家庭用户近 3 900 万户，并已获批参与 5G 建设。

**基础电信企业混改试点深入推进。**2018 年，中国联通混改试点向纵深推进：引 BATJ（百度、阿里巴巴、腾讯、京东）在内的 5 位战略投资者进入董事会，完善治理结构；有序实施员工限制性股票激励计划，全面推进基层生产单元全场景“划小承包”改革，强化激励；全面推进互联网化运营，在新零售、云计算、大数据、物联网等新经济领域与民营互联网企业持续开展合作；持续推进组织机构改革精简优化，压缩管理层级，深入挖潜，降本增效，提高企业全要素生产率。中国电信混改迈开关键步伐，旗下支付公司混改试点工作稳步推进，与民营企业传化集团成立合资公司，建设物流信息化平台。中国移动已开展子公司层面的混改研究工作。

### （三）互联网进入新一轮创新周期

**互联网行业规模保持平稳增长**。2018 年，我国上市互联网企业总营收达 1.9 万亿元，同比增速近 30%。截至 2018 年 12 月 10 日，国内外上市互联网企业总市值达 1.2 万亿美元，受国际形势、政策环境等因素的影响，2018 年年初下降 27.2%。移动互联网应用程序数量缓慢增长，我国市场上监测到的 App 数量全年净增 42 万款，总量达到 449 万款，其中我国本土第三方应用商店的 App 超过 268 万款，第三方应用商店分发累计数量超过 1.8 万亿次。

**新技术、新业务创新高度活跃**。当前互联网发展已进入“多点技术融合”驱动创新阶段，融合移动技术、新终端形态、区块链、人工智能技术形成发展合力，引领互联网产业进入智能融合的新发展周期。2018 年，我国互联网全行业研发投入达 490 亿元，同比增长 19%。互联网新模式、新业态频现，对传统的社交、电商等互联网基础业务产生显著影响。在社交领域，以短视频为代表的创新业态快速崛起，2018 年一季度国内短视频使用时长同比增长近 6%，与之相对，即时通讯使用时长下降 4.8%；抖音海外版 Tik Tok 市场影响大幅飙升，冲击全球社交市场格局。在电商领域，以拼多多为代表的拼团农村电商迅速发展，用户下载量逼近京东，活跃度超越京东和唯品会，直追淘宝，电商业务格局正经历深刻重构。

**互联网初创企业持续壮大**。2018 年，我国投融资市场保持快速增长，全年投融资案例达 2 685 件，比 2017 年的 1 296 件增长 107.2%，披露的总交易金额为 697 亿美元，比 2017 年的 484.8 亿美元增长 43.8%。其中超过 1 亿美元的融资案例共 125 起，同比增长 60.3%，融资金额达 555 亿美元，同比增长 59.2%。

同年，我国独角兽企业数量由 2017 年的 120 家上升至 186 家，全年累计新增 97 家，区块链行业企业首次上榜。小米、拼多多、美团点评、腾讯音乐等 24 家企业已完成 IPO 退出榜单，7 家因与其他公司合并或经营不善退出榜单[5]。

### （四）信息化融合发展不断增强

**线上、线下融合是政务服务创新发展的方向。**随着“互联网+政务服务”的深入推进，各地区在“广度”和“深度”上同时发力，依托实体办事大厅，运用互联网思维，充分利用网上服务大厅、实体大厅、手机终端、政务公众号和电话热线等渠道，构建“线上线下、虚实一体、多级联动”的“全天候、无缝隙”便民惠民政务服务体系。目前，29 个省级地方已建立了互联网+政务服务平台，其中 16 个地方平台已覆盖省、市、县三级，线上、线下立体化的政务服务平台体系初步形成[6]。

**数字孪生城市推动智慧城市建设进入新阶段。**当前，智慧城市正迈向从局部到系统、融合创新的发展新阶段，新型智慧城市对巨型复杂系统深度洞察能力的要求催生了数字孪生城市。2018 年，数字孪生城市的概念和技术逐步成熟，国内外陆续开展应用探索。雄安新区基于孪生系统打造新一代智能城市，将多方数据空间化，形成数字孪生的时空信息模型数据库，支撑城市智能应用。长沙经济开发区智慧园区和郑州市智慧水务数据仿真平台以资源整合为核心，将已建城市设施数字化、模型化，解决城市发展的痛点和难点问题。两种构建路径加快推动了数字孪生城市应用的落地。

**工业互联网政策落地推进，加快应用探索。**2018 年是我国工业互联网全面

5 数据来源：胡润研究院《2018 胡润大中华区独角兽指数》，榜单结合资本市场独角兽定义筛选出有外部融资且估值超 10 亿美元的优秀企业。数据截止日期为 2018 年 12 月 31 日。
6 数据来源：经济日报。

实施之年，工业和信息化部发布《工业互联网发展行动计划（2018—2020年）》，提出初步建成工业互联网基础设施和产业体系、初步构建工业互联网标识解析体系、推动30万家以上工业企业上云、培育超过30万个工业App、初步建立工业互联网安全保障体系等工作目标。工业互联网政策密集发布，2018年工业互联网创新发展工程共支持91个项目，核定72个工业互联网试点示范项目。工业互联网平台发展迅猛，目前国内具备一定产业影响力的工业互联网平台数量已超过50个[7]，平台应用日渐繁荣，模式创新活跃，应用场景集中于资产性能监控优化与生产运营分析，垂直领域聚焦能源、高端装备制造、工程机械等重点行业。

**云计算、大数据与实体经济深度融合。**云计算产业发展势头迅猛，服务能力大幅提升，应用范畴持续拓展，与实体经济各领域的融合渗透不断深入，已发展成为承载各行业应用的关键基础设施。2018年8月，工业和信息化部印发《推动企业上云实施指南（2018—2020年）》，强化政策保障，推动“企业上云”行动向纵深发展。大数据在各行业的应用逐渐加快，进入稳步成长阶段，互联网、电信、金融、政务、交通、医疗等领域大数据应用不断深化。《中国大数据发展调查报告（2018年）》显示，在分布于全国各地区各行业、规模各异的1 572家被调查企业中，已有近四成应用了大数据。

## 二、2019年中国信息通信业发展思路和形势

### （一）2019年中国信息通信业总体发展思路

坚持以习近平新时代中国特色社会主义思想为指导，全面贯彻落实党的十

7 数据来源：工业和信息化部摸底数据分析和中国信息通信研究院调研统计。

九大和十九届二中、三中全会精神，立足制造强国、网络强国建设全局，落实全国工业和信息化工作会议部署，坚持新发展理念，坚持推动高质量发展，坚持以人民为中心的发展思想，在“巩固、增强、提升、畅通”上下功夫，筑牢信息网络基础，促进数字经济发展，深化“放、管、服”改革，扩大高水平开放，强化创新驱动、改革推动、融合带动，系统构建网络安全保障体系，为信息通信行业平稳健康发展、建设现代化经济体系、全面建成小康社会提供有力支撑，以优异成绩庆祝中华人民共和国成立70周年。

### （二）2019年中国信息通信业发展

当前，我国经济进入新常态，由高速增长阶段转向高质量发展阶段，信息通信业也开始进入增速趋缓、质量提升的新阶段。2019年，信息通信业将加快自身供给体系创新变革，加速与实体经济融合，带动新技术广泛应用和新业务不断拓展。

**行业总体保持稳步增长态势，但增速持续放缓。在电信业方面**，行业收入增速趋缓，移动流量的薄利多销将带动移动数据业务收入的小幅增长，占电信业务收入的比重有望超过50%。包括物联网在内的固定增值业务加速发展，有望成为拉动收入增长的第一动力。**在互联网方面**，从内部来看，互联网企业在2C（面向消费者）领域竞争趋于饱和，逐渐转向2B（面向企业）等融合领域。从外部来看，互联网行业发展受资本市场影响较大，业内投资者信心将有所恢复，但资金投向选择会更加慎重，部分初创企业面临经营风险。**总体来看**，信息通信行业分化将进一步加剧，创新活跃的企业将继续加快成长，而部分盈利模式不清晰的企业将面临困境。

**网络新基础加快构筑，供给能力不断提升。**随着网络提速降费行动的深入实施，高速、移动、安全、泛在的信息基础设施加快形成，网络供给能力加速提升。**全光网**覆盖将从城市进一步向乡镇、行政村延伸，我国光纤宽带用户占比将进一步提升，排名全球居前；固定宽带全面迈入100Mbit/s时代，100Mbit/s以上用户占比逾80%。**4G网络**建设深入推进，全年将以查漏补缺为主，4G用户数量保持增长，对移动用户的渗透率继续提升。**物联网**市场将步入爆发期，车载智能终端、医疗健康服务、智能城市建设等垂直领域需求不断释放，蜂窝物联网终端用户将大幅增长，万物互联基础加快构筑。

**新技术与实体经济加速融合，新动能有望加速形成。在5G方面**，2019年是5G商用部署的关键之年，产业链将进一步成熟。即将推出5G智能手机，基于5G的行业应用也将不断创新涌现。**在工业互联网方面**，标识解析国家顶级节点、二级节点建设工作加快推进，网络建设率先突破。试点示范和创新发展工程继续开展，产业生态加快完善，促进网络协同制造、管理决策优化、大规模个性化定制、远程运维服务等新模式、新业态蓬勃发展。**在云计算方面**，《推动企业上云实施指南（2018—2020年）》深入推进，云计算供应商将开展差异化创新，推出垂直化、定制化解决方案，加快金融、教育、医疗等众多行业上云。**在人工智能方面**，计算机视觉、自然语音处理、人—机交互等技术将加速在广告、媒体、医疗、制造等传统领域渗透融合，催生出多种创新应用场景，衍生出众多新业态。

## 三、2019年中国信息通信行业管理重点工作举措

2019年是新中国成立70周年，是全面建成小康社会的关键之年，信息通信业将立足制造强国和网络强国的建设全局，重点推进以下3个主要任务。

**夯实信息基础设施建设**。继续开展网络提速降费，启动宽带网络“双 G 双提，同网同速”行动，做好精准降费。深化电信普遍服务试点。推进 IPv6 规模部署。加快 5G 商用步伐，加快应用创新。积极稳妥推进电信行业开放。

**强化信息通信市场监管**。强化 IPv6 地址和 ICP 备案管理。出台鼓励和规范新型电信业务健康有序发展的指导意见。深入推进行风建设，强化用户个人信息保护。

**强化网络信息安全管理**。系统构建工业互联网安全保障体系，推进关键信息基础设施防护，依法强化网络数据安全监管，全面提高网络安全依法监管、综合治理、应急保障和产业促进水平。

重点做好以下工作。

### （一）扎实推动宽带网络提速降费

**加快千兆网络建设**。加快固定宽带千兆（G 比特）网络建设，推动基础电信企业在超过 300 个城市部署千兆宽带网络，覆盖用户规模超过 2 000 万，为高带宽应用创新和推广提供基础网络支持。

**推动实现农村城市“同网同速”**。加快推进剩余未通光纤行政村网络建设步伐，加大投资深度贫困地区网络基础设施的力度。组织实施新一批电信普遍服务试点，重点支持行政村、边疆地区和海岛 4G 基站建设，农村 4G 和光纤覆盖率双双超过 98%，具备百兆接入能力，实现与城市同网同速。

**推动高速宽带普及**。加快基站扩容升级。进一步推动提升用户宽带速率，使用 100Mbit/s 及以上宽带用户比例超过 80%。继续推动 2G、3G 用户向 4G 网络迁移，4G 用户渗透率超过 80%。鼓励企业推出多种上、下行速率配比业务，满足用户多样化业务需求。提升远程教育、远程医疗网络质量，扩大应用范围。

**持续推动降费工作**。鼓励基础电信企业为中小企业推出更有针对性的优惠资费方案，推动 2019 年中小企业宽带平均资费再降低 15%；通过推广大流量产品、降低老用户套餐外流量单价等多种方式，推动移动网络流量平均资费再降低 20%以上，使降费实实在在。

**规范资费套餐设置**。督促基础电信企业对所有在售资费方案进行“清单式”公示，减少在售套餐的数量，探索实施按“业务单价+使用折扣”的简单收费模式，保障地板价资费和用户自由选择权。组织基础电信企业开展用户面对面等座谈会，增进沟通理解，推动改进工作，让消费者明明白白。

**优化政策保障措施**。继续推动地方政府将通信基础设施专项规划纳入城乡总体规划、土地规划及控制性详细规划，继续推进光纤到户国家标准实施。开展商务楼宇宽带垄断专项整治工作，推动优化中小企业发展环境。推动有关部门在管道、杆线等资源出租方面给予支持，促进电力、铁路、交通、市政等公共设施开放，降低宽带基础设施的建设成本。

### （二）持续推动信息通信网络优化升级

**深入优化互联网网络架构**。推动网间带宽扩容，新增扩容 2 500Gbit/s。推进新型互联网交换中心建设。组织开展 IMS（IP Multimedia Subsystem，IP 多媒体子系统）网络互联互通试点。优化国际通信网络布局，推动升级边境地区通信出入口，提高国际通信能力。推动国际互联网数据专用通道建设，管好、用好专用通道，服务地方外向型经济发展。

**加快推进 IPv6 规模部署**。围绕城域网、接入网、数据中心等薄弱环节，进一步强化网络基础设施 IPv6 改造，为更多 LTE 终端、固定宽带终端、政企用户分配足够的 IPv6 地址，提供 IPv6 接入服务。加快 CDN、云服务平台的 IPv6 改造进度，全面提升 IPv6 网络流量优化调度能力。在持续推进存量网站及移动互联网应用（App）开展 IPv6 升级改造的基础上，推动国内应用商店开展移动互联网应用（App）IPv6 支持度检测与标识工作。积极开展基于 IPv6 的工业互联网网络和应用改造试点示范，引导更多用户与应用向 IPv6 迁移。加快完善 IPv6 发展监测平台，尽快形成对网络、应用、终端、用户、流量等关键指标的实时监测能力，定期发布全国 IPv6 发展指标报告。进一步优化互联网信息服务备案管理、电信设备进网检测、电信业务管理等政策保障，出台预期更加明确、操作性更强的支持措施，为 IPv6 发展创造良好条件。

**完善 IPv6 网络支撑体系**。印发 IPv6 地址编码及备案管理规范，指导 3 家基础电信企业、教育网、科技网制定编码规划并组织实施。组织开展骨干直联点 IPv6 升级改造，完成率达 100%。健全完善 IPv6 网络运行监测和通报机制，推动开通网间 IPv6 带宽 5Tbit/s。根据 IPv6 技术发展，修订完善进网检验要求，实现新进网相关电信设备支持 IPv6。推进网站与 App 的 IPv6 升级，进一步完善互联网信息服务备案管理、电信业务管理等政策保障，推动出台支持措施。

### （三）高质量推进电信普遍服务试点和网络扶贫

**扎实推进第四批试点**。加强对各地方管局的指导督促，尽早完成 1.4 万个 4G 基站建设，力争提前实现 98%行政村通光纤。组织修订《电信普遍服务试点竣工验收办法》，完善电信普遍服务管理支撑平台，支撑 4G 项目竣工验收工作。

**启动实施第五批试点**。联合财政部组织实施 2019 年度电信普遍服务试点，继续支持行政村、边疆地区和海岛建设 4G 网络。统筹做好试点申报、遴选评审、试点批复、资金拨付、招投标、合同签订等各重点环节工作。

**加强贫困村宽带网络建设**。深入贫困地区开展实地调研，建立未通宽带贫困村台账。召开重点省工作推进会加强部署，结合电信普遍服务试点的实施，加快推进贫困村宽带网络的建设，力争具备建设条件的行政村（含贫困村）全部通光纤。

**面向贫困用户实施精准降费**。督促基础电信企业落实《关于持续加大网络精准扶贫工作力度的通知》要求，引导支持企业对全国建档立卡贫困户提供基础通信服务，并给予最大幅度的折扣优惠，组织各省通信管理局建立用户台账，按季度跟进进展情况，做好优秀网络扶贫案例的推广。

**强化重点网络应用**。联合教育部开展学校联网攻坚行动，全面改善农村及偏远地区学校网络的接入条件，中小学宽带接入率达到 97%，促进“互联网+教育”的普及。联合国家卫生健康委员会开展“互联网+健康扶贫”试点，继续扩大试点范围，加强试点经验的推广，支持工业和信息化部定点扶贫县汝阳县开展试点建设。

### （四）加快推进 5G 研发与应用

**持续推进国际标准化**。在 ITU 和 3GPP 国际标准化组织的统一框架下，依托 IMT-2020（5G）推进组，推动国内外产业界持续开展 5G 国际标准化工作，推进 5G 第二阶段标准（R16）的研制。

**加快推进研发和商用进程**。推动 5G 增强技术与产品研发。发挥运营企业和制造企业的主体作用，全面开展系统、芯片和终端的互联互通测试，着力建设高速、安全、泛在的高质量 5G 精品网络。提前部署 5G 增强技术试验和 5G 毫米波关键技术试验验证。拓展 5G 在车联网、医疗、4K 高清电视等领域的商业应用，促进5G与工业互联网的深度融合。

**加快推进应用创新**。扎实做好标准、研发、试验和安全配套工作，加速产业链成熟。引导社会力量共同推动5G应用发展，继续组织应用征集大赛，发掘并孵化更多创新应用，形成试点示范效应，带动应用发展。发挥地方优势，做好大赛项目征集的组织工作。

**深入开展全球合作**。进一步推动国内外产业界在技术标准、试验验证、融合应用等领域的沟通与合作，促进全球共识，打造开放共赢的5G产业生态。

### （五）促进互联网和实体经济深度融合，提升创新引领能力

**加强工业互联网新型基础设施建设**。统筹推进网络、平台、安全三大体系建设，出台工业互联网专项工作组2019年工作计划，制定《工业互联网标识解析二级节点整体规划和建设导则（试行本）》，研究起草工业互联网标识管理办法，推进相关标准研制并开展测试验证和应用推广。加快工业互联网标识解析国家顶级节点、二级节点的建设，引导各省市建设20个二级节点，引导企业加快工业互联网内、外网建设，形成30个企业标杆网络。组织实施2019年工业互联网试点示范和创新发展工程，遴选2019年工业互联网试点示范项目和3个左右工业互联网产业示范基地。组织定期召开专项工作组会议，健全信息报送和动态监测机制，组织开展政策评估和调查研究。推动工业互联网产业联盟发展壮大，加强关键技术攻关、产业化应用和国际合作。

**推动新技术、新业务有序发展**。出台《关于鼓励和规范新型电信业务健康有序发展的指导意见》，研究修订《电信业务分类目录》。加强对云计算、物联网、大数据、区块链等新技术、新业务的研究，健全完善管理工作机制。推动eSIM在工业互联网、物联网等领域的应用，研究行业融合终端的监管措施。

## （六）强化通信基础设施建设，促进资源节约共享

**推进通信基础设施专项规划**。指导各地推进通信基础设施专项规划的报批发布，与城乡各项规划衔接并做好落地实施，保障通信基础设施建设的通行权。协调推进各方落实雄安新区总体规划要求，与雄安新区建设同步开展新区信息基础设施建设。支持北京、河北两地做好冬奥信息基础设施建设。加强与铁路部门沟通，提升铁路沿线公网的覆盖水平，推进京雄、京张、川藏等重点工程的进展。

**深入推进光纤网络建设**。加强光纤到户相关国家标准的实施，推进新建住宅小区和商业楼宇的光纤接入，以及已有小区和商业楼宇的光纤改造，提升宽带接入端口中的光纤端口比例。配合住房和城乡建设部开展工程建设全文强制性国家标准的编制，将通信设施建设要求纳入建筑类相关标准。继续组织编制《公共场所光纤宽带接入工程技术规范》，推进机场、火车站等公共场所光纤宽带网络的建设，促进光纤网络全覆盖。指导各地在工程建设项目审批制度改革中推动落实通信设施建设方面的相关要求。

**持续深化电信基础设施共建共享**。印发《推进电信基础设施共建共享的实施意见》，明确共建共享相关要求。深入开展商务楼宇宽带垄断专项整治工作，加强与住房和城乡建设部、市场监督管理等部门的工作协同，强化对商务楼宇宽带接入业务的监督执法，保障用户的自由选择权。联合交通运输部持续推动高速公路沿线基础设施共建共享。

**优化云计算数据中心布局**。深入调研全国数据中心的产业现状，跟进研究数据中心产业需求和边缘计算等新技术模式的应用。继续编印《全国数据中心应用发展指引（2019）》，引导各区域协同发展，促进用户合理选择资源，指

导产业发展。开展国家新型工业化产业示范基地（数据中心）和发展质量评价有关工作。

### （七）统筹推进对内、对外开放

**深化电信市场向民资开放**。引导民资进一步进入基础电信领域，持续推动移动转售发展，研究探索转售业务在移动物联网等新兴领域的应用，鼓励企业为消费者提供差异化服务。继续扩大宽带接入网业务试点范围，持续深化试点，做好试点工作的总结评估，重点研究试点的瓶颈问题，为宽带接入网业务正式商用奠定基础。

**推动电信开放工作**。进一步落实《自由贸易试验区外商投资准入特别管理措施（负面清单）（2018 年版）》，推广上海自贸区增值电信开放政策。进一步优化外商投资电信领域准入服务。通过双边、多边机制和 ITU 等国际组织平台，促进信息通信领域国际交流合作，推广我国信息通信业的成功经验。

### （八）深化“放、管、服”改革，优化营商环境

**优化业务准入管理与服务**。运用大数据等技术手段，优化码号审批流程。完善电信业务综合管理平台，提升电信业务经营许可管理和服务能力。推行电信设备进网“全程网办”，进一步提升网上申请率和许可标志对应关系的自动上传率。

**创新事中、事后监管方式**。加强信用管理，公示电信业务经营不良名单，指导建立互联网信息服务备案实名失信主体库，推进联合惩戒。持续推进“双随机、一公开”监管，创新码号资源使用情况的监督检查，改进电信业务经营许可和电信设备进网证后监督。强化对信息通信领域大型企业和上市公司的管

理，逐步完善重点企业的监管机制。强化执法问责，健全执法标准、流程和规则。

**加强骚扰电话等专项整治**。加强骚扰电话的综合整治，强化技术防范能力建设，建设骚扰电话禁呼平台。综合采用多种手段，规范通信资源管理，加强骚扰电话的源头治理。升级骚扰电话投诉举报系统，完善投诉举报处置机制，实现用户投诉率低于 0.06%。严格规范网间号码传送，加强对境外诈骗电话的拦截。深入开展互联网网络接入服务市场的清理规范工作，维护校园电信业务的市场秩序，协调处理信息通信市场重大热点纠纷事件。

**优化通信建设招投标管理**。修订通信工程建设项目招标投标管理的相关规定，协同推进招投标法律法规的修订完善。探索推进“互联网+监管”，提升通信工程建设项目招投标管理平台功能，发挥平台数据的统计分析作用。组织开展招投标检查，指导企业探索创新招投标的新方法、新举措，妥善处理招投标活动投诉。完善评标专家管理，提升评标专家的业务能力，规范评标行为。组织开展相关资质的行业审查，推进审查的电子化，配合开展工程建设领域“挂证”行为的专项整治工作。

**提升设备进网管理水平**。强化移动智能终端应用软件管理，提升终端设备用户信息的保护能力。推动建立进网电信设备监管平台，督促电商平台强化对销售电信设备行为的管理。开展进网检测机构的比对验证和监督检查工作。探索优化计费监督管理方式，推动企业开展电信计费系统计费性能的检测。

### （九）夯实互联网基础管理，提升行业管理能力

**强化互联网资源和应用管理**。强化移动互联网管理，推动将 App 纳入互联网信息服务备案管理范畴，建立相关备案管理制度。加强网络实名管理，研究制定网络实名相关行业标准，利用人工智能等新技术开展网站备案和域名实名

核验。强化互联网基础资源联动管理，提升“ICP/IP 地址/域名备案管理系统”支撑能力，完善域名、IP 地址、网站和 App 联动管理机制。进一步做好违法违规的网站和 App 的处置工作。

**加强域名解析服务管理**。加强域名递归解析服务行业管理，规范市场行为。提升互联网域名解析能力。按照国际标准组织引入 1 个根镜像，建设 2 个“根区副本”和 5 个顶级域名解析服务节点。

**做好互联网融合业务协同监管**。加强互联网金融监管，完善国家互联网金融风险分析技术平台专班工作机制，推动平台建设应用，做好互联网金融风险整治工作。加强互联网交通监管，加强网约车线上服务能力认定和相关电信业务监管，做好互联网交通事中、事后联合监管。做好新媒体的融合推广工作。

### （十）切实保障用户合法权益，增强人民群众的获得感

**强化服务质量监管和用户权益保护**。完善电信用户申诉系统，优化处理流程，严格转办时限管理，全年用户申诉处理及时率达 99.84%。创新互联网用户投诉处理模式，组织开展互联网信息服务用户投诉试点工作。加强电信服务和收费行为监督检查，强化社会监督，督促企业加强源头治理，妥善解决群众反映的问题。

**加强网络数据管理和用户个人信息保护**。完善用户个人信息保护标准体系，推动发布用户个人信息保护相关行业标准。强化用户个人信息保护技术检测和监督检查，加大对违规行为的处置和曝光力度。推动出台电信和互联网网络数据管理政策。推进行业自律，引导电信和互联网企业做好网络数据和用户个人信息的保护工作。

**深入推进电信行风纠风工作**。制定年度电信行风纠风工作指导意见，优化

设置行风纠风考核指标，强化指标对企业加强源头治理的导向作用。加大电信行风纠风的监督检查力度，坚持问题导向，加强行业作风建设，大力整治不明扣费、限制用户更改套餐、限制停机销户、增值业务不知情定制、强制消费、乱收费等社会关注的突出问题和群众反映强烈的热点、难点问题。组织开展电信用户满意指数测评，优化测评方式。

**推动全国实行“携号转网”**。研究制定号码携带全国推广技术方案，推动企业按期完成全网改造、系统建设及网间联调联试工作。研究制定《移动电话用户号码携带管理办法》，为“携号转网”业务办理、规范运营和监督管理等提供制度保障。规范“携号转网”业务办理，加强监管擅自增设办理条件、人为设置障碍、利用“携号转网”实施不正当竞争等行为。

### （十一）加强网络建设和运行管理，提升应急通信保障水平

**加强质量监督和安全生产工作**。做好《通信工程质量监督管理规定》的宣贯实施，提升质监工作水平和人员的业务能力。部署通信建设领域安全生产工作，提升施工现场安全管理水平，强化安全生产隐患排查治理。按照“双随机一公开”要求，开展工程质量和安全生产联合检查，督促企业及时整改发现的问题。完善通信工程质监系统，组织做好质量监督申报、验收备案和安管人员考核，探索对民营铁塔建设工程的质量和安全生产管理。加强安全生产宣传教育，提高从业人员的依法合规意识和事故应急处理能力。

**强化网络运行管理**。指导基础电信企业和大型互联网企业加强运行维护，确保网络和业务平台平稳运行。督促基础电信企业加强电信设施保护，防范打击盗窃破坏电信设施的行为，做好通信网络的防雷工作。做好电话网、互联网性能和质量监测，强化运行情况通报，保障网络通信畅通。

**做好应急通信保障**。全力做好重大活动以及防汛抗旱等突发事件的应急通信保障。推动修订《国家通信保障应急预案》，健全完善新形势下的“互联网+应急通信”全方位综合保障机制。强化技术手段支撑，推动应急指挥调度系统升级，提高应急通信指挥能力。加强应急通信保障队伍的建设，提升队伍的专业化水平。

### （十二）强化网络信息安全监管和技术能力

**全力做好新中国成立 70 周年网络安全保障**。坚决贯彻落实党中央统一部署，紧紧围绕网络安全保障工作要求，强化一体化指挥调度，进一步完善部、省、政、企应急保障工作体系，加强与相关部门协同联动，组织全行业以高度的政治责任感圆满完成“两会”、第二届“一带一路”国际合作高峰论坛以及国庆 70 周年庆祝活动等重大活动的网络安全保障任务。

**聚焦工业互联网安全，提升体系化保障能力**。出台指导性文件，建立工业互联网安全风险评估、数据保护、信息共享、监督检查等管理制度，强化企业主体责任，研究制定相关安全标准，指导各地方、行业企业形成合力，有序推进构建安全责任保障体系。建设国家工业互联网安全技术监测平台，指导建设省级平台并与国家平台对接，全力推动构建国家、地方、企业三级协同的安全技术保障体系，及时高效发现通报处置安全风险。深入实施工业互联网创新发展工程和安全试点示范，加大安全技术研发、成果转化和解决方案的支持力度，推广工业互联网安全解决方案和最佳实践，为工业互联网安全产业的发展提供支撑。

**强化依法监督和行政执法，提升网络数据安全监管能力**。实施网络数据安全保护能力提升行动，开展网络数据使用管理合规性评估，依法强化数据对外合作使用等重点环节监管，指导督促基础电信企业和重点互联网企业健全、完善企业网络数据安全合规的管理体系。建立网络数据安全季度通报制度，强化网络数据和用户个人信息保护社会监督和举报受理，加大对外公开曝光力度。联合相关部门开展违法违规收集使用个人信息专项治理行动。加强网络数据安全技术保障能力的建设，加大网络数据安全技术创新和项目推广应用的力度，研究制定行业网络数据分类分级、技术防护、安全评估等标准。

**加强关键信息基础设施防护，提升监测预警和应急处置能力**。出台保护电信和互联网行业关键信息基础设施的相关政策标准，开展行业关键信息基础设施的认定。修订《通信网络安全防护管理办法》，健全网络安全定级备案、网络漏洞管理、网络安全检查等制度，完善行业网络安全防护管理体系。强化网络安全监测处置手段建设、网络威胁专项治理和突发事件应急处置。加大对移动恶意程序、典型病毒、网络安全漏洞等网络威胁的专项治理力度。健全网络安全突发事件的预警防范、分析研判、风险提示、应急处置等全流程工作体系，组织开展网络安全突发事件应急实战演练，切实提高网络安全突发事件响应处置能力。

**统筹推进网络安全技术手段建设，提升网络安全技术保障能力**。加快推动行业网络安全监管综合支撑平台建设，大力推进数据资源共享复用，整合现有技术手段功能性能，构建集中统一、上下联动、合作共享的行业安全监管综合技术保障体系，巩固和提升行业网络安全技术保障能力。紧紧围绕网络技术业务创新发展新趋势，聚焦卫星互联网、IPv6、物联网、人工智能等重点领域，加强网络安全重大工程项目储备和重大课题研究，进一步提升科学决策和管理水平。

**大力发展网络安全产业，强化产业支撑能力**。深入推进北京国家网络安全产业园区建设，引导更多网络安全企业入驻园区，努力构建产、学、研、用、投一体化的产业生态，示范引领产业发展。推动出台促进我国网络安全产业发展的政策文件，指导全国网络安全产业高质量发展。统筹考虑产业发展阶段、人才优势和发展环境等因素，在全国范围内分布推进国家网络安全产业园区建设。组织开展第四批网络安全技术应用试点示范，聚焦大数据、人工智能等新技术和 5G、IPv6 等新领域，围绕漏洞挖掘、态势感知等网络安全技术创新，面向社会开展项目征集，促进网络安全和数据安全先进技术创新和产品服务应用推广，推动网络安全产业发展。

**深入推进网络诚信体系建设**。全面推广电话用户入网人像比对技术应用，依法依规推进跨部门信息共享，完善物联网行业卡安全管理制度规范和技术监测手段，构建物联网行业卡安全管理体系。健全完善源头治理、技术防范、行业自律、社会监督于一体的行业电信网络诈骗综合防范体系，推动建立行业电信网络诈骗失信主体黑名单制度，优化行业责任督导机制，夯实企业主体责任。加快部省两级互联网诈骗系统建设和数据联动共享。强化企业安全责任落实，深化基础电信企业安全责任考核，巩固考核效能。拓展新技术新业务安全评估，健全评估工作机制和第三方评估队伍，推动将评估结果与行业信用体系建设有机结合，进一步提升评估工作的规范性、科学性和有效性。

# 第二篇　专题篇（专家视点）

## 专题一　工业互联网发展最新态势

### 一、国际工业互联网发展现状

随着新一轮科技革命和产业变革的蓬勃发展，第四次工业革命在全球范围内蓬勃兴起。发展工业互联网成为主要国家和地区推动制造业数字化、网络化、智能化发展的重要抓手。当前，全球工业互联网快速发展，呈现两极多元、重点突破、合作共赢的整体态势。

**一是美德引领，多元发展**。美德两国通过战略规划、资金支持、组织保障等手段，抢占工业互联网发展的制高点。美国 2018 年发布了《先进制造业领导力战略》，加快制造业数字化、智能化发展，国家科学基金会连续 14 年对工业互联网关键使能技术提供资金支持。2019 年，美国国防部资助数字制造和设计创新中心（DMDII）1 000 万美元开展与工业互联网相关的技术研究。德国相继发布了《新高科技战略（3.0）》《数字议程（2014—2017 年）》《数字化战略 2025》，为工业互联网体系化建设和持续推进提供政策保障。2019 年 2 月又发布了《国家工业战略 2030》草案，强调要积极发挥政府的作用，推动工业互联网相关技术发展以在未来竞争中保持领先优势。各级政府均投入大量的资金支持工业 4.0（含工业互联网）发展。除美德外，日本、英国、法国等发达国家以及印度、印尼等发展中国家也都积极部署工业互联网以带动本国产业的转型升级。

**二是巨头带动，重点突破**。龙头企业充分发挥在信息通信领域和制造领域的规模和技术优势，以工业互联网平台为关键抓手，加速技术创新，强化服务能力，打造应用生态，不断强长板、补短板，持续取得重点领域突破。SAP 在 HANA 平台的基础上，进一步推出涵盖边缘计算、大数据处理与应用开发功能的 Leonardo 平台；微软 Azure IoT 平台不断丰富远程设备监控、预测性维护、工厂联网与可视化等功能；博世融合开源组织，打造了一个从数字双胞胎到嵌入式编程的边缘开放生态。此外，工业互联网领域的创业创新日渐活跃，涌现出一批拥有“撒手锏”技术或应用且广受资本青睐的创业企业。

**三是开放合作，互利共赢**。工业互联网的发展融合程度高、技术标准杂、前期投入大，仅靠单个企业无法实现发展壮大。组建产业联盟，加强战略协作，成为产业界推动发展的主要途径。美国工业互联网联盟（IIC）汇聚全球 30 余个国家和地区的近 250 家企业共同发展，成为全球最重要的产业组织，并与德国工业 4.0、中国工业互联网产业联盟（AII）、日本产业价值链促进联盟等国际组织建立战略协作关系，共同推动发展。此外，巨头企业强强联合，加快在前沿领域的研究和布局。倍福、博世、德国电信、爱立信等欧洲企业联合成立了工业互联与自动化 5G 联盟（5G-ACIA），推动 5G 在工业生产领域的落地。

## 二、我国工业互联网的发展现状

党中央、国务院高度重视工业互联网的发展。习近平总书记强调，要深入实施工业互联网创新发展战略，加强建设工业互联网新型基础设施。李克强总理多次指出要加快发展工业互联网，并连续两年在政府工作报告中提出要建设工业互联网平台。近年来，在政、产、学、研、用各方的共同努力下，我国工业互联网已经从理念普及迈入实践深耕阶段，并取得了一系列积极进展。

**一是顶层设计日益完善**。2017 年 10 月，国务院发布了《深化“互联网+先进制造业”发展工业互联网的指导意见》，成为推动我国工业互联网发展的纲领性文件。2018 年，先后成立了工业互联网专项工作组和战略咨询专家委员会，发布了《工业互联网发展行动计划（2018—2020 年）》等重要文件，进一步细化了我国工业互联网发展的目标和要求。网络、平台、安全等重点领域的实施指南或发展规划也已经发布或加快研究，我国工业互联网顶层设计的“四梁八柱”加快构筑。地方政府也结合地方优势产业加快部署，20 余个省、市、自治区政府发布了本地工业互联网发展规划，部分有条件的地方政府还发布了配套专项，引导工业互联网发展壮大。

**二是供给能力显著提升**。网络支撑能力不断增强，我国已建成了全球领先的 4G 网络和光纤宽带网络，IPv6 改造基本完成，标识解析体系“东西南北中”五大国家顶级节点初步建立，新兴网络技术和产业与国际基本同步。平台供给能力日益壮大，具有一定影响力的平台已超过 50 个，一批综合性平台的业务收入合计超过 50 亿元，重点平台连接设备数平均达 59 万个，工业 App 创新快速推进。安全保障体系加速构建，国家、省、企业三级技术保障体系基本建成，工业互联网安全标准试验验证环境搭建完成，安全产品快速推广。

**三是应用渗透全面拓展**。工业互联网的应用深度和广度不断加深，支撑产业转型发展的成效愈发凸显。一方面，工业互联网应用程度不断加深，不仅帮助企业实现各类生产资源的优化配置，还提供全面优化生产流程的解决方案，实现生产成本降低、产品质量优化和绿色低碳发展。部分先行先试企业的劳动生产率提高超过 20%，万元工业产值综合能耗降低超过 6%。另一方面，应用范围向多领域拓展，工业互联网自主产品和解决方案在石化、钢铁、能源、机械、轻工等各大工业领域得到广泛应用，带动新模式、新业态加速涌现，行业价值空间加速扩张，发展新动能不断壮大。部分制造企业借助工业互联网实现服务化转型，加快向价值链高端迁移。

**四是产业生态日渐完善**。AII（Alliance of Industrial to Internet，工业互联网产业联盟）作为我国工业互联网产业生态的重要载体，已吸纳制造业、信息通信业、科研机构等 1 000 多家国内外主体共同参与，发布研究成果 32 份，启动 45 个测试床项目，评选优秀应用案例 60 个，针对 11 个垂直行业开展专题研究，组织开展 300 多场宣贯、培训和对接活动，累计参与人数超过 10 万人次。同时，AII 还积极推动国际合作，与美、欧、日等国家和地区的产业组织，以及国际电联（ITU）等国际专门机构，在技术研发、标准协调、产业对接等方面进行深度合作。

尽管我国工业互联网已取得了初步的进展，但与发达国家相比，在关键基础能力、产业应用水平和要素保障水平等方面仍存在一定差距。**一是基础能力不足**。我国制造企业数字化发展不平衡、不充分问题依然突出，广大中小企业数字化水平较低，网络化、智能化演进基础薄弱；核心技术、标准、产业基本被外商掌控，发展短板明显，“卡脖子”风险长期存在。**二是引领发展能力不足**。我国缺乏类似 GE、西门子等具备综合解决方案和全领域覆盖能力的龙头企业，企业长远布局能力薄弱，引领国际发展的能力不足。此外，目前开发出的产品和解决方案与国外领先水平仍存在差距，难以满足工业互联网发展的整体需求。**三是资源保障能力不足**。国外领先企业一年投入数十亿美元研发工业互联网相关技术和产品，我国领先企业的投入不足其十分之一。此外，兼具工业经验和软件开发能力的复合型人才极度缺乏，技能型、应用型人才培养滞后于工业互联网总体进展。

## 三、我国工业互联网下一步发展重点

在全球工业互联网快速发展的背景下，我国工业互联网面临不进则退、慢进亦退的局面，需要结合我国发展的现实基础和比较优势，重点从以下四方面入手，推动工业互联网创新发展再上新台阶。

**一是加强技术研发**。聚焦战略方向和发展短板，全面构筑发展基础。瞄准高端通用芯片、基础软件等卡脖子领域集中力量攻关，系统布局边缘计算、人工智能等前沿技术，发展新型工业软件和工业 App 等应用技术，加大研发投入，加快产业突破。骨干企业、科研院所可聚焦企业实际痛点和前沿领域，以在重点领域和关键环节建立测试床等方式，对新兴技术进行实验验证和应用推广。

**二是加快能力建设**。聚焦工业互联网基础能力建设，加速提升产业公共服务能力。重点加快全光纤网络、5G 设施建设，推进工业企业内外网改造升级，建设国家标识解析体系，打造具有国际竞争力的工业互联网平台体系，促进企业上云，培育壮大工业 App，加快建成多层次、多功能安全技术防控体系，持续提升工业互联网安全保障能力。

**三是壮大各类应用**。大企业有效提升创新和应用水平，推进设备联网与数据集成分析，开展基于数据的智能生产和运营管理，加强企业间的网络化协同，发展大规模个性化定制，推动产品联网与远程服务，创新生产方式、组织形式和商业范式。有能力的企业可探索向工业互联网综合服务供应商方向转型。中小企业加快工业互联网应用普及，推动低成本、模块化的工业互联网设备和系统的部署，支持面向中小企业的设计与制造能力开放，降低数字化、智能化转型的门槛。

**四是强化要素保障**。在资金方面，继续发挥财政资金的引导作用，吸引更多社会资本，共同参与和支持工业互联网发展。鼓励相关机构积极开发针对工业互联网发展特色的金融产品，拓宽企业融资渠道，更好发挥金融对工业互联网发展的支撑作用。在人才方面，发挥高校、企业、科研机构、产业集聚区等各方的作用，大力培育相关技术人才、应用创新型人才和复合技能人才。瞄准工业互联网关键短板和前沿方向，引进一批高端外国人才，增强创新创业的智力保障。

（撰稿人：中国信息通信研究院　肖荣美　王欣怡）

# 专题二 智能+：高质量发展新引擎

继“互联网+”被写入政府工作报告之后，“智能+”第一次出现在李克强总理的报告中。李克强总理指出，2019 年，要打造工业互联网平台，拓展“智能+”，为制造业转型升级赋能。“互联网+”到“智能+”是一次技术的跃迁。与以往前沿技术单兵突进不同，本次智能技术大爆发以 5G 网络、人工智能、云计算集成应用为典型特征。与此同时，智能技术的普及应用也将成为国民经济的新引擎，开启智能经济新时代。

## 一、多种技术的集成是智能技术浪潮的核心特征

以 5G、人工智能、云计算为代表的技术集成、叠加，带来了数据+算法+算力的核聚变，将开启万物智能的新时代。第一，5G 将以全新的网络架构，提供至少 10 倍于 4G 的峰值速率、毫秒级的传输时延和千亿级的连接能力，开启万物广泛互联、人—机深度交互的新时代；5G 网络平台可针对虚拟运营商、业务、用户甚至某一种业务数据流的特定需求配置网络资源和功能，定制剪裁和编排管理相应的网络功能组件，形成各类“网络切片”，满足包括物联网在内的各种业务应用对 5G 网络的连接需求。第二，人工智能部分技术已经进入产业化发展阶段，基于机器学习技术快速进步，互联网正凭借快速提升的人工智能，为用户提供个性化、精准化、智能化服务，大幅提升业务体验，并与生产生活的各个领域相融合，有效提升各领域的智能化水平，给传统领域带来变革机遇。第三，边云结合的架构将为人工智能、虚拟现实等技术提供高性能的计算支持。

## 二、“智能+”创造高质量发展新引擎

智能技术将深入渗透到各行各业，C 端、B 端均将被卷入，新智能终端、智能网联汽车、智慧家庭、工厂车间将彻底改变人类生产、生活的图景。这场技术变革将进一步降低中小企业面临的科技门槛，未来的 BAT 一定来自于这场多技术叠加核聚变。

### （一）5G 手机

5G 手机与云计算、大数据、人工智能、虚拟增强现实等技术的深度融合，将连接人和万物。5G 将为用户提供超高清视频、下一代社交网络、浸入式游戏等更加身临其境的业务体验，促进人类交互方式的再次升级。根据中国信息通信研究院的预测，2020 年，5G 网络设备和终端设备的投入合计约 4 500 亿元。预计到 2025 年，上述两项支出分别为 1.4 万亿元和 0.7 万亿元。2025 年，5G 将提供约 350 万个就业机会，主要来自于 5G 相关设备制造和电信运营环节创造的就业机会。2030 年，5G 将带动超过 800 万人就业，主要来自于电信运营和互联网服务企业创造的就业机会。

### （二）智能网联汽车

智能网联汽车是指搭载先进的车载传感器、控制器、执行器等装置，并融合现代通信与网络技术，实现车与车、路、人、云等智能信息交换、共享，具备复杂环境感知、智能决策、协同控制等功能，可实现安全、高效、舒适、节能行驶，并最终实现替代人来操作的新一代汽车。根据国际咨询公司普华永道的预测，2030 年全球网联汽车将达到 6 亿辆，电动汽车保有量将达到 1.6 亿辆，

无人驾驶汽车将达到 8 000 万辆，35%的交通出行将是由共享和无人驾驶汽车完成的。到 2020 年，我国智能网联汽车市场规模可望超过 1 000 亿元。

### （三）智能工厂

随着第四次工业革命的到来和技术社会的演进，工业领域走向了新型的发展道路。近年来，全球各主要经济体都在大力推进制造业的复兴。美国提出了制造业发展计划的工业互联网，德国则是提出工业 4.0，我国也在摸索适合的发展道路。

德国的工业自动化基础良好，精密制造技术和能力全球领先，而美国则在信息科技时代来临后，在工业领域的信息化程度上实现了全球领先，甚至在工业 2.0 后，德国都在新兴产业上无法与其比肩。我国异于德美，身为制造业大国的中国目前尚未进入世界级的制造业强国，在全球制造业中主要从事中、低端产品的加工、生产，既没有德国在传统工业领域的雄厚基础，也缺乏如美国般引领世界信息技术发展的先进技术。在发展时期上也处于西方国家已经经过了的工业 2.0 和 3.0 并行发展阶段。因此，中国的发展思路更偏向于融合型、并进型发展，以加快工业化、信息化的深度融合为主线，在继续大力发展先进工业技术的同时，抓住新的信息产业发展机遇，实现二者共同进步，主攻方向是智能制造。

物联网、工业大数据、人工智能等技术融合，深化在工业研发设计、生产制造、市场营销、售后服务等产品全生命周期、产业链全流程各环节的应用，迎来智能工厂的全面升级。第一，智能化生产，即实现从单个机器到产线、车间乃至整个工厂的智能决策和动态优化，显著提升全流程生产效率，提高质量，降低成本。第二，网络化协同，即形成众包众创、协同设计、协同制造、垂直电商等一系列新模式，大幅降低新产品的开发制造成本，缩短产品的上市周期。第三，个性化定制，即基于互联网获取用户个性化需求，通过灵活柔性组织设计、制造资源和生产流程，实现低成本的大规模定制。第四，服务化转型，即通过实时监测产品运行情况，提供远程维护、故障预测、性能优化等一系列服务，并反馈优化产品设计，实现企业服务化转型。

### （四）智慧城市

智慧城市是通过交通、能源、安防、环保等各系统海量的物联网感知终端，可实时全面地表述真实城市的运行状态，构建真实城市的虚拟镜像，支撑监测、预测和假设分析等各类应用，实现智能管理和调控。

目前全球已启动或在建的智慧城市已达 1 000 多个。从 2006 年起，新加坡、日本、荷兰等国家先发制定战略；从 2013 年起，亚洲国家跟进，中国、印度、韩国、越南等国开始大量投资建设智慧城市。从整体来看，欧洲、北美、日韩是智能城市的领先区域，目前中国智慧城市的建设热度开始超越欧洲。

至 2016 年 6 月，中国 95%的副省级以上城市、超过 76%的地级城市，超过 500 座城市，明确提出或正在建设智慧城市，且已形成了长三角、珠三角等多个智慧城市群。未来、智慧教育、城市安全、社保信息等领域将成为建设重点。2018 年，中国智慧城市市场规模已达 6 504 亿元。

在城市公用事业方面，NB-IoT、LoRa 等低功耗广域网络的商用，给公用事业带来了更适用的接入网络技术。除抄表外，基于物联网的城市管网监测、供水供气调度、城市公共资产管理等应用也在不断涌现，合同管理等新的建设运营模式也在积极探索。

在交通管理方面，计算机视觉、人工智能等技术能够实时分析城市交通流量，缩短车辆等待时间；通过大数据分析公众资源数据，合理建设交通设施，为公共交通设施基础建设提供指导与借鉴；通过整合图像处理、模式识别等技术，全天候实时监控被监控路段的机动车道和非机动车道。

在家庭服务方面，智能家庭将类似于人类的中枢神经系统，中心平台或“大脑”将是核心，家庭机器人将从平台接受任务。家庭机器人将完成大部分家庭体力劳动，成为人类的同伴或者助手，甚至从事财富规划师和会计师这样的脑力劳动。机器服务将成为家庭生活的普通场景，重新定义家用电器的设计、功能与人—机交互。

## 三、思考与建议

多种技术集成是“智能+”浪潮的核心特征。在企业层面，应支持创新，鼓励应用，特别是加大示范应用力度，帮助企业适应新的技术创新规律。多种技术的叠加将加剧马太效应，将使领先者和落后者的差距迅速大幅扩大，在国家、企业层面都将会体现出来。建议把推动多种技术叠加与融合放在培育未来国家竞争力的高度，在政策、资金、人才等方面全方位加大扶持力度。

（撰稿人：阿里研究院　程欣）

# 专题三　新工业革命的本质

自 2011 年以来，世界主要国家对当前技术和产业发展形势给出了基本判断，不约而同地认为正在经历一场新的“工业革命”或者称为“产业革命”[1]。对这场革命，我国多称之为“新一轮科技革命和产业变革”，美英称之为“第三次工业革命”，德日称之为“第四次工业革命”。为了方便，我们统一用“新工业革命”进行表述。

## 一、美英：第三次工业革命

美国经济学家杰里米·里夫金在《第三次工业革命：新经济模式如何改变世界》（2011 年）一书中指出：互联网技术和可再生能源的融合，正在引发第三次工业革命。

麻省理工学院数字经济项目（IDE）负责人、经济学家埃里克·布莱恩约弗森和安德鲁·麦卡菲在合著的《与机器赛跑》（2011 年）一书中指出：正在兴起的第三次工业革命是由计算机和网络推动的。

英国《经济学人》杂志在 2012 年 4 月 21 日的第三次工业革命专题中指出：以制造业数字化为主要内容的第三次工业革命已经开启。关于第三次工业革命的主要代表性观点见表 1。

1 对应历次工业革命，德国的划分依次是：工业 1.0、工业 2.0、工业 3.0 和工业 4.0。

表 1　　关于第三次工业革命的主要代表性观点

| 代表 | 第一次工业革命 | 第二次工业革命 | 第三次工业革命 |
| --- | --- | --- | --- |
| 杰里米·里夫金 | 建立在以报纸印刷的信息传播技术与以蒸汽为主的能源系统之上，开始了蒸汽时代 | 建立在以电话、无线电为通信技术与以石油为主的能源系统之上，开始了电气时代 | 互联网技术和可再生能源的融合 |
| 埃里克·布莱恩约弗森、安德鲁·麦卡菲 | 蒸汽机 | 电力 | 计算机和网络 |
| 《经济学人》杂志 | 工厂机器生产取代作坊手工制作 | 流水线、大规模生产 | 数字化 |

（资料来源：腾讯研究院，2018 年 6 月）

## 二、德日：第四次工业革命

在美国提出第三次工业革命的同年，德国提出了工业 4.0 的概念。德国把这场革命进一步细分为基于信息技术的自动化阶段和基于信息物理系统（Cyber-Physical Systems，CPS）的智能化阶段，于是有了工业 1.0、工业 2.0、工业 3.0 和工业 4.0 的分类。世界经济论坛创始人、德国人克劳斯·施瓦布的划分方式与此基本一致，在其著作《第四次工业革命：转型的力量》（2016 年）中认为 CPS 将引领第四次工业革命。

日本经济产业省在《互联工业东京倡议 2017》中认为基于大数据、人工智能和物联网的自主优化（即智能化）将引发第四次工业革命。关于第四次工业革命的主要代表性观点见表 2。

表 2　　关于第四次工业革命的主要代表性观点

| 代表 | 第一次工业革命 | 第二次工业革命 | 第三次工业革命 | 第四次工业革命 |
| --- | --- | --- | --- | --- |
| 德国[1]的克劳斯•施瓦布 | 利用水和蒸汽的力量实现生产的机械化 | 利用电力，基于劳动分工，实现大规模生产 | 利用电子和信息技术实现生产的自动化 | 基于 CPS 系统，实现大规模定制 |
| 日本经济产业省 | 获取动力（蒸汽机） | 动力创新（电力、电动机） | 自动化发展（计算机） | 基于大数据、人工智能和物联网的自主优化（即智能化） |

（资料来源：腾讯研究院，2018 年 6 月）

注 1：工业和产业两个词语在中文语义中有着严格的区分，而在英文中两者是同一个词“industry”。相应地，不管是工业革命还是产业革命，英文均是“Industrial Revolution”。因此，本书对工业革命和产业革命不做严格区分。

## 三、新工业革命的本质和内涵

虽然学者和社会对新工业革命的理解有所不同，但都强调计算机、互联网和人工智能的重要作用，都认为数字技术是核心驱动力。蒸汽机驱动了第一次工业革命，电力和内燃机驱动了第二次工业革命，数字技术作为一种新的通用目的技术，成为新工业革命的核心驱动力。

对新工业革命的内涵，2016 年 G20 杭州峰会通过的《二十国集团新工业革命行动计划》做了阐述：“正在兴起的这场新工业革命，以人、机器和资源间实现智能互联为特征，由新一代信息技术与先进制造技术融合发展并推动，正在日益模糊物理世界和数字世界、产业和服务之间的界限，为利用现代科技实现更加高效和环境友好型的经济增长提供无限机遇。”

为迎接新工业革命的发展机遇，并应对随之而来的挑战，近年来，世界各国纷纷出台中长期发展战略，如美国的“先进制造业伙伴计划”和“制造业创新网络计划”，德国的“工业 4.0”，英国的“数字战略”，西班牙的“工业连接 4.0”，欧盟的“欧洲工业数字化战略”，日本的“互联工业”和“超智能社会”，印度的“印度制造”和“数字印度”，俄罗斯的“数字经济规划”，阿根廷的“国家生产计划”，都包含推进新工业革命的重要举措。我国曾错失两次工业革命的历史良机。当前，以数字化为主要内容的新工业革命如火如荼，我国紧抓历史机遇，“推动互联网、大数据、人工智能和实体经济深度融合”。然而，我国是在工业化尚未完成的情况下迎来了数字化浪潮，面临着追赶工业化进程、同步数字化机遇的双重历史任务和严峻挑战。

（撰稿人：腾讯研究院　闫德利）

# 专题四 大数据产业、技术发展及关键问题研究

大数据是信息化发展的新阶段。随着信息技术和生产生活的交汇融合，互联网快速普及，全球数据呈爆发式增长，对经济社会发展和人民生产生活都产生了重大影响。近几年，大数据技术、产业、应用在持续发展的同时也产生了一些新的变化。

## 一、大数据技术前沿跟踪

近年来，以分析类技术、事务处理技术和流通类技术为代表的大数据技术得到了快速的发展。以开源为主导、多种技术和架构并存的大数据技术架构体系初步形成。大数据技术的计算性能进一步提升，处理时延不断降低，硬件能力得到充分挖掘，与各种数据库的融合能力继续增强。

### （一）大数据存储技术

广泛的数据来源使得数据越来越多地散布于不同的管理系统中，新型存储技术的出现使得大数据管理由集中式逐步转向分布式、分层式。目前主要的新型存储技术有：基于 PCM 的新型存储技术，具有存储密度高、容量大、能耗低、读写速率极快的特点；基于闪存的新型存储技术，具有传输速率高、延迟低、能耗低、噪声低的特点；基于多存储介质分层的新型存储技术，是新型与传统存储介质并存的。

### （二）大数据分析技术

数据量的迅猛增长、数据处理的实时性、动态变化环境中索引的设计和先

验知识的缺乏给传统的分析技术带来了巨大的冲击。区别于传统的基于统计学和计算机科学的分析方法，目前主要的大数据分析技术有实时和离线分析、交互式分析、概要构建和智能分析等。

### （三）大数据隐私保护技术

数据的隐私问题由来已久。大数据的大规模性、多样性、高速性等特点更为隐私保护带来了极大的挑战。目前针对大数据隐私保护的技术主要有匿名化技术、数据加密技术、差分隐私技术和隐私信息检索技术，应用于位置信息保护、数据发布和云计算等。

## 二、大数据产业发展跟踪

当前，我国经济运行稳中有变，经济下行压力有所加大。受多种因素影响，我国大数据产业从前几年的热潮期进入平稳发展的“冷静期”，增速将有所放缓，但领域内各项工作也将更趋稳健，产业发展更平稳。

大数据产业是以数据作为关键要素，以数据生产、采集、存储、加工、分析、服务为主的相关经济活动，其核心要素包括制造和服务两个环节。大数据产业组成示意如图 1 所示。

在全球数据保护力度加大和我国电子信息产业发展速度趋缓的情况下，未来几年，我国大数据产业的发展速度预计保持 10%～15%的增速。据估算，2018 年我国大数据产业产值约为 5 405 亿元，2019 年有望突破 6 200 亿元，我国大数据产业总体市场规模如图 2 所示。

自 2017 年开始，数字经济开始受到广泛重视。数据作为数字经济时代的关键生产要素，持续受到中央及地方政府的重视，相继制定和发布了一系列大数据产业政策。各地方政府结合自身经济基础、产业结构特点与人力资源条件等要素，形成了不同的发展模式，包括以北京、广东、江苏为代表的引领型发展模式，以苏州、南宁为代表的落实型发展模式以及以赶超发达地区产业为目标的追赶型发展模式。不同的模式适应不同的地方各自的特点，提升了我国大数据产业的整体发展水平。

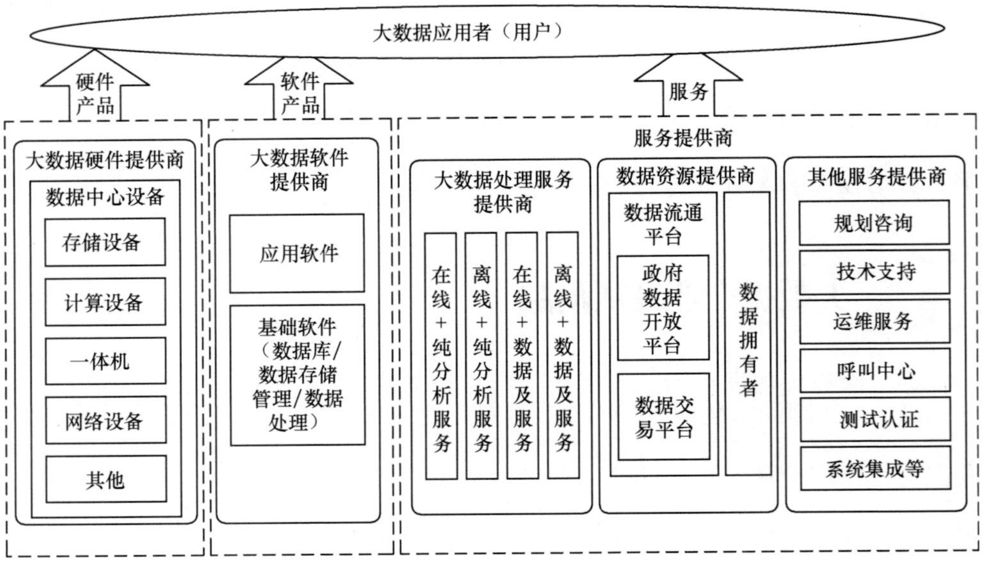


图 1　大数据产业组成示意

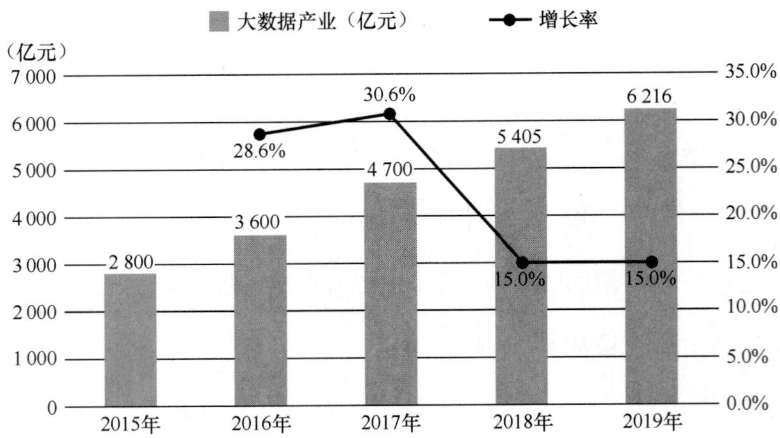


图 2　我国大数据产业总体市场规模

## 三、大数据行业应用跟踪

在全球经济数字化浪潮的带动下，我国大数据与实体经济的融合应用不断拓展，大数据企业正在尝到与实体经济融合发展带来的“甜头”，这不但大大拓展了大数据企业的目标市场，更成为众多大数据企业技术进步的重要推动力。经过几年的发展，大数据在各行业的融合应用不断深化：

- **电信大数据**的应用场景主要有客户分析、客户迁移、精确营销、客户服务提升等，且不断对现有应用场景进行优化；
- **交通大数据**在减少拥堵、保障运行安全、提高货运效率、升级通行方式和构建服务管理监督机制 5 个方面提升交通效率；
- **医疗大数据**包括临床决策支持、健康及慢性病管理、医疗支付、医药研发、医疗管理等在内的多个主要应用场景；
- **城市规划大数据**利用 GIS 技术等进行分析挖掘和可视化以及商业选址决策。

然而从总体来看，目前我国在大数据的行业融合应用整体上还处于发展初期。相对于发达国家，在融合行业数量、融合应用深度、融合业务规模、融合发展的均衡性等方面还有一定差距：首先是**业务类型不均衡**，大数据融合应用主要集中在外围业务上，而在核心业务方面的渗透程度还有待提高；其次是**地域分布不均衡**，各地大数据融合应用的发展程度差距较大；最后是**行业分布不均衡**，大数据融合应用主要集中在金融、政务、电信等部分行业中，在其他众多行业的融合效果有待深化。

# 四、数据资产管理

数据成为资产，已经是行业共识，甚至有人建议将数据计入资产负债表。数据资产管理是现阶段推动大数据与实体经济深度融合、新旧动能转换、经济转向高质量发展阶段的重要工作内容。

但是目前，数据资产的管理还处于非常原始的阶段。缺乏统一的数据标准、周期规划混乱、处理效率低下、质量参差不齐、价值难以评估等痛点和难点对数据资产管理提出了前所未有的挑战。构建科学的数据资产管理体系成为各个层面乃至国际都关注的热点话题。

## （一）数据资产管理框架

数据资产管理包括两个重要方面，一是数据资产管理的核心管理职能；二是确保这些管理职能落地实施的保障措施，包括组织架构、制度体系，其框架如图 3 所示，包含 8 个活动职能和 2 个保障措施。

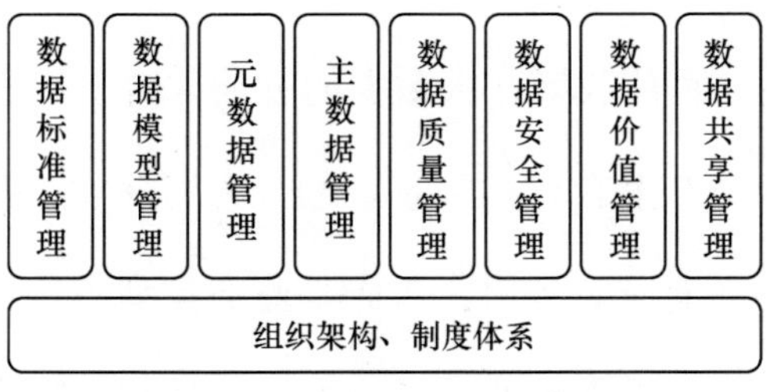


图 3　数据资产管理体系架构

活动职能是指落实数据资产管理的一系列具体行为，包括数据标准管理、数据模型管理、元数据管理、主数据管理、数据质量管理、数据安全管理、数据价值管理以及数据共享管理 8 个方面，各个活动职能之间的内在联系和逻辑关系如图 4 所示。保障措施则是为了支持活动职能实现的一些辅助的组织架构和制度体系。

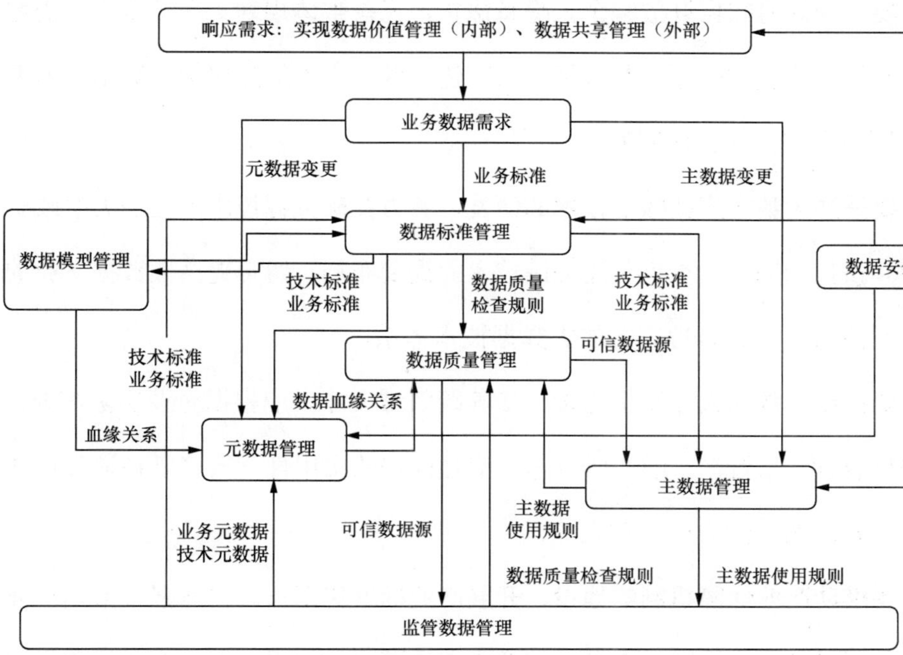


图 4　活动职能的逻辑关系

### （二）数据资产管理实践

数据资产管理是体系化非常强的工作，需要充分考虑企业内部 IT 系统、数据资源以及业务应用的开展现状，同时也要考虑围绕业务开展所设立的人员和组织机构的情况，在此基础上设计一套有针对性的数据资产管理方案，通过管理的手段明确“责、权、利”以保障数据资产管理工作的有序开展。总的来说，可按照“统筹规划→管理实施→稽核检查→资产运营”4 个阶段进行实践。

## 五、发展大数据政策建议

从长远来看，我国大数据在数据开放共享、交易与流通、关键技术研发等诸多方面还亟待加强。

**一要平衡政府数据开放和个人隐私保护，完善整体规划。**在技术上，需健全网络数据安全管理体系；在政策上，应建立健全个人信息保护、数据跨境流动、数据安全防护等管理制度。

**二要开展大数据产业核心技术的研发，着力突破关键技术。**在加大财政资金引导和扶持的同时，重点关注关键技术的提前布局，切实提高大数据产业的技术创新能力，构建合理完备的大数据技术体系。

**三要推动大数据人才队伍建设，培养跨领域人才。**应根据企业实际需要，完善课程设置，通过产、学、研合作，增强课程的实用性，培养既精通理论知识，也拥有高实践能力的专业人才。

**四要推动产业保障机制的建设，开展产业标准化工作。**要加强大数据产业发展的顶层设计，广泛吸纳专家、学者成立标准化工作组，在政府和行业组织层面建立大数据产业标准体系。

**五要促进大数据交易市场规范化，完善数据流通体系。**从交易平台、交易主体、交易对象等多方面入手，规范市场内的数据交易，推动行业自律，打造完善、健康、有序的交易产业链条。

**六要对企业分类施策，发挥市场资源配置的决定性作用。**发挥互联网龙头企业的引领作用以及重要行业龙头企业的数据和用户优势。要把握不同企业的优势特点，个性化施策，通过合理高效的配置加速企业发展。

（撰稿人：中国信息通信研究院　闫树　魏凯　刘成成）

# 专题五　全球人工智能关键技术的应用及产业化趋势分析

当前，人工智能发展借助深度神经网络技术突破得到了全面关注，各国政府高度重视，资本热潮持续加码，各界对其成为发展热点也达成了共识。与2018年不同，2019年，各界关注和发力的核心聚焦在应用落地上，而关键技术成为应用落地的核心抓手。

## 一、全球人工智能技术的发展现状及趋势

### （一）关键算法：性能极限，创新不足

当前，深度神经网络逼近性能极限，新算法多是对其调整补充，尚未发生变革，主要呈现以下三个特点。

**一是深度神经网络体系的根基已确立。**深度学习为计算机视觉和自然语言处理领域带来了巨大突破。卷积神经网络（Convolutional Neural Network，CNN）和循环神经网络（Recurrent Neural Network，RNN）成为目前应用最广泛的两种网络类型，截至目前，全球机器学习相关专利/专利申请超过19.9万件，其中中国相关专利/专利申请约6.16万件。

**二是算法模型的复杂程度不断提升。**深度神经网络的结构愈发复杂，呈现“大、深、多”趋势：“大”指的是网络越来越大，网络结构越来越复杂；“深”指的是网络层数越来越深，网络层数越多，模型的性能越好，尽管层数过深会

引起过拟合的问题，但是 Resnet 等新网络架构的出现完美解决了这个问题；“多”指的是连接越来越多，深网络意味着节点的增多，而每个节点间连接都会有一个参数权重，多连接带来的直接影响就是参数多，模型占据的存储空间越来越大。

**三是算法性能提升乏力，逼近极限**。在“大、深、多”趋势下，深度神经网络主要通过量变逼近性能极限，而质变性理论尚未出现，通过堆料带来的性能红利可持续性渐弱。

## （二）工程实现：生态为王，协同为本

软、硬件协同才能发挥最大的效能优势，工具生态是协同赋能的保障，是企业争抢的核心，当前主要呈现以下三个特点。

**一是算力供应供需严重不平衡**。深度神经网络算法对算力提出了非常严峻的挑战。首先是单体算力达到极限：由于摩尔定律的失效，我们可以在单位体积内封装的算力即将达到极限，专门用于 AI 计算的算力更是捉襟见肘。其次是群体算力需要调优。简单的算力堆叠同样存在瓶颈，需要协同调优以及定制开发硬件工具及软件工具，才能真正发挥堆料所带来的性能。

**二是定制化工具提供优化方案**。定制化芯片肩负单点算力提升的重任。采用专用定制硬件实现特定功能的定制芯片将算法实现进行了固化，相对 FPGA 还可通过灌装不同软件实现功能动态调整不同，ASIC 一旦算法改变就无法使用。不过由于其在大规模量产后能够将算力成本压缩至极限，因此也广受大厂商，尤其是引领产业发展大厂商的欢迎。定制化软件肩负调优协同的重任。软件层面通过将大模型层层压缩，压缩到可实际执行的规模，再做推断运算的方法实现了定制化开发。目前产业针对模型落地部署已经形成了流水线作

业，主要包括模型训练、模型压缩优化、数据及模型适配以及推断计算 4 个环节。

**三是开源成为生态建设关键点**。上述定制化软、硬件工具尽管侧重点各不相同，但几乎全部是开源的。各界都希望通过开源的方式将自己的技术标准输出，试图通过工具垄断掌控生态。以谷歌公司为例，尽管其除底层硬件外全部是开源的，但实际上已经打包成了最具垄断性的服务产业链条，并通过廉价云服务的方式打压竞争对手。英伟达及英特尔等硬件大厂商通过紧密耦合底层硬件及上层软件工具实现产业生态主导，由下自上把控源头。

### （三）技术应用：单点局限，融合赋能

结合目前应用及服务开展情况，我们发现 AI 应用呈现平台化趋势，智能终端成为应用重要载体，企业 AI 专用系统大规模部署。综上，我们总结归纳以下三个特点。

一是主要以百度、阿里、腾讯、金山云、优刻得（UCloud）、华为云等云服务企业为代表，将人工智能定位为未来的重点领域整体推进，提供从计算到平台到上层计算的全能力覆盖。人工智能服务平台一方面作为服务的形式对业界输出，以期望基于服务平台建立产业链。

二是借助 AI 平台的能力支撑公司业务和产品水平的提升，如百度将 AI 运用于搜索等领域，腾讯将语音识别等技术嵌入到微信等产品中，提升用户的使用便捷性。

三是传统人工智能企业主要依托其在智能语音、计算机视觉等领域的积累，开放相关技术和应用的接口，供业界使用。目前这类企业一般不提供 GPU 等计算服务，而提供智能语音、计算机视觉等基础应用服务。

## 二、全球人工智能产业发展现状

**人工智能驱动的产业发展将由于人人可用的 AI 技术而全面提速**。截至 2018 年 9 月，全球人工智能企业达 5 159 家，其中美国 2 094 家，居全球首位，中国 1 122 家次之。全球 AI 初创企业自 2013 年开始爆发式增长，各领域企业云集，竞争激烈，资源逐渐向头部企业集中，2016 年后企业数量增速逐渐放缓。全球人工智能市场规模快速扩张。2018 年上半年，全球投融资规模达到 435 亿美元，其中，中国企业融资规模达到 317 亿美元，其次是美国 81.9 亿美元，英国 7.2 亿美元。总体来看产业发展具有以下特点。

**一是产业规模不断壮大**。在市场规模方面，2017 年，我国人工智能核心产业规模达到 180 亿元，带动相关产业规模达到 2 200 亿元；2018 年，全球 AI 领域投资融资规模达 564 亿美元，笔数达 1 427 笔，中国在 AI 领域融资金额最高，达 325 亿美元，在全球占 57.6%，比 2017 年提升了 10 个百分点。

**二是产业链逐步完善**。我国已经形成了龙头企业、独角兽公司、中小企业并存的多层次发展梯队。百度、华为、阿里巴巴等领先企业打造从芯片到开源开放平台至应用解决方案、从云端到终端的全面布局发展战略；商汤、旷视、科大讯飞等独角兽企业以算法为突破口，逐步拓展至行业解决方案；寒武纪、地平线等初创企业以专用芯片为切入口，发展延伸至专用领域软、硬件一体化解决方案。截至 2018 年 12 月底，全球活跃人工智能企业达 5 179 家。其中，美国 2 093 家位列第一，中国位列第二，达到有 1 145 家。我国人工智能活跃企业主要集中在北、上、广和江浙地区。

**三是重点领域人工智能成效初显**。在制造领域，人工智能作为新的生产要素赋能传统制造业，如阿里巴巴“工业大脑”已参与到新能源、化工、环保、汽车、轻工业、重工业等不同制造领域的工作中。在医疗领域，人工智能+医疗蓬勃发展，2017 年市场规模已超 130 亿元，涌现出推想科技、视见科技、希氏异构等创新企业，智能影像识别、智能诊断等应用快速推广，并且已经在部分医院实际部署。在安防领域，计算机视觉、智能机器人等人工智能技术逐步应用于社会治安、反恐防爆和灾后救援，形成庞大的智能安防市场，2018 年，我国智能安防市场规模达到 300 亿元，预计 2020 年将达到千亿元规模。在物流领域，京东、阿里菜鸟、顺丰等物流企业积极应用仓储机器人、配送机器人等智能设备，提升物流智能化水平。

## 三、主要问题及发展展望

当前人工智能发展尚处初期阶段，距离通用人工智能尚需时日，技术产业发展仍然面临相当挑战。

**第一，“人工智能+”前景美好但道路曲折漫长。**人工智能已成为当前人类所面临的最重要的技术变革，将显著提振全球经济，到 2030 年，人工智能将促使全球生产总值增长 14%，为世界经济贡献 15.7 万亿美元产值；预计到 2030 年，我国人工智能核心产业规模将超过 1 万亿元，带动相关产业规模超过 10 万亿元。但是，目前深度学习只能在机器上建立浅层次的条件反射，只能满足“相关性”分析，无法实现“因果性”推理，是“弱人工智能”。真正意义上的人工智能即“强人工智能”的实现道路还很漫长，尽管学术界已经开始了包括图网络等能够表达因果性算法的相关研究，但仍处于初期阶段，强人工智能的技术突破及落地实现尚需时日。

**第二，前沿理论和基础技术仍待继续完善**。为解决深度学习在可解释性、可靠性、需要大量数据等方面的局限，将从可靠性、可解释性等方面完善深度学习，同时开展理论和算法的研究。

**第三，传统行业与人工智能有待深度融合**。人工智能的融合应用是我国经济结构转型升级、人民生活质量改善、社会治理能力提升的必由之路。目前，尽管我国人工智能技术在经济社会发展相关领域实现了一定规模的应用，但总体还处于小规模、浅层次应用阶段，与经济社会智能化发展需求相比，还存在较大差距，应用牵引产业发展的动能还未形成。我国亟需面向经济社会发展的主战场，聚焦已经具备一定技术积累、产业基础、突破空间的重点领域，着力推动人工智能与经济社会国防深度融合发展。

（撰稿人：中国信息通信研究院　王蕴韬）

# 专题六　区块链发展关键问题研究

区块链是一种在不可信环境中以透明数据和公开算法建立机器共识、达成互信的新技术和多方协作的新范式。近来，世界各国非常重视区块链技术，纷纷超前布局和积极推动，落地场景从金融领域向实体经济逐步延伸，正在改变诸多行业的业务逻辑和商业模式，对构建新型数字经济信息基础设施、打造柔性监管的国家治理体系具有重要的战略意义。

## 一、全球区块链发展现状和趋势

### （一）发展现状

**在政策环境层面，全球对区块链技术持开放态度，各国争先布局抢占高地。**美国、英国、澳大利亚、日本、韩国等国积极支持区块链技术的研究，由政府部门出台产业推进政策或资助试验项目的数量多于其他国家。值得注意的是，格鲁吉亚、马耳他、波多黎各、列支敦士登等一些国家也凭借营造宽松的监管环境，在税收、投资方面予以支持，成为区块链、虚拟货币投资的热土。

**在公司规模层面，科技与金融巨头纷纷进军，初创公司赶上发展“新风口”。**国外互联网巨头谷歌、微软、甲骨文、IBM 等纷纷布局研究区块链技术，推出了技术解决方案和应用。2018 年，腾讯推出基于区块链技术的供应链金融、电子发票等解决方案，阿里巴巴（蚂蚁金服）为杭州互联网法院打造司法区块链平台，百度布局内容版权等区块链平台。国际上一大批初创公司专注于区块链核心技术，成为技术创新的重要力量。

### （二）发展趋势

**在技术研发层面，区块链底层不断迭代更新，提升技术成熟度。**区块链核心技术组件包括区块链系统所依赖的基础组件、协议和算法，进一步可以细分为存储、通信、共识机制、安全机制等，正不断迭代、融合突破：在架构方面，公有链和联盟链融合持续演进；在部署方面，区块链即服务加速应用落地；在性能方面，跨链及高性能的需求日益凸显；在共识方面，共识机制从单一向混合方式演变；在合约方面，可插拔、易用性、安全性成为发展重点。区块链正在经历从链上清结算到链下批处理，从确定共识范围到随机动态共识，从孤链封闭到跨链互动，从整片操作到分片处理等技术的迸发突破和演化升级，技术成熟度不断提升。

**在应用落地层面，向多领域垂直细分行业展开探索，多维度助力实体经济。**区块链技术正在贸易金融、供应链、社会公共服务、选举、司法存证、税务、物流、医疗健康、农业、能源等多个垂直行业探索应用。借助区块链技术分布式共享、难以篡改、透明可追溯等优势特征，实现数据保全，加强穿透监管；推进互联互通，服务数字经济；构建信任体系，重塑生产逻辑和商业模式。随着技术迭代升级，区块链正与云计算、物联网、大数据、安全等前沿技术融合创新，促进区块链在赋能工业互联网、数据共享流通和新一代安全技术等方面的发展前景。

## 二、我国区块链的发展现状

目前，国内区块链的发展情况可以归纳为以下三个方面。

**一是地方政府纷纷出台政策指导意见及相关政策。**据统计，截至 2018 年

11 月，北京、上海、广东、江苏、浙江、贵州、湖南、山东等超过 24 个省、市、自治区发布政策指导文件，开展区块链产业链布局。

**二是国内区块链产业发展迅速，涌现了一批具有国际影响力的代表性企业、联盟**。以腾讯、阿里巴巴、百度为代表的互联网巨头和以布比、趣链、秘猿为代表的创业企业纷纷进军区块链领域，在技术研发、产业应用、标准制定等方面取得了一系列成果。2018 年 4 月 9 日成立的可信区块链推进计划，目前已经有 293 家区块链企业加入。

**三是全社会掀起了区块链创业热潮**。截至 2018 年年底，国内区块链相关注册公司超过 430 家，主要集中在北京、上海、广东、浙江等发达地区。

但与此同时，国内区块链产业也存在以下三个方面的问题。

**在核心技术层面，区块链系统平台的技术创新能力堪忧**。在底层平台方面，根据中国信息通信研究院 2018 年对可信区块链的评测结果，65%的参评区块链平台使用国外的开源技术。在开源软件方面，美国 2017 年的区块链开源项目数为 1 728 个，中国只有 527 个，且产业影响弱。在专利方面，2013 至 2018 年 11 月，全球区块链专利申请总量达到 7 377 件，中国以 3 508 件位居第一。然而，中国的区块链专利大多处于审查阶段，授权专利多实用新型。全球有 771 件区块链发明专利获得授权，大多在美国和韩国，中国授权发明数量仅有 53 件。

**在发展模式层面，我国侧重于应用探索，引领行业创新能力有待加强**。截至 2018 年 11 月，全球共有 1 429 家公司活跃在区块链产业生态中，美国、中国、英国的区块链企业数量分别以 473、431 和 106 家排名前三位。然而，美国、英国的区块链公司主要聚焦于技术研发和创新，我国应用支持类和加密货币类的区块链公司占比高达 60%，不利于核心技术突破和引领行业创新。此外，由于许可牌照、投资要素、运行流程等与现有体制机制存在冲突，类似跨境支付、贸易金融等合资共建项目在我国难以找到多方共赢、合法合规的落地模式。同时，大众对区块链的理解并不统一，“币”与“链”的关系饱受争议，区块链科普亟待加强。

**在政策环境层面，我国监管需增强政策弹性，鼓励技术创新发展**。为了引导区块链技术的应用发展，英、美等国采取相对温和的包容性监管政策。2018 年 7 月，英国金融监管局批准了 11 家区块链和分布式账本技术创业公司进入监管沙盒。2018 年 8 月，美国财政部在递交给总统的报告中建议支持区块链创新，改革监管框架，建设监管沙盒，为行业发展创造包容性的政策环境。相比之下，我国的监管政策需要进一步增强弹性，权衡好风险管控与鼓励技术创新二者之间的关系。

## 三、技术问题和应用落地难点

区块链技术在系统稳定性、应用安全性、业务模式等方面尚未成熟。**一是应用场景有一定局限性**。区块链的共识机制必然会增加计算、通信等资源开销，暂时无法满足高频次、高实时性的应用场景。**二是统一标准尚未建立**。区块链在业界尚未有一个清晰明确的概念界定，也缺少权威机构对区块链产品的评定。目前市场上已有的区块链应用“鱼龙混杂”，无法保证产品质量。**三是安全问题不容忽视**。在工程实现和实际应用中，作为用户身份和资产唯一凭证的私钥安全性需要区块链以外的技术保障，并不能保证现有区块链技术的绝对安全。此外，智能合约并未成熟，据白帽汇安全研究院统计，截至 2018 年底，智能合约引起的重大安全事件一共 58 起，造成了 14.3 亿美元的损失，各种合约漏洞事件更是不胜枚举。

区块链大规模实用化、商业化落地仍然存在不小挑战。**一是衍生市场极为混乱**。市场上出现大量打着数字货币旗号进行传销、诈骗、非法集资的情况，有些还在虚拟货币交易平台上交易和炒作。除给投资者带来经济损失外，很大程度上阻碍了区块链行业的健康有序发展。**二是系统改造受经济和时间成本限制**。加入区块链技术对原有业务系统进行改造，初期可能成本较大，且用户对于新的技术应用需要一段适应期。数据共享、机理共享、资源共享的关键，除了技术以外，还需要有一个合理的组织形态，使得相关利益方愿意共享。**三是政府监管难度空前**。区块链技术采用“去中心化”的设计，也意味着主体不明确，监管方难以对主体进行有效控制。

## 四、下一步工作考虑

针对我国区块链的发展现状以及存在的问题，特别是面对区块链技术“去中心化”与强监督、保安全的理念冲突，建议顺势而为，适时稳妥推进以下几方面工作。

### （一）加强区块链核心技术研究

区块链产业的壮大取决于生态整体的发展，需要调动国家资源、社会资本和企业力量等共同投入研发。建议设立“区块链技术研发与典型应用”重大专项，设立专项产业投资基金，搭建产、学、研、用一体化平台，支持和培育区块链开源软件，构建软、硬件协同发展的生态体系，提升共识机制、跨链技术、隐私保护等核心关键技术的研发能力。同时顺应技术产业实际需求，加快推进行业标准的制定，积极参与国际标准化工作，推动全球技术发展。

### （二）优化区块链发展环境

研究、制定鼓励区块链技术健康发展的相关政策，从政策层面做好产业顶层设计和体系化布局，坚决打击恶意违法行为的同时，给新兴技术一定包容发展的空间。同步开展区块链相关政策和法律法规研究，探索制定区块链技术和应用的监督机制和认证体系。关注典型领域区块链应用示范效应，构建技术创新、应用试点和人才的培育创新体制机制，加强研讨并建立长效的利益分配机制，促进企业和谐发展。

（撰稿人：中国信息通信研究院　张奕卉　卿苏德）

# 专题七　中国互联网产业转型发展与展望

## 一、全球互联网产业发展总体态势

### （一）全球互联网发展演进进入临界点

全球互联网用户进入稳定中速增长阶段。用户规模稳定中速增长，截至2017年年底全球互联网用户数增至约36亿，渗透率升至48%，发达市场用户增长缓慢，新兴市场也已普遍进入减速区间，2017年增长率为7%，低于2016年的12%。玛丽·米克列预计，2018年全球互联网用户数达到36亿，超过全球总人口数的50%，超过50%后将很难再继续增长。全球部分国家和地区互联网用户的渗透率如图1所示。

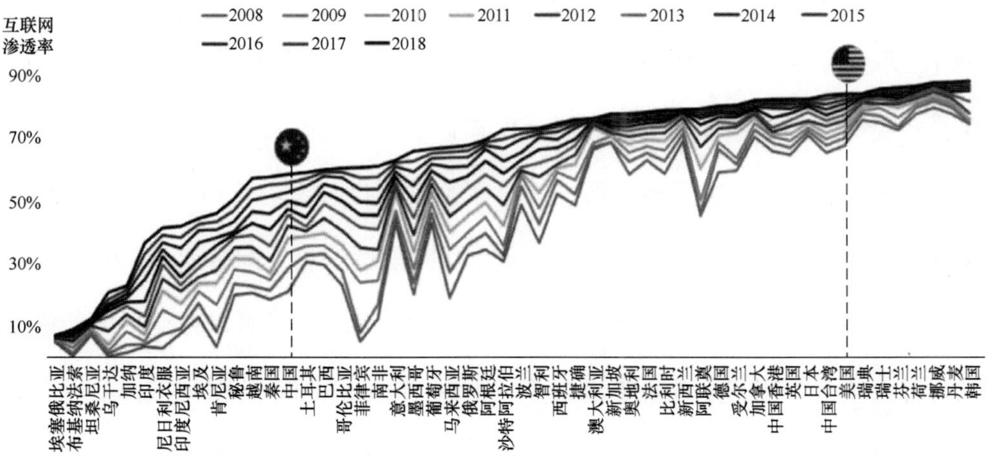


资料来源：eMarketer、ITU、阿里研究院、毕马威

图1　全球部分国家和地区互联网用户的渗透率

移动互联网应用市场总体进入调整与稳定期。2018年9月，谷歌应用商店的规模由高峰时的360万回落到260万；移动互联网用户数达到33亿，增幅

不足 2%。

谷歌应用商店的规模如图 2 所示。

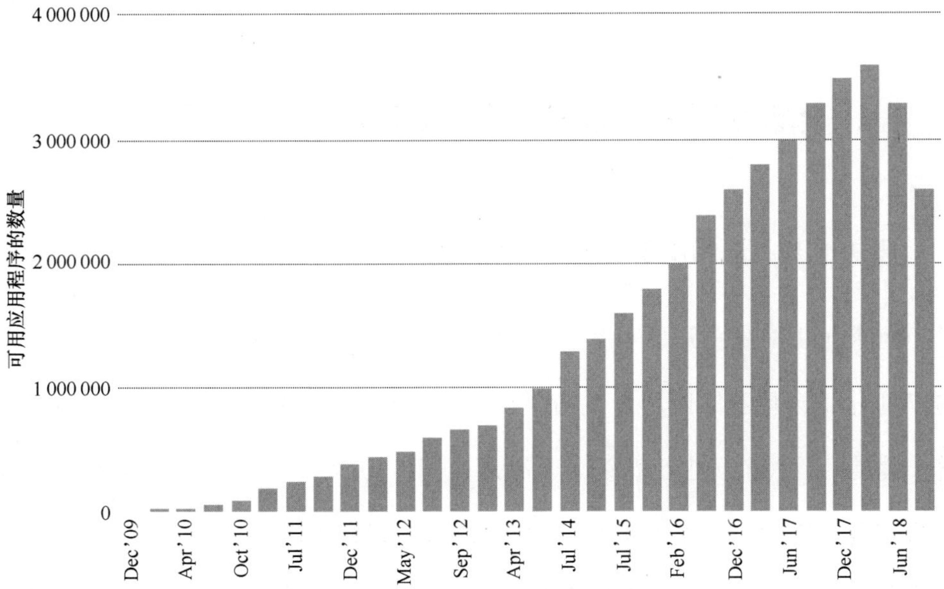


图 2　谷歌应用商店的规模

互联网新模式、新业态冲击原有主导业务平台。从互联网发展周期来看，全球互联网基础业务逻辑持续演化，主导业务平台不断变换升级。当前短视频、新模式电商、应用内搜索等互联网新模式、新业态发展迅速，猛烈冲击着原有主导业务平台。**在社交通信方面**，2018 年脸书用户时长增长到顶，而中国市场短视频使用时长同比增长近 6%，其主要切割份额来自于即时通讯，直接导致即时通讯使用时长同比下降 4.8%。**在电子商务方面**，拼多多以社交拼团新模式成为行业热点，用户下载量逼近京东，根据 QuestMobile 数据，在活跃度上，拼多多已经超越了京东和唯品会，直追淘宝。**在搜索应用方面**，应用内信息搜索需求增加，分流作用日益显著，5 年间直接在“亚马逊”搜索并研究商品的美国人比例增长到 34%，优先使用谷歌的比例则萎缩到 20%。2018 年 3 月中国移动互联网二级细分热门行业总使用时长占比如图 3 所示。

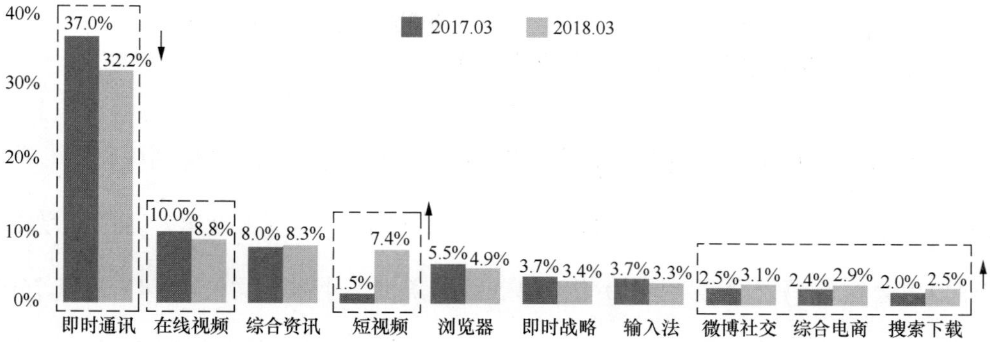


来源：QuestMobileTRUTH 中国移动互联网数据库 2018 年 3 月。

图 3　2018 年 3 月中国移动互联网二级细分热门行业总使用时长占比

互联网下载量见表 1。

**表 1　　　　　　　　　　　　互联网下载量**

| 排名 | 应用名称 | 分发量（亿次） |
|---|---|---|
| 1 | 手机淘宝 | 94.2 |
| 2 | 京东 | 35.6 |
| 3 | 拼多多 | 30.3 |
| 4 | 华为商城 | 29.2 |
| 5 | 唯品会 | 29.1 |
| 6 | 手机天猫 | 14.3 |
| 7 | 百度糯米 | 9.9 |
| 8 | 苏宁易购 | 8.7 |

（数据来源：中国信息通信研究院）

用户研究商品的首选搜索网站如图 4 所示。

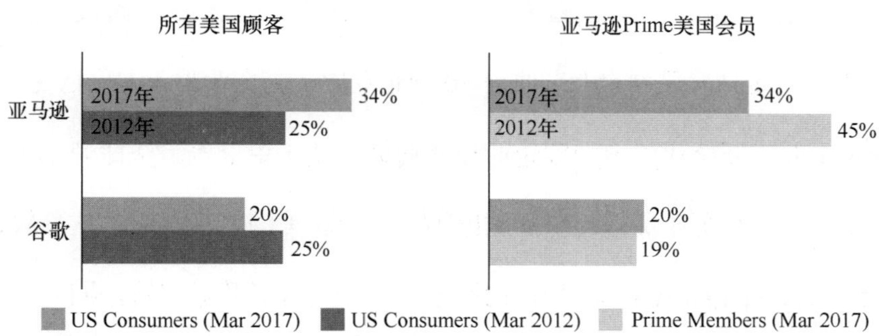


Note: Respondents can choose more than one channel
Sample size: N=7,411 (Adults aged 18+); N=2,684 (Amazon Prime members, excluding video only)
Source: Prosper Insights & Analytics, Monthly Consumer Survey

图 4　用户研究商品的首选搜索网站

## （二）全球互联网发展格局持续快速变换

**全球互联网发展呈现中、美两强格局。**全球互联网发展呈现两强格局，平分全球市值前十名的企业，前 20 名中美国占 11 家，中国占 9 家。其中出现的独角兽公司有蚂蚁金服（第 9）估值 1 500 亿美元、小米公司（第 14）估值 750 亿美元、滴滴（第 16）估值 560 亿美元、美团（第 19）估值 300 亿美元、今日头条（第 20）估值 300 亿美元。独角兽公司的发展基本并驾齐驱。

领军企业营收规模持续快速上涨：截至 2018 年 6 月 30 日，全球互联网企业营收前 10 强的总收入达 3 011 亿美元，同比增长 38.4%，增速比 2017 年同期提高了 10 个百分点，其中，中国领军企业营收占比已提升至 28.7%。全球互联网企业营收前 10 企业中、美企业收入占比情况如图 5 所示。

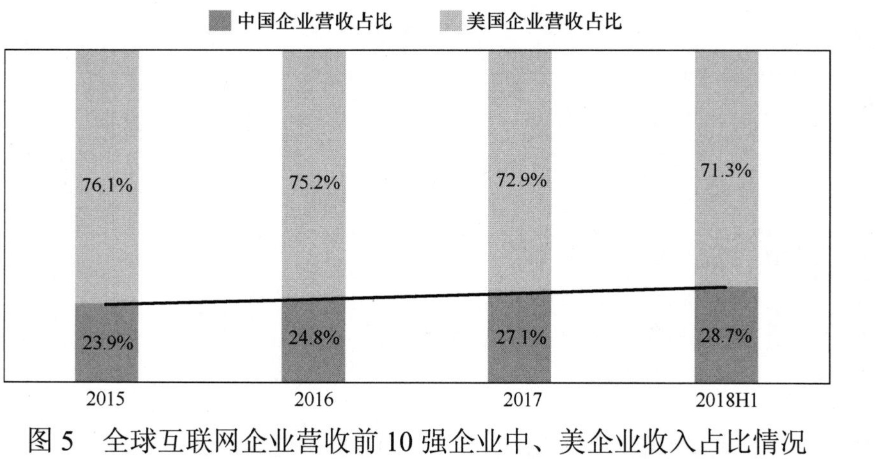


图 5　全球互联网企业营收前 10 强企业中、美企业收入占比情况

**领军企业不断变化，旧领军企业快速衰弱。**从历史上看，全球领军企业不断更替变化，旧领军企业快速衰弱，退出第一阵营。美国互联网发展从微软、谷歌两强，演化当前的 GFAAN 格局，而脸书当前经历隐私政策严管，同时用户时长到顶，苹果销量下滑，两家股价大幅下跌，可能将演化至 GAN 新时代。中国互联网从原有 TABLE 格局演化至 BAT 阵型，而时至今日，蚂蚁金服股份已超越百

度，ATM 格局正在形成，腾讯和阿里巴巴市值合计占我国上市互联网企业的 62%，同时 3JM、TMD 企业也正全力追赶。中、美互联网企业年均贡献值如图 6 所示。

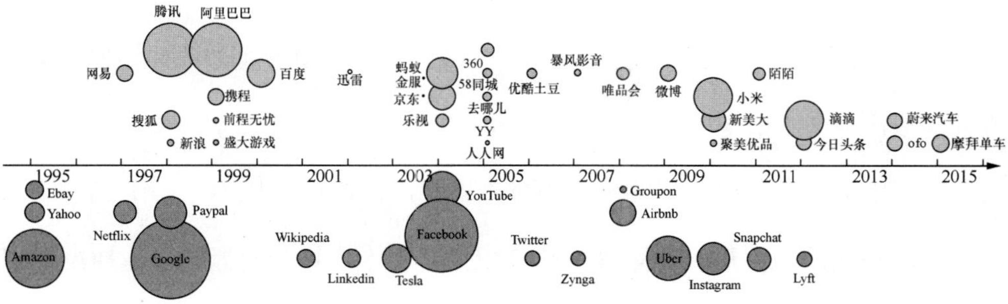


注：1. 年均贡献值=企业市值（估值）/成立年限；2. 京东以接触电子商务相关服务计、蚂蚁金服以支付宝成立计。（数据来源：DDCI、阿里研究院）

图 6　中美互联网企业年均贡献值

**领军企业全力拓展新领域，以资本纽带扩展护城河。**领军企业全力拓展新领域，美团收购 Mobike，阿里巴巴收购饿了么，以资本纽带全力扩展护城河。腾讯、阿里巴巴大幅拓展边界空间，批量催生新兴独角兽。腾讯、阿里巴巴“两超”全力拓展边界空间，腾讯系和阿里系已共捕获 36 家互联网独角兽企业，从总体上看，阿里巴巴与百度战略投资取向较为显著，而腾讯财务投资的取向特征较为明显，截至 2018 年上半年，我国新晋 19 家独角兽企业，总数达 106 家。BAT 拓展新领域如图 7 所示。

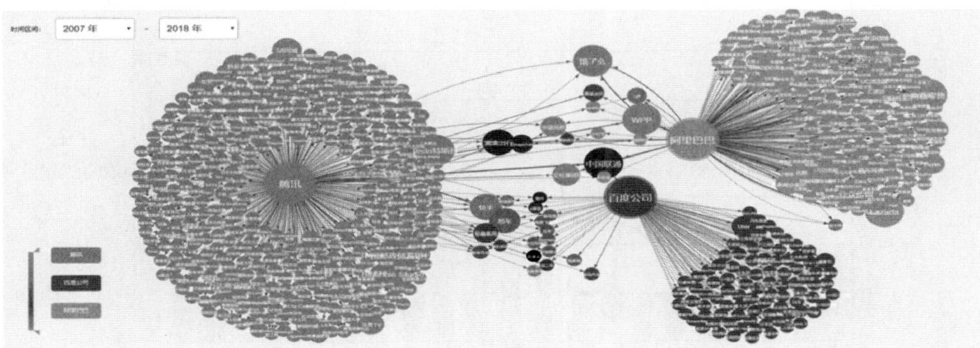


（数据来源：中国信息通信研究院互联网产业监测平台）

图 7　BAT 拓展新领域

## 二、互联网产业全面进入转型发展期

从互联网发展周期和发展规律来看，当前互联网产业全面进入转型发展期，在此阶段出现资本市场反应灵敏，避险聚焦头部企业，股市齐降，中国互联网企业呈“集中上市+破发”的现象，互联网产业发展内在驱动要素遭遇增长瓶颈。

**资本市场反应灵敏，避险聚焦头部企业。**资本市场趋向保守，前期投资下降，中后期投资上升，并向头部企业聚焦，2018年，TOP5全部为大型企业或大型企业旗下独立部门。资本市场前后期投资对比如图8所示。

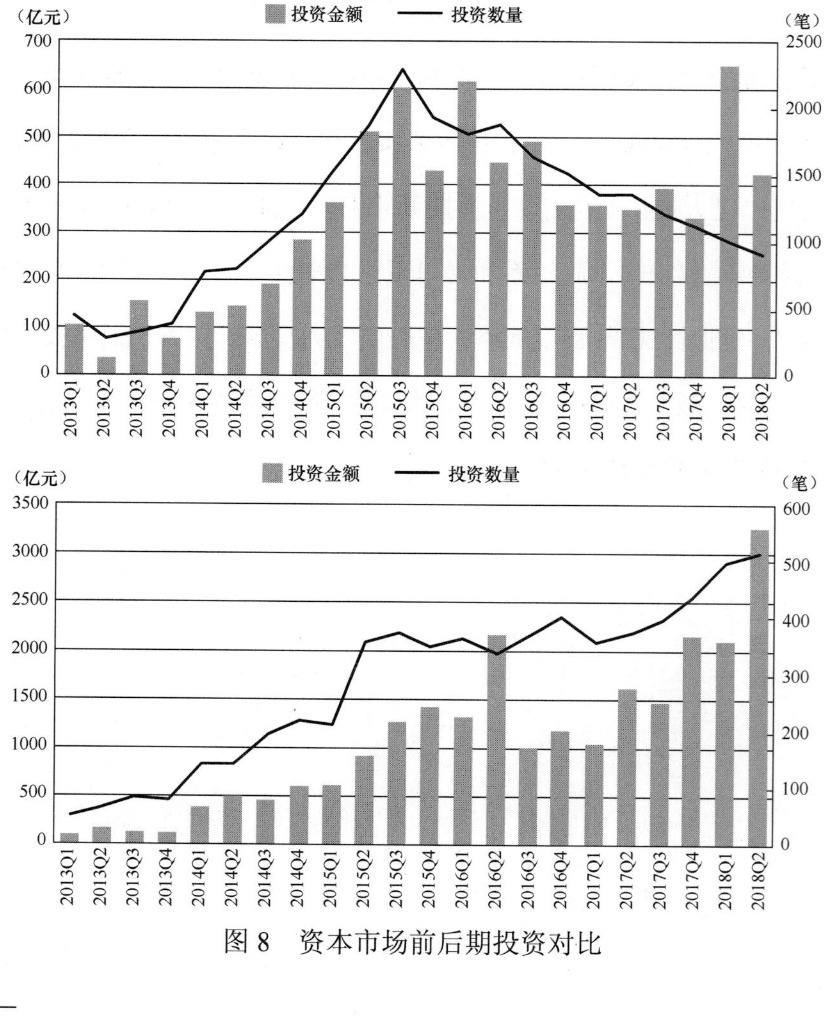


图8　资本市场前后期投资对比

2018 年，全部 A 轮融资企业，京东旗下京东物流融资金额 166.8 亿元排名第一，华人文化集团融资 100 亿元，位居第二，平安旗下的平安医保科技和金融壹账通排在第三和第四，苏宁旗下的苏宁体育和自如网并列第五，投资向头部企业聚焦明显。2018 年全部 A 轮 TOP10 企业见表 2。

**表 2　　2018 年全部 A 轮 TOP10 企业**

| 企业名称 | 投资金额（亿元） | 备注 |
|---|---|---|
| 京东物流 | 166.8 | 京东旗下 |
| 华人文化集团 CMC | 100.0 | 影视制作公司《琅琊榜》、《欢乐颂》 |
| 平安医保科技 | 76.7 | 平安旗下 |
| 金融壹账通 | 43.4 | 平安旗下 |
| 苏宁体育 | 40.0 | 苏宁旗下 |
| 自如网 | 40.0 | 租房市场 |
| 58 速运 | 16.7 | 58 旗下 |
| 瑞幸咖啡（Luckin Coffee） | 13.3 | 咖啡文化 |
| 禧云国际 | 13.3 | 团餐市场 |
| V 领地 | 13.3 | 青年社区 |

**股市齐降，中国互联网企业集中上市+破发。**全球互联网企业股市齐降，美国科技股连续大跌，我国上市互联网总市值比 2018 年年初下降 31.3%，互联网企业极度依赖融资发展，大量互联网企业面临融资难的困境，2018 年超过 30 家企业选择上市，成为历史第三波上市浪潮，但上市即破发，仅有三分之一企业维持在发行价。2017 年以来全球与我国互联网企业市值变化趋势如图 9 所示。

**在演进过程中，互联网产业发展内在驱动要素遭遇增长瓶颈。**互联网产业历经单机时代、门户时代、搜索时代、Web2.0 时代，到现在的移动互联网时代。随着起初的“流量变现”“广告费”引发的商业模式的出现，浏览器、搜索引擎、导航网站和操作系统等流量入口的成型，百度、新浪、微软和英特尔的崛起，1998 年到 2005 年，我国互联网用户规模直接从 100 万上升至 1.03 亿。随后经历流量红利的驱动期、人口红利的驱动期，互联网用户规模从 2005 年的 1.03 亿快速上升至 2017 年的 6.18 亿。如今跨领域技术演进降速，技术引领新发展周期缓步来临，从 2017 年的增长趋势和内在因素来看，互联网产业发展内在驱动要素遭遇增长瓶颈期。

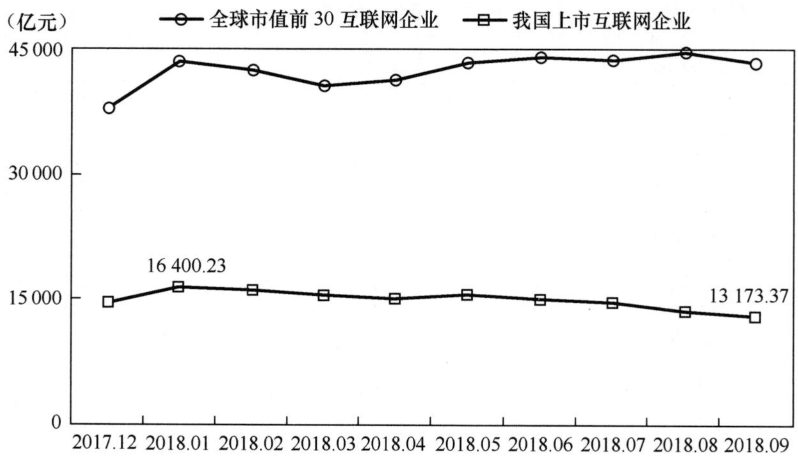


图 9　2017 年以来全球与我国互联网企业市值变化趋势

## （一）多技术融合驱动下周期演进驱动降速

**互联网发展由 “单点”技术到“多点融合”技术转变**。计算、网络、感知等核心技术加速融合互动创新，优势技术基因不断嫁接优化重组，互联网创新体系从单点迸发模式向体系化、集成化、融合化模式转变趋势明显。计算网络化、网络智能化、传感智能化的系统发展，极大地激发了单点技术的创新活力和应用潜力，带动互联网技术生产能效的指数级增长。制造、材料、能源、生物等技术与信息通信技术的交叉渗透日益深化，催生互联网新业态的发展。多领域跨界融合形成了一批新技术，创造了一批新产业，形成了一批新产品，引发了更广领域、更多维度、更具系统性的生产方式创新与群体突破浪潮。

**交叉学科技术发展节奏远慢于信息通信领域，互联网将变速演进**。互联网是信息技术交叉汇聚，融合创新的中心环节，移动技术、新终端形态、区块链、人工智能交相辉映，缔造了大量高水平创新。互联网的进一步发展日益吸纳众多交叉学科领域，其发展节奏远慢于信息通信领域，互联网原有发展演进速度难以长期持续，互联网将变速演进，逐步进入新的周期。

**人工智能、区块链等技术，引领互联网产业加速向下一周期演化升级。互联网逐步回归计算本源，进一步解放人脑的人工智能成为信息产业探索的重心**。基础逻辑从“感知”跃进至“理解与决策”，逐步具备自主“认知”能力。例如，2015 年 ImageNet 挑战赛中，微软的图像识别准确率为 96.5%，超过比赛中人的识别。语音识别、手势体感两大技术逐步成为信息输向虚拟世界的重要渠道。凭借不断接近人类智慧的人工智能，为互联网用户全面、高效地提供个性化、精准化服务，大幅度提升了业务体验。**区块链用技术重构信任机制，**引领互联网从“可用”走向“可信”，实现“数据可信、物的可信、资产可信、人的可信”价值互联。**智能网联汽车等智能硬件载体实现多元化类应用**。应用模式一：通过车辆系统、数据交通环境多角度分析的智能化自动驾驶，车辆系统数据与车主智能化交互的安全出行，通过接入车辆的服务商系统、应用扩展的欢乐出行等以驾驶为核心的汽车智能化服务应用。应用模式二：在公共管理、行业管理方向针对基础设施的管理、多车管理调度以及交通环境的以协同为核心的管理智慧化。应用模式三：围绕出行前与出行后的涉车服务、后市场服务、车主服务的以信息为核心的服务多元化。

### （二）服务需求日益饱和，个性化高品质内容需求持续爆发

**消费者互联网服务需求日益饱和，App 的增长数量趋于稳定**。围绕消费者吃、穿、住、行、用的互联网服务需求日益饱和，全球 App 市场增长到顶，我

国移动应用市场 App 数量趋于稳定。中国信息通信研究院的移动应用监测平台数据分析，从 2017 年 8 月到 2018 年 8 月，一年内 App 数量在 400 万上下浮动，变化不明显，如图 10 所示。

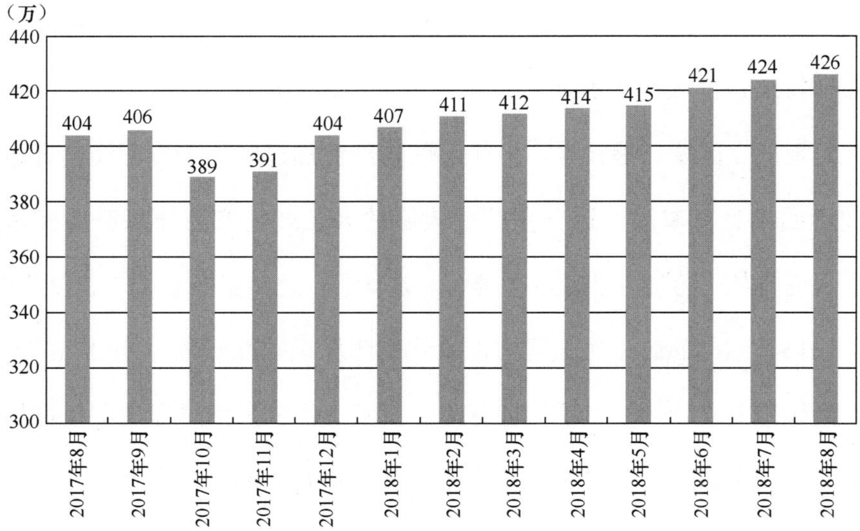


（数据来源：中国信息通信研究院——移动应用监测平台）

图 10　我国市场移动应用的规模数量

**移动互联网发展已进入平稳期，融合创新决定移动服务发展的未来**。从图的 G-K 产业生命周期模型可以看出：移动互联网从 2007 年开始引入，2011 年到 2017 年经过互联网服务移动化、社交化、超级应用、位置服务、语音识别等技术创新和变革，呈现百家争鸣，云、管、端全面爆发式增长。现阶段，移动应用增长约 10 万款，智能终端出货年增长约 5%的稳定平缓期，随后随着市场的饱和化，获利减少、创新要求提升，出现大量企业淘汰的退出期。但就当前发展态势分析，可穿戴等新终端、人工智能等新技术、共享经济等新模式将助力产业再次发力，融合创新能力或许能扭转移动服务退出的趋势，如图 11 所示。

**聚焦内容业态创新发展成为转型探索的重点**。高质量、个性化的内容消费满足马斯洛模型人类高层持久需求，是超越下层基础需求的发展方向。受惠于知识产权保护力度的显著加强及基础设施网络的优化升级以及新技术、新模式的创新探索，互联网内容产业正成为中国互联网产业转型发展的新亮点，后发加速态势显著，在短视频、直播、信息流等方面，中国更引领世界潮流，引发海外巨头纷纷跟进。近年中国互联网内容产业展现的后发优势如图 12 所示。

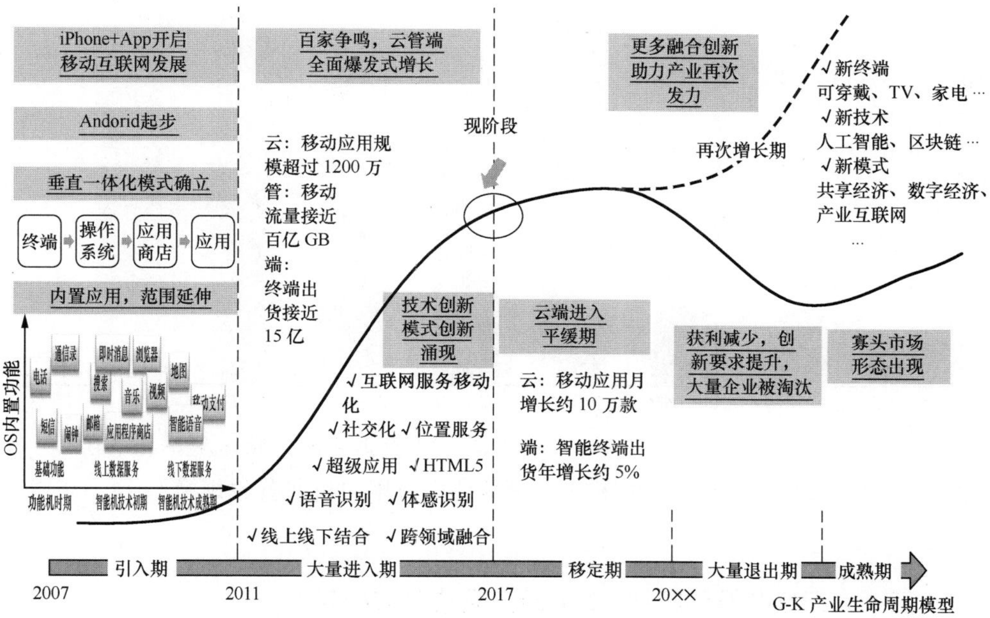


图 11　G-K 产业生命周期模型

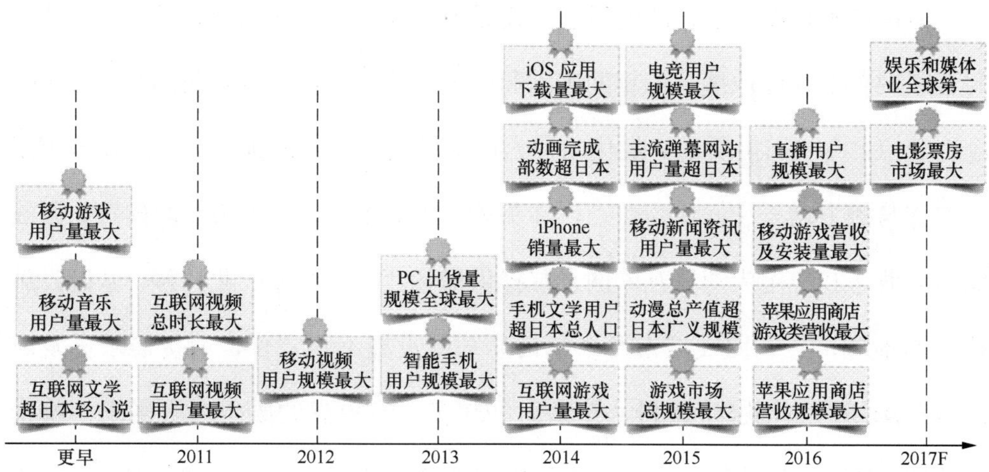


（数据来源：腾讯数据报告）

图 12　近年中国互联网内容产业展现的后发优势

2017 年，中国互联网内容市场规模比 2016 年增长 30%，达到 160 亿元，正在逼近美国，互联网内容付费市场快速放大，以 BAT 为代表的巨头大文娱版图已经初步建立。2011—2018 年中国数字内容用户付费营收规模如图 13 所示。

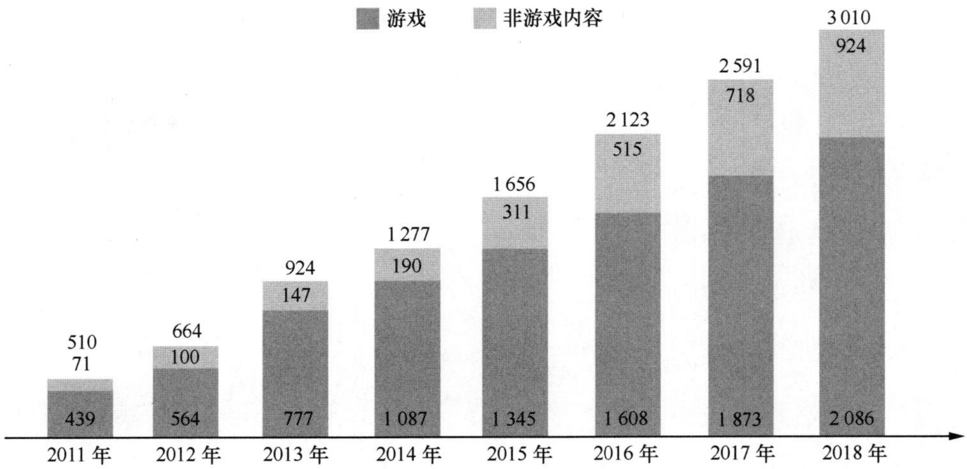


（数据来源：腾讯数据报告）

图 13　2011—2018 年中国数字内容用户付费营收规模

## （三）人口红利驱动减弱，B/G 端市场成为转型焦点

**用户增长趋缓，三、四线下沉人口成为重点。**互联网用户增长趋缓，中、美互联网普及速度放缓，三年间美国和中国互联网普及率分别仅增长 2 个和 7 个百分点，如图 14 所示。最优消费人口市场已基本被占领，三、四线城市用户群体与潜力增长空间成为焦点，趣头条、拼多多等成功上市，面向三、四线城市的业态和应用为消费互联网发展提供增量蓝海。随着产业转移、基础设施建设的推进，三、四线城市及乡镇信息基础设施不断完善，消费需求迸发。下沉市场用户生活节奏较慢，空余时间较多，有更高的娱乐内容需求，特别在情感、休闲、生活等泛娱乐的垂直内容细分领域有着极大的需求和巨大的流量红利。

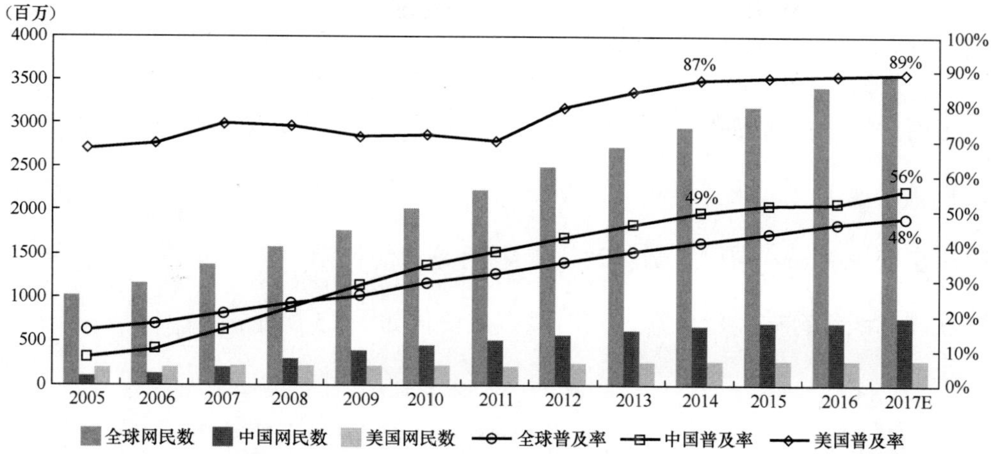


（数据来源：中国信息通信研究院）

图 14 中、美互联网普及情况

**消费者市场监管日趋严格，C 端业务进入调整/发展新阶段**。各国积极颁布个人数据保护专项法案，全球已有 90 个国家和地区制定了个人信息保护的法律，对互联网业务合规开展提出新的挑战。韩国在 2011 年颁布了《个人信息保护法》，新加坡在 2013 年颁布了《个人信息保护法》，我国在 2017 年颁布了《网络安全法》，同年日本颁布了《个人信息保护法》修订版，2018 年，欧盟、印度、美国分别颁布了《通用数据保护条例》《2018 个人数据保护法（草案）》《2018 加州消费者隐私法案》，对互联网业务合规经营提出了极高要求。我国各部委深化移动应用服务监管，先后在游戏、出行、支付等诸多领域出台监管规定，保护消费者权益，确保行业持续健康发展。

**B/G 端市场成为互联网产业转型探索焦点**。美国互联网 To B 业务发展引领全球，从巨头到创新企业全面进军 To B 业务，SaaS 独角兽 Salesforces 市值突破千亿美元，谷歌全力进军新零售市场。中国互联网 To B 市场快速进化，BAT 全力转身，腾讯组织机构大调整，创新企业批量涌现，众多资本竞相进入 To B 领域，云、人工智能与数据分析、垂直领域产业互联成为核心方向。

### （四）流量红利不在，全球市场与智能零售成为突破方向

**用户注意力激烈争夺，两大梯队正式形成**。用户注意力争夺进一步升级，短视频快速上升，社交领域持续下降。用户时长进一步碎片化，短视频持续吞噬用户使用时长，同比上升 5.2%，即将赶超在线视频。2018 年 9 月中国移动互联网二级细分热门行业总使用时长占比变化如图 15 所示。

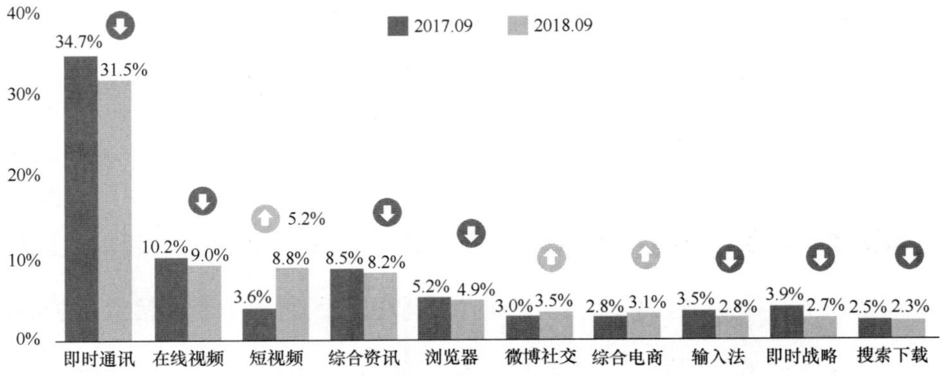


图 15　中国移动互联网二级细分热门行业总使用时长占比变化

移动互联网两大梯队正式成型，第一梯队腾讯、阿里巴巴、百度（TAB），第二梯队新浪、头条、美团、网易（STMN）已正式形成，两大梯队占据中国用户上网总时长超过 70%。2018 年 Q3 中国移动互联网各巨头独立 App 总使用时长如图 16 所示。

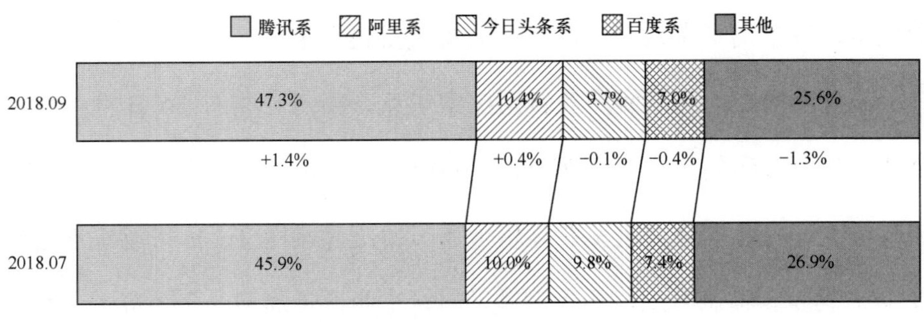


图 16　2018 年 Q3 中国移动互联网各巨头独立 App 总使用时长

**创新企业基于社交逻辑，探索线上获客流量新模式**。流量红利消失，流量价格昂贵，引流线上获客成本极高，如“理财”关键词，从点击到转化为实际用户需要花费上万元。然而拼多多、趣头条等基于社交逻辑创新线上获客方式，通过朋友间的社交诱导分享，在短时间内聚集大量用户，趣头条的获客成本仅为 4 元。

**全球市场与智能零售成为突破方向**。在全球市场方面，立足本土化服务经验优势，面向发展环境类似、设施欠完善的发展中国家新兴市场进军布局，成为获得新流量的战略方向，当前我国企业海外营收占比极低。国内外互联网企业海外营收占比如图 17 所示。

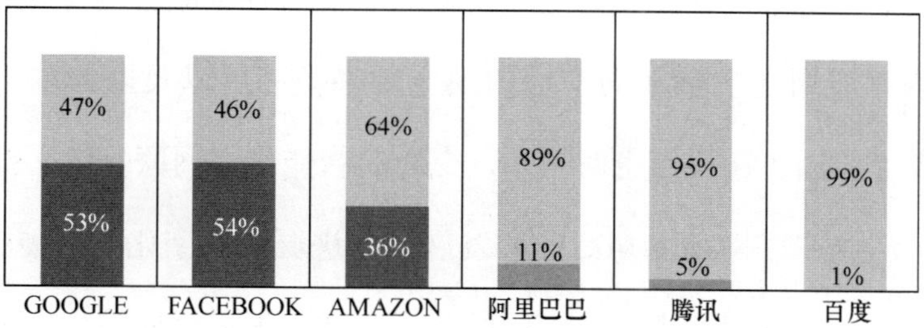


（数据来源：中国信息通信研究院）

图 17　国内外互联网企业海外营收占比

在智能零售方面，运用信息技术和大数据重构零售业“人”“货”“场”三要素，形成全渠道打通、线上和线下深度融合的零售新业态，也同时助力缓解流量红利的消退冲击，探索以 OMO（Online-Merge-Offline）行业平台型商业模式实现低成本持续获客。可以进行传统门店升级改造模式、融合业态探索创新、无人零售前沿实践等方式，通过在线分享商务、移动电子商务、线下商务的有效聚合，帮助企业顺应体验经济发展和用户需求变化，简化获得实体商品和服务的途径，打造线上—移动—线下三位一体全时空的体验店营销系统，使企业与用户能够通过各种载体及终端进行交易和消费。

（撰稿人：中国信息通信研究院　王跃）

# 专题八　车联网发展进入快车道

## 一、车联网应用发展需求

当前，车联网技术发展和服务能力不断提升，借助于人、车、路、云平台之间的全方位连接和信息交互，催生了大量新的产品应用。狭义的车联网应用通常指车载信息服务类应用，即通过车辆把车主与各种服务资源整合在一起；广义的车联网应用还包括面向交通的安全效率类应用以及以自动驾驶为基础的协同服务类应用。新应用也对汽车、交通的智能化与网联化水平提出了新的发展需求，引领车联网技术与产业的发展，促进城市数字化与智能化发展。

车联网应用从不同的视角有不同的分类方式。根据联网技术不同，可以分为车内网、车际网和车云网应用；根据车联网应用对象不同，可以分为单用户应用以及行业应用两大类，行业应用又进一步分为企业应用和政府应用等；根据需求对象不同，可以分为自动驾驶、安全出行、效率出行、交通管理、商业营运、涉车服务等应用。无论哪种应用分类方式，都基本涉及**以用户体验为核心的信息服务类应用、以车辆驾驶为核心的汽车智能化类应用和以协同为核心的智慧交通类应用。**

## 二、车联网技术发展研判

车联网发展的热点聚焦网联化和智能化，并由单车智能逐步转向多车协同以及“智慧的车”与“智慧的路”协同发展，这对车联网技术创新和产品研发提出了新的发展需求。**汽车电子、V2X无线通信、多接入边缘计算、云平台以及安全等为车联网网联化、智能化、协同化发展提供了坚实的技术基础。**近年来，全球汽车产业快速增长，汽车电子成为产业增长的重要引擎，通过人—机交互、汽车功能提升等方式提升驾驶体验。此外，自动驾驶等协同应用成为汽车电子发展的重要方向。V2X无线通信技术旨在将“人—车—路—云”等交通参与要素有机地联系在一起，不仅可以为交通安全和效率类应用提供通信基础，还可以将车辆与其他车辆、行人、路侧设施等交通元素有机结合，弥补了单车智能的不足，推动了协同式应用服务发展。多接入边缘计算可以有效解决未来网络高带宽、低时延、高可靠需求以及大规模终端连接等要求，支持多种终端的接入方式，有效提升道路的智能化水平。云平台能够为未来的协同交通体系提供统一的数据采集、智能决策及控制执行等基础支撑，继而将整个车联网要素连接成一个整体。车联网安全形势紧迫，需要在车载终端安全、数据交互安全、平台信息安全和隐私保护等方面开展关键技术攻关及产品研制，形成贯穿于车联网“端—管—云”全链条的综合安全体系。

## 三、车联网产业的发展趋势

我国车联网产业正快速发展，产业链主体更加丰富，跨行业融合创新生态体系初步形成。从产业结构来看，可提供诸如V2X碰撞预警、盲点监测等功能的创新企业开始加入到汽车厂商的一级、次级供应商名单中，部分ICT企业开始在汽车产业布局。其次，在传统汽车垂直产业体系中位居上游的芯片企业、车载显示等关键零部件企业的重要性日益显著，并开始向汽车厂商的次级、一级供应商地位跃升。从发展趋势来看，传感器、集成电路、操作系统等厂商推动了汽车智能程度的提升，而网络运营商、芯片与模组厂商、终端设备商等加速了汽车网联化的进程。从参与主体来看，车联网对传统汽车产业的影响主要是增加参与主体数量和扩大影响：一方面是更多的消费类电子企业和互联网企业加入到汽车产业链中，增加了汽车零部件和主机厂的数量；另一方面是增加汽车电子和软件在汽车产业中的重要性，为传统汽车产业的竞争格局带来影响。车联网产业链中主要有 TSP、整车厂商、电信运营商、硬件终端、平台等各个参与主体，其在车联网各主要领域的主导能力、商业模式均有不同。未来产业的价值链将呈现各参与主体交错的模式，资金的流动也将呈现多向化、快速化的特点。

## 四、政策措施及发展建议

**美、欧、日等发达国家普遍重视车联网发展，政策措施各有侧重。**从总体上看，美、欧、日政策呈现三大特点：一是高度重视汽车联网相关产业的发展，将其视为战略性新兴产业，在国家层面开展顶层设计；二是立法大力推动和强力引领部分重点领域；三是政策聚焦汽车的智能化和网联化，并逐步相互融合，具有高度自动化能力的车辆已经成为各国产业布局的热点。从总体上来讲，美、欧、日通过在车联网的国家战略、法律、规划、标准等多个层面布局，抢占本轮产业发展的全球制高点。

**我国各级政府部门积极加快部署，联合成立车联网产业发展专项委员会。**2018 年 11 月，第二次全体成员会议于雄安召开，提出要抓好关键核心技术攻关的组织工作，强化产业链协同创新，加快基础设施的升级改造，深化体制机制改革，充分发挥专委会统筹协调作用，加强国际交流合作，加快推动车联网产业持续健康发展。**发挥标准引领带动作用，发布 LTE-V2X 直连通信频率规**

**划**。2017 年，工业和信息化部联合国家标准化管理委员会编制《国家车联网产业标准体系建设指南》，包括总体要求、智能网联汽车、信息通信、电子产品和系统分册等。为支持我国智能网联汽车产业发展，2018 年 11 月工业和信息化部印发了《车联网（智能网联汽车）直连通信使用 5 905-5 925MHz 频段管理规定（暂行）》，规划 20MHz 带宽的专用频率资源用于 LTE-V2X 直连通信技术。**自动驾驶路测法规从国家到地方纷纷出台**。在国家层面，2018 年 4 月，工业和信息化部、公安部、交通运输部联合发布了《智能网联汽车道路测试管理规范（试行）》（以下简称《管理规范》），对测试主体、测试驾驶人及测试车辆、测试申请及审核、测试管理、交通违法和事故处理等方面作出规定。在地方层面，北京、上海、保定、重庆、深圳等城市先后出台了各地道路测试管理规定。

当前，我国车联网产业进入快速发展的新阶段，技术创新愈加活跃，新型应用蓬勃发展，产业规模不断扩大，但也面临诸多问题和挑战：一是跨部门协同需要不断深入；二是核心技术有待突破；三是产业发展面临挑战。车联网涉及汽车、电子、信息通信、交通等多个产业，正处于加快发展的关键阶段。我国应以加速车联网相关新技术产业化和构建“人—车—路—云”协同的智慧交通体系为切入点，推进跨部门协作，加快法规标准建设、共性技术突破、基础设施改造等重点工作的推进，打造产业新生态，实现新的产业集聚。推进“1+3”举措，包括一个跨行业协调机制和三个发展体系：一个跨行业协调机制是在跨行业主管部门之间形成的联动工作机制，推动解决法规、标准、技术、产业等方面的重点问题，指导出台国家层面的战略规划、产业政策等顶层设计；三个发展体系指打造技术创新、产业融合和安全管理三大体系，支撑车联网产业发展。

（撰稿人：中国信息通信研究院　葛雨明　邵亚萌）

# 专题九　我国地方政府数字经济相关政策研究

我国地方政府高度数字经济的发展，自 2017 年以来，已经有多个省市区制定发布了数字经济相关的政策。

## 一、地方政府因地制宜制定数字经济政策

### （一）贵州发挥资源禀赋优势，汇聚全省之力推进数字经济发展

贵州围绕大数据推进数字经济建设。2017 年 2 月，贵州印发《贵州省数字经济发展规划（2017—2020 年）》，提出到 2020 年，数字经济增加值占 GDP 比重达到 30%以上。

**一是发展资源型数字经济，释放数据资源新价值。**以数据采集、数据存储、数据分析挖掘、数据交易等业务为重点，加速发展数字资源型产业。推进数据中心建设，重点支持贵阳大数据软件园、贵安大数据产业园、遵义大数据软件园发展，开展黔龙泰达大数据压缩处理服务及设备生产基地等项目，建设贵阳、贵安等大数据清洗加工基地。

**二是发展技术型数字经济，打造信息产业新高地。**重点强化数字终端产品制造实力，布局虚拟现实、可穿戴设备、人工智能等新兴前沿领域。打造贵阳、遵义、贵安新区等智能终端产业集聚区，加快中关村贵阳科技园、贵安电子信息产业园、富士康（贵州）第四代绿色产业园、七星关智能终端产业园等一批信息产业园区建设。

**三是发展融合型数字经济，激发转型升级新动能。**加快数字技术与第一、二产业的融合创新应用。在贵阳、贵安新区等地率先建设一批省级互联网工业

设计中心，发展网络协同设计、众包设计、虚拟仿真、3D 打印、全息影像技术等数字化研发设计服务。加快发展数字农业、智慧绿色能源，推动区域特色产业数字化，积极推进“黔货出山”。

**四是发展服务型数字经济，培育数字应用新业态。**充分发挥贵州得天独厚的自然资源条件，围绕智慧旅游服务、智慧健康服务、电子商务、智慧物流，加快数字技术与服务业融合发展，着力提升服务水平和服务质量，再造数字消费“新蓝海”，探索建设服务型数字经济先行先试区。

### （二）福建加快企业数字化步伐，提出工业数字经济创新发展政策

2018 年 2 月，福建发布了《加快全省工业数字经济创新发展的意见》，主要包括三大领域内容。

**一是夯实工业数字经济产业基础。**瞄准电子信息产业中的核心领域，持续推进“增芯强屏”和终端产品创新，聚焦**加快集成电路产业集聚、构筑新型显示产业链、加快计算机与信息通信产业升级、壮大半导体照明产业、打造锂电池千亿元产业集群**共五大任务。

**二是加快工业企业数字化升级步伐。**以信息化和工业化深度融合为主线，加快数字技术与制造技术在更大范围、更深程度的渗透和创新应用，推动制造业加速向数字化、网络化、智能化方向发展。推动企业数字化和服务化的融合发展，引导大型制造企业剥离设立专业化软件与技术服务机构。

**三是打造数据驱动的工业新生态。**重点构建数据驱动能力，组建工业大数据研究中心，建设大数据应用试验平台；培育工业数字化服务平台，建设工业公共云服务平台、工业数字经济创新中心，支持中小企业业务系统上云；完善工业互联网基础设施，增强工业数字安全能力，建立工业数字安全测评服务机

构，推动构建工业数字经济安全标准体系。

### （三）广东数字经济实力领先全国，实现数字产业与产业数字化创新发展

2018 年 4 月，广东发布《广东省数字经济发展规划（2018-2025 年）》（公开征求意见稿），争取用 5～8 年的时间，将广东建设成为**国家数字经济发展先导区、数字丝绸之路战略枢纽和全球数字经济创新中心**。广东数字经济发展规划的逻辑框架如图 1 所示。

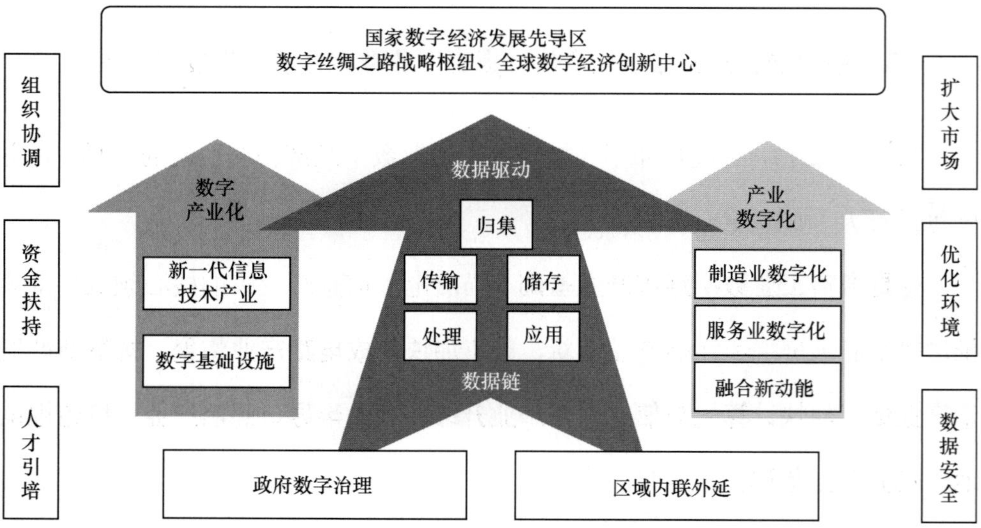


图 1　广东数字经济发展规划的逻辑框架

**第一，发展数据在数字经济领域的关键要素作用，提出了构建数据驱动发展新方式**。以打造具有全球竞争优势的珠江三角洲国家大数据综合试验区为抓手，围绕数据采集与整合、数据开放共享、数据流通、重点行业应用、大数据技术产品等，提出大数据产业任务。

**第二，针对数字产品，提出增强新一代信息技术产业新能级的任务**。针对新一代信息通信、集成电路、新型显示、4K 电视、智能终端、高端软件、云计算、人工智能、区块链九大产业，通过在高、精、尖领域发力，保持数字产

业的全国领先地位。

**第三，建设数字基础设施新体系，为数字经济创造良好环境。**建设优化互联网骨干网、骨干光纤网络、IPv6网络、下一代广播电视网等网络设施，推进一批公共服务、互联网应用服务、重点行业和大型企业云计算数据中心的建设，加快传感器技术、地理空间信息技术、卫星定位与导航技术、新一代信息网络技术在智慧城市建设中的应用。

**第四，探索制造业数字化新路径，加快实现产业转型升级。以智能制造国家级示范区建设为重点**，支持发展智能传感器、智能控制器、工业控制操作系统、嵌入式软件、工业数据分析软件与系统、工业智能软件与解决方案等智能制造基础软件和硬件产品，夯实"新四基"核心技术。

**第五，加快培育数字经济融合新动能，增强全省经济发展活力。**重点发展智能网联汽车、智能无人机、智能机器人和智能传感器等融合新产品、新领域；重点培育网络支付、新零售、共享经济、平台经济等融合新业态、新模式。

### （四）广西依托中国—东盟信息港重大机遇，推动经济产业转型升级

2018年9月，广西发布《广西数字经济发展规划（2018—2025年）》，依托中国—东盟信息港大数据中心，以推进数字产业化和产业数字化为主线，以做强中国—东盟信息港为战略支点，加快发展新一代信息技术产业，大力推动互联网、大数据、人工智能和传统产业深度融合，夯实完善数字经济发展的基础和治理体系，**打造面向东盟的数字经济合作发展高地，构建形成具有广西特色的数字经济生态体系。**

### （五）其他省市数字经济政策及战略

**浙江是我国信息经济发展先行区和示范区。**2014年7月，浙江出台了《关

于加快发展信息经济的指导意见》，明确建设“七中心一示范区”，是我国首个将信息经济作为战略行动的省。2018 年两会期间，浙江省省长袁家军介绍，全省把数字经济列为“一号工程”。

**陕西以数字经济助推“三个经济”建设**。2018 年 5 月，陕西印发《陕西省 2018 年数字经济工作要点》，旨在以互联网和数字经济为引擎，推动枢纽经济、门户经济和流动经济发展。

**重庆建设数字经济产业园，打造全国数字经济示范区**。2018 年年初，重庆两江新区正式印发《智慧两江建设实施方案》，推动重庆数字经济产业园建设，形成智慧城市示范地标。

**八大数字经济项目落地成都，助力数字经济高速发展**。2018 年年初，成都印发《成都市推进数字经济发展实施方案》，重点推进数字技术与各领域、各行业深度融合，为新经济发展提供强大动能。

## 二、数字经济政策发挥了引导与推动作用

数字经济政策对于新时代背景下的经济社会发展起到积极作用，主要表现在以下三个方面：**一是地方政府把数字经济作为未来重要的发展战略**，在培育新的经济增长点过程中，带动传统产业实现数字化、智能化，全面提升经济发展竞争力；**二是数字经济政策覆盖面广**，各地政策涵盖了数字产业以及传统产业各领域，是产业政策的“集大成者”，为其他专业领域政策提供了基本方向；**三是在内容结构上保持统一**，“数字产业化”与“产业数字化”为两大主线，“数字政府治理”是重要保障，支撑体系则提供了完善的组织保障。

## 三、关于改进地方政府数字经济政策的建议

从各地数字经济政策来看，主要存在两大问题：**一是数字经济政策缺乏亮点**，与信息产业、信息化、大数据、智慧城市等政策区隔度不大，存在“新瓶装旧酒”和“大杂烩”的现象，应围绕数字技术对经济发展质量、发展速度、就业等方面的影响，提出应对措施；**二是数字经济政策操作性不强**，重点任务与措施比较宏观，指导效果有限，没有明确政府与企业在数字经济发展的分工及界限，建议今后各地应结合本地的实际特点与需求，提出明确的经济发展模式与实施路径。

（撰稿人：中国信息通信研究院　赵勇）

# 专题十　提质提速，推动我国电信业持续发展

我国电信业已经进入后流量时代，增长速度放缓，增长模式和创新模式也发生了根本变化。十九大报告指出，我国经济已经从高速增长阶段转向高质量发展阶段。在新的历史时期，需要秉持高质量发展理念，直面电信业发展中的问题，加强政策引导，推动运营企业勇于创新、加快转型，更好地支撑国家数字经济发展。

## 一、电信业发展规律以及趋势判断

### （一）增长模式变化

当前，全球多数国家/地区的电信业已进入流量经营时代。由于流量业务与语音业务的特性存在较大差异，再沿用语音时代的规模经济增长模式已难以保证行业的可持续发展。在语音时代，业务的量价是匹配的；而到流量时代，业务的量价不再匹配。随着流量增长，收入增速远远落后于流量增速，且两者的差距在不断拉大。电信业未来将向两个方向发展：一是进行跨界融合和多元化经营，变“规模经济”发展模式为“范围经济”发展模式，开拓传统电信业务之外的新业务，实施多元化经营，例如 AT&T 收购 Direct TV 和时代华纳开展内容运营；二是提升管道的价值，变纯流量的比特管道为高价值的业务管道，基于网络重构推出网络随选等差异化的网络服务。

### （二）技术创新模式变化

在传统的创新模式下，设备商是行业内技术创新的最终驱动者，运营商

主要是技术采用和业务创新者。而在网络重构下，电信产业链上游市场碎片化，设备市场将由几家垄断转变为多主体参与，技术创新由设备商驱动转变为由不同的专业软、硬件厂商合作推动。在新的形势下，运营商在电信业的技术创新上可以扮演更重要的角色，将承担起更多的引领技术创新方向和节奏的责任。

## 二、新时期对电信业提出新要求

### （一）流量消费升级换代要求高质量差异化服务

随着提速降费政策的深入实施，我国移动流量的资费已经下降到相对较低的水平，2018 年 9 月当月移动流量资费达到 6.7 元/GB，同比下降了 64%，低于美国的资费 9.98 美元/GB。资费不再是制约数字经济发展的主要因素。在当前阶段，企业和个人用户对网络的诉求，将逐步从资费转移到网络质量上，要求高质量的差异化网络服务。我国数字经济兴起，垂直行业数字化方兴未艾。以工业互联网为代表的垂直行业数字化需要高可靠、低时延的网络服务。

### （二）电信运营商需要承担培育 5G 产业发展的重任

电信运营企业处于通信产业链的关键环节，直接带动整个产业链的发展。在 3G/4G 时代，我国电信运营商在培育用户应用、推动网络和终端研发、探索业务创新等方面，投入了大量的资金和精力，4G 产业取得快速发展，运营商功不可没。目前，我国正处于 4G 向 5G 迈进的关键时期，几大运营商是否还有足够的实力和能力继续引领和支撑整个产业链的发展是 5G 成功的关键。

## 三、我国电信业可持续发展面临的主要问题

从国际上看，随着 4G 流量红利期的结束，世界主流电信运营商收入增速回落到零附近，流量增长不能持续担当起行业发展驱动力的重任。由于收入增长乏力，欧美许多电信运营商纷纷缩减固定资产投资、出售非核心资产以及大规模裁员。

当前，我国电信市场已经进入流量经营饱和期，行业自身面临的问题增多，外部环境的压力逐步积累，如果不能有效化解，可能会落入欧美那样的困难境地。结合对未来环境发展趋势的判断，我国电信业未来发展存在一些隐忧，主要包括以下五个方面。

### （一）4G 流量红利结束，行业增长堪忧

流量经营独木难支，新业务增长点尚不明晰。在 5G 规模应用之前，我国电信业将进入一个发展低谷，预计 2020 年收入增速将会滑到至最低点。2020 年之后，由于 5G 创新业务需要培育，仅靠流量经营带来的收入增长有限，行业增速将会缓慢回升。

### （二）投资需求较高导致企业利润压力大增

由于 5G 不得不运行在较高频段，基站数会大幅增加，行业固定资产投资将会加大。经过多轮的成本压降，电信运营商的成本下降空间已十分有限，行业利润率将会进一步走低。预计到 2025 年，净利润率将下降到与欧洲运营商相近的水平。由于我国电信市场结构严重失衡，如果行业增速进一步下滑，弱势运营商可能面临亏损。

### （三）数字化转型进程缓慢，影响行业国际竞争力

我国运营商的自主创新能力不强，体制机制不灵活。网络架构重构给运营商自身的组织流程、文化建设、商业模式、人才结构带来较大挑战。而运营商忙于完成考核指标，疲于应付恶性价格竞争，难以有足够资源和精力做好数字化转型发展。反观美国，AT&T 领导了这次电信网络的软、硬解耦技术演进，企业正加速转型。同时，美国的产业链上软件公司的竞争力大大强于我国，使得我国在设备市场的原有优势面临不保。如果再不紧追，整个产业未来发展的主导权将会完全丧失。

### （四）恶性竞争削弱行业持续发展能力

一些地方以提速降费的名义进行恶性市场竞争。由于竞争加剧，超大流量套餐过早出现，且所包含的流量大大高于实际使用量，限制了未来业务收入的增长空间，严重削弱了行业可持续发展的能力。另外，利润为主的考核方式也加剧运营商的短期行为。

### （五）电信产业链上游生存状况恶化

由于资费快速下降，增量不增收，运营商受到考核压力，采取成本压降等手段维持利润水平。成本压力被传递给上游供应商。受运营商成本压降的影响，近年来，设备和网络服务供应商的净利润大幅下降，部分企业 2017 年利润降幅超过 45%。供应商生存状态恶化，进而对电信网络质量产生不良影响，反过来会影响整个产业链的健康和可持续发展。

## 四、促进我国电信业可持续发展的措施

电信业的可持续发展对于数字经济发展具有基础性、战略性作用，需要从政府、行业和企业等多个方面同时发力，共同促进电信业的可持续发展。

**一是在政策上倡导电信业高质量发展**。当前，电信业已经进入新的发展阶段，行业发展需要更加重视提质提速。可以通过相应的政策调整，推动运营商积极开展网络转型，在提高网络速度的同时，更注重提升网络质量、响应速度和服务水平，为社会生产、生活提供高质量的差异化服务。

**二是加大对电信业的支持力度**。继续推进电信行业的混合所有制改革，改革企业的用人机制、激励机制，推动电信企业借鉴互联网企业的经验，促进业务创新和管理创新，增强企业活力。探索在 5G 网络建设中，引入民营资本，深化网络共享共建，创新商业模式。

**三是营造良好的行业经营环境**。加强行业发展健康状况监测，杜绝企业恶性竞争，引导运营商理性有序竞争，将竞争手段转向提高网络质量、优化服务等方面，防止产业发展滑向不可持续的境地。加强业务经营许可管理，严查违法、违规经营等现象，为电信行业发展营造良好环境。

**四是加快运营商转型创新**。运营商应积极应对外部环境的挑战，着力加强自身核心技术研发能力，提升业务创新能力，引进和培养高价值核心技术人才。大力开展企业数字化转型发展，加快推进 5G 产业化，积极探索物联网和企业信息化等业务创新，为我国数字经济的全面发展奠定坚实基础。

（撰稿人：中国信息通信研究院　杨子真　郭顺义）

# 专题十一　面向5G商用若干重大问题研究

当前，全球信息技术革命正在引领新一轮产业变革，信息通信技术创新和跨界融合速度不断加快，新应用、新业态、新模式大量涌现。5G 作为新一代移动通信技术的主要发展方向，是新一轮科技革命和产业变革的主要驱动力。5G 应用场景由移动互联网拓展到物联网领域，将在大幅提升移动互联网用户业务体验的基础上，进一步满足未来物联网应用的多样化需求。5G 与互联网、大数据、人工智能等新一代 ICT 技术相结合，提升经济社会各行业的信息化水平，催生新产品、新模式和新业态，成为数字经济发展的新引擎，支撑经济实现高质量发展。

## 一、5G 整体发展态势

### （一）各国均将 5G 作为优先发展的战略领域

**欧盟** 2016 年公布了 5G 行动计划，法国、德国等成员国纷纷从频谱分配、推进网络建设、加强技术应用研究等方面出台战略策略，积极推动 5G 发展。**美国** 2017 年年底发布的《美国国家安全战略》中提出“在全国范围部署 5G 网络”，指出 5G 网络部署是提高美国国际竞争力、改善人们生活质量的首要行动之一。2018 年 9 月发布“5G FAST（Facilitate America’s Superiority in 5G Technology）战略”，提出为 5G 分配更多的频谱资源、简化基站审批流程并缩短审批时间等，推动 5G 网络的快速部署。**韩国** 2013 年成立了 5G 论坛，启动重大项目推动 5G 产业发展。2014 年 1 月，韩国公布了旨在引领 5G 时代的

《未来 ICT 产业发展战略》，提出在 2018 年平昌奥运会展示 5G 试点服务以及 2020 年前实现商业化。**日本** 2016 年发布了《Policy to realize 5G in 2020》，通过产、学、政合作推动 5G 关键技术的研发，并积极参与 5G 标准化的活动，提出将在 2020 年东京奥运会期间商用 5G。

### （二）5G 国际标准第一版本顺利完成

2018 年 6 月，3GPP 批准了支持独立组网的 5G 国际标准研制，加之 2017 年 12 月完成的非独立组网 5G 标准，5G 已经完成了第一阶段全功能标准化工作。此版本主要面向增强移动宽带场景和超高可靠低时延场景，支持独立组网的 5G 标准使 5G 具备独立部署能力，带来全新的端到端架构，赋能企业和垂直行业的智慧化发展，为运营企业和产业合作伙伴带来了全新的商业模式，随着第一版本 5G 标准的发布，5G 已经进入商用部署的关键阶段。此外，3GPP 将于 2020 年 3 月发布完整版本 5G 国际标准（R16 版本），R16 标准将进一步增强网络支持移动宽带的能力和效率，同时扩展支持更多的物联网场景。

### （三）全球主要国家纷纷明确 5G 商用进程

全球主要国家都在积极布局 5G 试验，加快推进 5G 产业发展，明确 5G 商用计划或宣布启动 5G 商用。**美国**于 2018 年宣布启动 5G 商用，初期主要面向固定无线接入场景；**韩国**于 2018 年 2 月平昌冬奥会上开展高清视频传输、虚拟现实体验等 5G 业务应用演示，原计划 2019 年 3 月启动 5G 商用，但受商用终端未成熟等因素影响，商用时间被推迟。**日本**在 2017 年开展 5G 试验，计划 2020 年东京奥运会期间实现 5G 商用。**欧盟**在 2018 年开展 5G 试验，2020 年启动 5G 商用服务。

## 二、我国有序推进 5G 商用发展

### （一）我国通过 5G 技术研发试验推动产业成熟

为推动我国 5G 核心技术的研发，验证 5G 技术方案的设计，支撑国际标准制定，提升产品功能完备度，推进 5G 产业发展，为 5G 产品研发试验奠定基础，在工业和信息化部指导下，IMT-2020（5G）推进组于 2016 年 1 月组织开展了 5G 技术研发试验，分三个阶段实施、第一阶段（2016 年 1 月—2016 年 9 月）5G 关键技术验证，目标是通过测试评估 5G 关键技术试验样机，支撑 5G 国际标准的研制；第二阶段（2016 年 9 月—2017 年 12 月）5G 技术方案验证，目标是面向 5G 典型应用场景，推动系统设备厂商融合多种关键技术形成 5G 技术方案，满足 ITU 所确定的 5G 关键性能指标要求；第三阶段（2018 年 1 月—2018 年 12 月）5G 系统验证，基于 3GPP 5G 国际标准，对系统设备厂商研发的预商用/商用系统设备进行测试，推动产品成熟和产业链的构建。目前，5G 技术研发试验测试工作基本完成，5G 系统设备基本满足预商用要求，为后续的 5G 规模试验及商用奠定了良好的产业基础。

### （二）我国明确 5G 商用规划

随着 2018 年 6 月 3GPP 发布第一版本 5G 国际标准，全球产业界纷纷加大投入，积极推进 5G 产品的研发，5G 系统设备已基本可以满足预商用要求。同时，我国已于 2018 年年底为国内三家基础电信运营企业发放了 5G 中低频段试验频率使用许可，当前已经初步具备了启动 5G 商用的基本条件。后续，我国将开展运营商主导的 5G 商用试验，进一步优化产品性能，验证网络规划优化方案，提升产业成熟度，推动 5G 与垂直行业应用的融合发展。根据 5G 试验进展情况，在系统、芯片、终端等产业链主要环节基本成熟的前提下，预计我国将于 2019 年启动 5G 商用。

### （三）我国积极推动 5G 融合应用发展

5G 与垂直行业的融合应用是 5G 成功的关键，但同时也是 5G 发展的重点和难点。日、韩等国都在积极探索 5G 行业应用，韩国运营商商用初期以 eMBB 为主，比如高清视频、AR/VR、宽带 FWA 等。在 2018 年平昌冬奥会演示了 360° VR、全息、UHD+等 eMBB 业务。日本运营商目前在积极推动 5G 应用研究，日本总务省 5G IMF 定义 13 种类 5G 应用，重点研究车联网（比如编队行驶）、远程医疗（比如远程医疗机器人）和智能工厂、应急救灾等新的商业模式。

为探索发掘我国 5G 典型应用，IMT-2020（5G）推进组主办了“绽放杯”5G 应用征集大赛。为更好地发挥大赛对产业的催化作用，大赛组委会陆续在北京、重庆、广州、鹰潭等地举办了行业应用研讨会、无线网络与医疗行业融合发展高峰论坛、车联网论坛、5G 云 VR/AR 创新论坛、工业互联网论坛、开源平台论坛等系列活动。大赛得到了业界的广泛关注和支持，经过 3 个多月的项目征集，共收到面向工业、VR/AR、交通、医疗、无人机、环保等众多领域的参赛项目 330 多个。应用大赛对于推动 5G 与垂直行业融合应用发展起到了重要的推动作用。

（撰稿人：中国信息通信研究院　魏克军）

# 专题十二　量子信息技术发展与应用现状

## 一、量子信息技术成为信息通信行业关注焦点之一

随着人类对微观粒子系统的观测和调控能力的不断突破和提升，利用量子力学中的叠加态和纠缠态等独特物理特性进行信息的采集、处理和传输已经成为可能，量子科技革命的第二次浪潮即将来临。以量子计算、量子通信和量子测量为代表的量子信息技术是未来信息通信技术演进和产业升级的关注焦点之一，其研究和应用发展在未来国家科技发展、新兴产业培育、国防和经济建设等诸多领域，将产生基础共性乃至颠覆性的重大影响。

量子计算以量子比特为基本单元，通过量子态的受控演化实现计算处理，具有经典计算无法比拟的巨大信息携带和超强并行处理能力。量子计算技术所带来的算力飞跃，有可能成为未来科技加速演进的“触发器”和“催化剂”，一旦取得突破，将在基础科研、新型材料与医药研发、信息安全与人工智能等诸多领域产生强大的提升与带动作用。

量子通信利用微观粒子系统的量子态或纠缠效应等传输信息或密钥，基于量子力学原理保证信息传输的安全性，主要包括量子隐形传态和量子密钥分发两类：量子隐形传态能够实现量子态信息直接传输，是前沿研究热点，但实用化前景尚不明朗；基于量子密钥分发的保密通信称为量子保密通信，目前已进入初步产业应用阶段，是提升信息安全防护能力的解决方案之一。

量子测量基于微观粒子量子态精密测量，完成被测系统物理量的执行变换和信息输出，在测量精度、灵敏度和稳定性等方面比传统技术有明显优势，也

是未来传感测量技术发展演进的必然趋势。其应用涵盖基础科研、空间探测、生物医疗、惯性制导、地质勘测、灾害预防等诸多领域。以量子陀螺、量子雷达、量子重力仪、量子磁强计和原子钟为代表的新型量子测量设备，在航空航天、国防建设和工业应用等领域极具战略价值。

## 二、量子信息技术在全球范围广受重视并加大投入

近年来，全球多国加快量子信息技术研究与应用布局，推动技术研究和应用发展。日本文部科学省 2013 年成立量子信息和通信研究促进会以及量子科学技术研究开发机构，计划未来十年内投资 400 亿日元，支持量子通信和量子信息领域的研发。英国 2014 年设立“国家量子技术计划”，投资 2.7 亿英镑建立量子通信、传感、成像和计算四大研发中心，开展学术与应用研究。欧盟 2016 年推出“量子宣言”旗舰计划，在未来十年投资 10 亿欧元，支持量子计算、通信、模拟和传感四大领域的研究和应用推广，并在 2018 年 11 月正式启动首批 20 个研究项目。

近十年来，美国已通过“量子信息科学和技术发展规划”等项目，以每年约 2 亿美元的投入力度，持续支持量子信息各领域研究。在全球量子信息技术加快发展的背景下，美国进一步加大投入，在 2018 年 6 月推出《国家量子行动计划（NQI）》法案，计划在 2019 年至 2023 年的第一阶段，在原有基础上每年新增 2.55 亿美元投资，共计 12.75 亿美元，加快推动量子信息技术的研发与应用。2018 年 9 月，美国白宫发布《量子信息科学国家战略概述》，总结量子信息科学带来的挑战和机遇，并分析美国在该领域维持和扩大领先优势的措施。

我国持续支持量子信息技术领域的研究探索，近年来力度进一步加大：一是 2016 年起设立国家重点研发计划“量子调控与量子信息”重点专项，支持量子信息领域研究攻关；二是开始筹建量子信息科学国家实验室；三是论证“量子信息技术领域国家级”项目，进一步加强支持力度和顶层布局规划。

## 三、我国量子信息领域发展加速

我国近年来发展加速，在组织机制、科研成果、人才数量和市场规模等方面也具备良好竞争基础，未来在加大投入支持力度、准确规划布局、加强科研突破、积极引导应用发展等多方面形成合力共同推动的情况下，在量子信息技术领域有望逐步缩小与发达国家的差距并具备一定的国际竞争实力。

在基础科研方面，我国量子信息领域部分成果与国际先进水平基本保持同步，但仍属于前沿研究方向的跟随者和贡献者，新领域方向开拓性的重大成果较少。在应用推广方面，我国具备集中力量办大事的体制优势，但产、学、研、用各环节的相互合作仍然存在瓶颈，后续成果转化和创新、创业模式还有待探索。在综合实力方面，我国近年来量子信息相关科研团队、论文数量及从业人员等指标开始进入世界前列，新技术应用推广具备潜在的体制保障和市场规模优势。量子通信领域主要在量子保密通信应用和产业规模方面相对领先，量子计算和量子测量等方面研究与应用水平与欧美相比仍有一定差距。在布局差异方面，我国信息安全保障形势复杂，较为注重量子通信研究和量子保密通信应用，但其应用范围和技术影响力相对有限。近年来，国家层面支持和布局重点逐步加强量子计算和量子模拟等更具有基础性、前瞻性和颠覆性的研究方向，量子测量在国防和工业等领域的应用也逐渐受到重视。

## 四、加快推动我国量子信息技术发展应用策略建议

### （一）加大支持力度，明确重点方向

量子科技革命的第二次浪潮即将来临，全球量子信息技术领域的科研、应用与产业竞争将更趋激烈，掌握量子信息关键技术、核心平台与创新能力将成为未来新的国之重器。从国家层面加大支持投入力度，制定目标明确、重点突出的顶层规划是夺取竞争优势的关键。量子计算和量子模拟发展带来的算力飞跃和研究能力提升将加速众多科研领域的演进和发展，量子计算与量子通信的融合会对信息通信行业产生颠覆性影响，量子测量技术在国防安全等领域也将带来改变游戏规则式的影响，应予重点关注。

### （二）整合研究资源，优化科研体制

量子信息技术领域研究需要大量高投入、重资产、长研发周期的实验平台及配套环境，需要在国家层面对量子信息研究的重点攻关领域、重点技术方向和重点领军团队引导规划和整合资源，集中力量办大事，避免低效率重复投入和通用基础平台重复建设。完善科研评价体系、人才引进方案和探索容错机制，激发科研、工程和工艺等各类型各层次人才的创新活力。改变科研经费管理和运用中条目过细、进度僵化和重物轻人等问题，建立与科研成果贡献和量子信息技术快速演进趋势相适应的经费管理使用模式，充分调动科研团队的积极性和主动性。

### （三）推动应用部署，探索平台机制

组织开展标准评测认证、知识产权布局、产业发展政策等应用研究，为量

子信息技术应用部署、产业落地和市场化发展提供有效支撑。量子信息技术研发还涉及传统工业领域中的通用基础设施、实验测控环境、新型芯片软件等方面的基础建设和短板突破，联合量子技术领域和传统工业领域的各方力量，建立量子信息技术公共创新平台和产业发展联盟，增强提供信息交流、难点攻关、成果转化和产业服务等方面公共服务能力。

（撰稿人：中国信息通信研究院　赖俊森）

# 专题十三　虚拟/增强现实产业发展研究

## 一、虚拟/增强现实产业生态分析

**我国虚拟/增强现实产业生态体系初步形成**。虚拟/增强现实产业链条长，参与主体多，主要分为内容应用、终端器件、网络平台和内容生产：**在内容应用方面**，聚焦文化娱乐、教育培训、工业生产、医疗健康和商贸创意领域，呈现出“虚拟/增强现实+”大众与行业应用融合创新的特点，文化娱乐在企业数量上占据主导，培训类的内容企业成为行业应用中的主要力量，房地产、营销、时装等成为商贸创意的主要方向，工业、医疗解决方案以教学、训练为主，实际参与生产与临床环节的应用仍待技术上的进一步成熟；**在终端器件方面**，主要涉及一体式与主机式头显整机、追踪定位与多通道交互等感知交互外设、屏幕、芯片、传感器、镜片等关键器件；**在网络平台方面**，除互联网厂商主导的内容聚合与分发平台外，电信运营商以云化架构为引领，基于虚拟/增强现实终端无绳化发展趋势，实现业务内容上云、渲染上云，以期降低优质内容的获取难度和硬件成本，探索虚拟/增强现实现阶段规模化应用；**在内容生产方面**，主要涉及面向虚拟/增强现实的操作系统、开发引擎、SDK、API、拼接缝合软件、全景相机、3D 扫描仪等开发环境、工具与内容采集系统。

## 二、虚拟/增强现实关键技术架构

**虚拟/增强现实关键技术形成“五横两纵”体系架构**。虚拟/增强现实聚焦身临其境的沉浸体验，是采用以计算机技术为核心的现代信息技术生成逼真的视、听、触觉一体化的一定范围的虚拟环境，用户可以借助必要的装备以自然的方式与虚拟环境中的物体进行交互、相互影响，从而获得身临其境的感受和体验。虚拟/增强现实涉及多类技术领域，可划分为“五横两纵”的技术架构：“五横”是指近眼显示、感知交互、网络传输、渲染处理和内容制作；“两纵”是指 VR 与 AR，两者技术体系趋同，且技术实现难度均高于手机等传统智能终端，如手机等设备在芯片、屏幕等核心领域的性能过剩成为虚拟/增强现实的性能门槛。从总体上来看，VR 通过对现有手机技术体系的“微创新”实现产业化，AR 更多需要从无到有的技术储备与重大突破，其技术实现难度高于 VR，这一差异主要反映在近眼显示与感知交互领域。对 VR 而言，近眼显示聚焦高画质的视觉沉浸体验，感知交互侧重于多通道交互。由于虚拟信息覆盖与外界隔绝的整个用户视野，重点在于交互信息的虚拟化。对 AR 而言，由于用户大部分视野呈现真实场景，如何识别和理解现实场景和物体，并将虚拟物体更为真实可信地叠加到现实场景中成为 AR 感知交互的首要任务。此外，由于现有技术方案在分辨率（清晰程度）、视场角（视野范围）、重量体积（美观舒适）等方面的潜在冲突，除保证视觉体验外，如何满足类似眼镜全天佩戴便捷成为 AR 近眼显示领域的重大技术挑战。

**虚拟现实“沉浸式”体验处于部分沉浸阶段**。参考国际上自动驾驶汽车分级，将虚拟现实技术的“沉浸感”体验发展划分为无沉浸、初级沉浸、部分沉浸、深度沉浸和完全沉浸阶段。目前处于部分沉浸期，主要表现为 1.5K-2K 单眼分辨率、100°～120° 视场角、百兆码率、20 毫秒 MTP 时延、4K/90 帧率渲染处理能力、由内向外的追踪定位与沉浸声等技术指标。

## 三、“虚拟/增强现实+”应用场景

虚拟/增强现实业务形态丰富，产业潜力大、社会效益强，以虚拟/增强现实为代表的新一轮科技和产业革命蓄势待发，虚拟经济与实体经济的结合，将给人们的生产方式和生活方式带来革命性变化。目前，虚拟/增强现实应用可分为行业应用和大众应用，行业应用主要包括工业、医疗、教育、军事、电子商务等，大众应用包括游戏/社交和影视/直播。虚拟/增强现实应用正在加速向生产与生活领域渗透，“VR/AR+”的时代业已开启，据高盛公司预测2025年全球虚拟/增强现实软件应用规模将达到450亿美元，其中游戏/社交、影视/直播类由大众推动，其余应用领域主要由企业及公共部门推动。

虚拟/增强现实技术催生新的电影表现形式。电影出现后，被列为文学、戏剧、绘画、音乐、舞蹈、雕塑之后的“第七艺术”，米开朗基罗认为在艺术的境界中，细节就是上帝。虚拟/增强现实作为一种全新的表现形式，细节呈现更加丰富。VR 影视赋予了观众身临其境的沉浸体验：一方面表现为对分辨率、刷新率、色深、视场角、3D、低时延等更高画质的持续追求；另一方面，凸显出虚拟/增强现实人—机交互这一核心特质，影视游戏化趋势显现，即观众能够自主选择观影视角，甚至影响情节走向，实现“一千个人的眼中，有一千个不同的哈姆雷特”的多结局电影。目前，即使出自 Oculus Story Studio、Baobob Studios 等知名 VR 影视工作室的作品距离推广普及尚需时日，目前主要的壁垒在于：一是 VR 影视制作和拍摄技术还不成熟，拍摄过程复杂，成本居高不下；二是 VR 设备成本相对较高，导致用户渗透率度低；三是目前优质 VR 影视内容相对匮乏；四是高水平的 VR 线下体验店规模有限。

虚拟/增强现实直播应用有望成为新常态。据高盛报告统计，预计 2020 年 VR 直播的市场营收规模为 7.5 亿美元，2025 年则高达 41 亿美元，VR 直播用户群达 9 500 万。在体育赛事、热点新闻事件、演唱会、发布会等领域，VR 直播广泛应用，网红也纷纷尝试 VR 直播。目前，国内已经有 20 余家 VR 直播平台，传统的 200 余家 OTT 直播平台也逐渐支持 VR 直播功能。微鲸 VR 联合体奥动力、飞猫影视对本赛季中超联赛进行了全程 VR 直播，并首次为 VR 直播引入三维索道摄像系统、轨道摄像系统等运动机位，通过现场合成呈现出覆盖整个视野的 180° 画面。2016 年，王菲“幻乐一场”上海演唱会 VR 直播中实现约 9 万人付费观看，腾讯直播平台累计有 2 000+万用户观看，VR 直播预约用户数超 200 万。此外，国外著名 VR 直播公司 NextVR 拥有多项优秀 IP 资源，例如与 Live Nation 合作的演唱会直播，与 CNN 合作直播的民主党电视辩论等节目。

虚拟/增强现实推动游戏社交体验升级。虚拟/增强现实与视频游戏的结合将为用户带来更真实而强烈的感官刺激，而庞大的用户基数以及核心玩家对于新技术的开放性态度使得视频游戏有望成为最先发展起来的 VR 大众市场。Super Data 报告显示，2016 年全球 VR 游戏市场规模预计在 51 亿美元左右，并且处于不断增长的态势。目前，VR+游戏还存在一些问题尚待解决：一是 VR 与传统游戏在交互操作、内容设计等方面具有较大差异；二是玩家长时间佩戴 VR 设备带来的眩晕风险影响游戏体验；三是硬件的要求增加了游戏成本。

虚拟/增强现实开启社交网络 2.0 时代。VR 社交突破了传统社交的空间限制，通过虚拟化身、表情识别等更加精细丰富的交互方式，深化网络社交体验。目前，VR 社交代表性的产品如 High Fidelity、Facebook 等。High Fidelity 产品延续了《Second Life》的理念，旨在打造一个多元化的小型VR虚拟社会，人们可以在里面体验类似现实生活却又超过现实的社交体验；Facebook也设立了社交VR部门，首次考虑融合社交网络和VR，并推出有关应用SocialTrivia。

（撰稿人：中国信息通信研究院　陈曦　宫政）

# 专题十四　物联网产业发展态势研究

在供给侧和需求侧的双重推动下，物联网进入“跨界融合、集成创新、规模应用、生态加速”的产业爆发期，呈现新的发展特点。

## 一、物联网发展总体态势

**物联网在各行业新一轮应用已经开启，落地增速加快。**一是开拓了新的应用范畴。物联网技术和方案在各行业渗透率被不断提升，智慧政务、智慧产业、智慧家庭等方面产生大量的创新性应用方案。二是逐步形成了新的技术演进。基于更低成本和更成熟技术的解决方案开始对传统技术方案形成补充完善，成为推动物联网在部分垂直领域大规模应用的关键。典型代表是物联网解决方案中有线技术向无线技术的演进，高功耗技术向低功耗技术的演进。三是促进了新的业务变革，为企业创造新的业务内容、新的商业模式，推动数据驱动的决策实现。

**物联网产业力量不断增强，围绕物联网关键环节进行布局。**在人口红利和流量红利增长趋缓的背景下，互联网企业纷纷瞄准物联网作为新一轮战略的重要支撑，调整定位、发布战略，通过物联网获取物理世界的数字化数据，实现云计算、人工智能等能力输出和行业赋能。物联网成为通信企业连接数新增的主力，战略意义明显，物联网专用网络部署取得初步成果，大规模连接管理平台初步形成。IT 服务商构建以平台为基础的物联网端到端服务模式并推进横向多行业解决方案、纵向边管云一体化扩展，提升物联网在公司战略版图的地位。工业、交通、能源、汽车等垂直行业领军企业也在逐步开放物联网能力，为同行业或其他行业的物联网应用赋能。

**物联网生态之争愈演愈烈，边云双核心加快布局**。一方面，物联网平台的产业价值被普遍看好，竞争态势加剧，平台建设主体几乎遍及物联网产业链的各个环节，巨头倾力投入，中、小企业大量并购，促使物联网平台迅速从野蛮生长期进入调整洗牌期，平台马太效应开始显现。另一方面，云端数据处理能力开始下沉，更加贴近数据源头，使得边缘成为物联网产业的重要关口。据 IDC 数据统计，到 2022 年将有超过 500 亿的终端与设备联网。未来超过 75%的数据需要在网络边缘侧分析、处理与储存，边云协同生态构建成为新一轮布局重点，各路巨头纷纷入局，立足自身优势开展探索。

**“十三五”进程过半，物联网取得阶段性进展**。我国物联网加速进入“跨界融合、集成创新和规模化发展”的新阶段。物联网产业规模保持高速增长，据中国信息通信研究院调研统计，2018 年年底达到 1.2 万亿元，部分省市产业规模均超千亿元。公众网络 M2M 连接数呈现加速增长态势，截至 2018 年 6 月，连接数超过 5.4 亿，规模应用持续推进。江苏无锡、浙江杭州、福建福州、重庆南岸区、江西鹰潭 5 个物联网特色的新型工业化产业示范基地设立，物联网企业发展势头良好，产值超 10 亿元的骨干企业超过 120 家。

## 二、物联网发展的影响因素

**发展动能不断丰富，带动物联网在全球的持续发展**。外部周期性驱动力持续作用，受全球制造业战略布局和市场化内生增长机制的影响，物联网逐步向工业基础性行业和规模化消费市场两个方向聚焦，工业以及联网设备多、附加值高、商业模式清晰的车联网、社会公共事业、智能家居等成为物联网发展的热点行业。内生动力不断增强，技术、产业、生态获得快速发展，物联网呈现“边缘的智能化、连接的泛在化、服务的平台化、数据的延伸化”新特征。

**物联网基础设施不断成熟，为规模化发展提供重要支撑**。平台功能更加完备，设备管理平台、连接管理平台、应用使能平台、业务分析平台等不同功能类型的平台发展初步成型。平台的开放性被不断提升，水平化通用平台和垂直领域服务平台互相渗透，平台之间的互联互通逐步增强，领军企业纷纷构建开放的物联网平台，将重要组件开源，向各行各业赋能。网络基础设施逐步构建，接入手段不断丰富。网络商用的加快不仅扩展了可以接入的物理设备的数量和范围，而且使物理设备接入网络更加便捷、安全和低成本。

**物联网与多样化技术加快融合，创新能力持续提升**。一是人工智能从消费物联网向行业物联网渐次渗透，已经在医疗自动诊断、智能制造、智能安防等众多领域开展应用，正处于规模起量阶段；二是边缘计算助力物联网边缘侧赋能，不仅可以帮助解决物联网应用场景对更高安全性、更低功耗、更短时延、更高可靠性、更低带宽的要求，还可以最大限度地利用数据，进一步缩减处理数据的成本；三是基于区块链拓展去平台化的分布式架构，保障物联网数据跨环节、跨行业流动的真实性，形成多方参与，信息透明共享保真的溯源链，拓展物联网应用。

## 三、物联网发展面临的新形势、新问题

**国家战略部署对物联网发展提出新要求**。发展物联网成为国家落实创新驱动、培育发展新动能、建设制造强国和网络强国、实现智慧社会、工业互联网等一系列国家重大战略部署的重要举措。物联网成为全面构筑经济社会数字化

转型的关键基础设施，根据国家战略部署的新要求，我国将紧抓物联网发展的新机遇，加快推进物联网基础设施升级，加快培育新技术、新产业，推动传统行业数字化转型，拓展经济发展新空间，充分发挥物联网对经济发展、社会治理和民生服务的关键支撑作用，推进国家治理体系和治理能力现代化，打造国际竞争新优势。

**应用需求升级为物联网带来新机遇**。一是传统产业智能化升级将驱动物联网应用进一步深化。当前物联网应用正在向工业研发、制造、管理、服务等业务全流程渗透，农业、交通、零售等行业物联网集成应用试点也在加速开展。二是消费物联网应用市场潜力将逐步释放。全屋智能、健康管理可穿戴设备、智能门锁、车载智能终端等消费领域市场保持高速增长，共享经济蓬勃发展，“双创”新活力持续迸发。三是新型智慧城市全面落地实施将带动物联网规模应用和开环应用。全国智慧城市由分批试点步入全面建设阶段，促使物联网从小范围局部性应用向较大范围规模化应用转变，从垂直应用和闭环应用向跨界融合、水平化和开环应用转变。

**物联网产业发展问题仍面临诸多挑战**。我国物联网产业的核心基础能力薄弱、高端产品对外依存度高、原始创新能力不足等问题长期存在。此外，随着物联网产业和应用加速发展，一些新问题日益突出。主要体现以下三个方面：一是产业整合和引领能力不足。当前全球巨头企业纷纷以平台为核心构建产业生态，通过兼并整合、开放合作等方式增强产业链上下游资源的整合能力，在企业营收、应用规模、合作伙伴数量等方面均大幅领先。而我国缺少整合产业链上下游资源、引领产业协调发展的龙头企业，产业链协同性能力较弱。二是物联网安全问题日益突出。数以亿计的设备接入物联网，针对用户隐私、基础网络环境等的安全攻击不断增多，物联网风险评估、安全评测等尚不成熟，成为推广物联网应用的重要制约因素。三是标准体系仍不完善。一些重要标准研制进度较慢，跨行业应用标准制定推进困难，尚难满足产业急需和规模应用需求。

我国必须重新审视物联网对经济社会发展的基础性、先导性和战略性意义，牢牢把握物联网发展的新一轮重大转折机遇，进一步聚焦发展方向，优化调整发展思路，通过“建平台”与“用平台”双轮驱动，加快形成物联网平台的应用体系；利用“补短板”和“建生态”相互促进，构建我国物联网的产业发展体系；“促应用”和“定标准”共同推进，实现我国物联网与行业发展的深度融合和规模应用，为我国国家战略部署的落地实施奠定坚实基础。

（撰稿人：中国信息通信研究院　关欣　罗松）

# 附　录

## 附录一　领导重要讲话及文章

### 工业和信息化部部长苗圩在《学习时报》头版发表署名文章：《加快制造强国和网络强国建设步伐》（节选）

党的十九大高举中国特色社会主义伟大旗帜，作出中国特色社会主义进入了新时代等一系列重大政治论断，明确把习近平新时代中国特色社会主义思想确立为我们党必须长期坚持的指导思想，描绘了决胜全面建成小康社会、夺取新时代中国特色社会主义伟大胜利的宏伟蓝图，为新时代推进制造强国和网络强国建设指明了方向，提供了根本遵循。我们要把学习贯彻党的十九大精神作为当前和今后一个时期的首要政治任务，在学懂、弄通、做实上狠下功夫，自觉用十九大精神武装头脑、指导实践、推动工作，把工业和信息化事业发展提升到新高度、新境界、新水平。

#### 深刻领会习近平新时代中国特色社会主义思想，增强推进新时代制造强国和网络强国建设的政治自觉和战略定力

习近平新时代中国特色社会主义思想深刻回答了新时代坚持和发展中国

特色社会主义的一系列重大理论和实践问题，深刻揭示了新时代中国特色社会主义的本质特征、发展规律和建设路径，为我们在新时代坚持和发展中国特色社会主义提供了强大思想武器和行动指南。特别是，党的十八大以来，习近平总书记作为党中央的核心、全党的核心，在带领全党、全军、全国各族人民进行伟大斗争、建设伟大工程、推进伟大事业、实现伟大梦想的不平凡征程中，明确提出“国家强大要靠实体经济”“抓实体经济一定要抓好制造业”，围绕加快新型工业化、促进信息化发展，发表一系列重要讲话，作出一系列重要指示，形成了习近平总书记制造强国和网络强国战略思想。

一是提出工业是立国之本。中国梦具体到工业战线就是加快推进新型工业化，强调牢牢抓住振兴制造业特别是先进制造业，不断地推进工业现代化，推进中国制造向中国创造转变、中国速度向中国质量转变、制造大国向制造强国转变，进一步明确了工业在国民经济和民族复兴中的战略地位，拓展了新时代工业战线的历史使命。

二是提出把我国建成“技术先进、产业发达、攻防兼备、网络空间综合实力全球领先、网络信息技术发展红利惠及全体人民”的网络强国，强调没有网络安全就没有国家安全，没有信息化就没有现代化，要打通信息“大动脉”，建立网络综合治理体系，做大做强数字经济，确立了网络强国建设的顶层设计和总体架构，规定了新时代信息通信业的使命担当。

三是提出新一代信息技术是革命性的，做好信息化和工业化深度融合这篇大文章，抢占新一轮产业竞争制高点，强调坚持新型工业化、信息化、城镇化、农业现代化同步发展，深入实施工业互联网创新发展战略，把推动信息化与工业化深度融合落实到具体行业、具体产业、具体产品上，发展智能制造，深刻揭示了新一轮科技革命和产业变革的核心特征，立起了统揽“两个强国”建设的总纲。

四是提出建设现代化经济体系，必须把提高供给体系质量作为主攻方向，强调供给侧结构性改革要向振兴实体经济发力、聚力，推动形成战略性新兴产业和传统制造业并驾齐驱、现代服务业和传统服务业相互促进、信息化和工业化深度融合的新格局，进一步明确了全面实现工业现代化的目标引领，框定了“两个强国”建设的主题主线。

五是提出没有强大的科技，我们难以从大国走向强国，强调打造系统创新链，建立以企业为主体、市场为导向、产学研深度融合的技术创新体系，努力实现优势领域、共性技术、关键技术的重大突破，把科技创新真正落到产业发展上，深刻回答了实现由大变强的内生动力问题，指明了“两个强国”建设的战略支撑。

六是提出像保护眼睛一样保护生态环境，推动形成绿色低碳循环发展新方式，并从中创造新的增长点，强调绿色发展是最有前途的发展领域，加快构建绿色循环低碳发展的产业体系，绝不以牺牲环境换取一时的经济增长，进一步明确了“两个强国”建设的时代要求，形成了既要金山银山、又要绿水青山的鲜明导向。

七是提出要做一个强国，就一定要把装备制造业搞上去，提高先进制造业水平，强调对一些关系国计民生和产业命脉的领域，加大投入、加强研发、加快发展，进一步聚焦了工业通信业由大变强的关键选项，指明了“两个强国”建设的战略重点。

八是提出坚持引进来与走出去并重，整体谋划产业链布局，增强我们引领商品、资本、信息等全球流动的能力，强调实体经济振兴要利用好国际国内两个市场、两种资源，突出技术、品牌、市场，更深、更广融入全球供给体系，促进我国产业迈向全球价值链的中、高端，进一步明确了开放包容的国际合作思维，为在“两个强国”建设中汲取世界营养提供了思想方法和工作方法。

这八个方面的重要论述是习近平总书记制造强国和网络强国战略思想的核心要义，是习近平新时代中国特色社会主义经济思想的重要内容，是习近平新时代中国特色社会主义思想的有机组成部分，是工业和信息化战线一切工作的根本遵循和行动指南。习近平新时代中国特色社会主义思想特别是制造强国和网络强国战略思想，已经并将继续引领我们开拓一个制造强国和网络强国建设的新时代，必须更加自觉、更加坚定地始终坚持。

## 科学认识我国工业和信息化发展新的历史方位，把准新时代推进制造强国和网络强国建设的着力点

中国特色社会主义进入了新时代，这是我国发展新的历史方位，也是谋划好新时期工业和信息化发展大计的时代坐标和科学依据。党的十八大以来，在新中国成立特别是改革开放以来取得重大成就的基础上，工业和信息化发展站在了新的历史起点上。

立足国情，我国工业通信业发展面临三个“基本事实”：一是我国整体进入工业化中、后期，制造业传统比较优势逐步被削弱，已由高速增长阶段转向高质量发展阶段，亟须跨越转方式、优结构、换动力的关口；二是我国在完善基础设施、丰富人力资本、完备产业体系、广阔市场空间、高效动员体制等方面形成了突出优势；三是我国产业技术水平越来越接近全球前沿，整体处于技术追赶后半程，高铁、特高压输变电、通信设备、网络应用等部分领域跻身世界先进行列。

放眼全球，新一轮科技和产业革命加速兴起，信息网络、生物科技、清洁

能源、新材料与先进制造等孕育一批颠覆性技术，工业互联网、物联网、车联网等新型网络形态不断涌现，大数据、云计算、人工智能等应用技术拓展升级，5G 时代正在开启，工业加速向高端、智能、绿色、服务方向发展，数字经济正成为全球产业变革和经济增长的重要驱动力，世界主要国家都在加紧对高端领域的布局，力图抢占未来竞争的制高点。

面向未来，随着我国社会主要矛盾的变化，工业通信业发展面临诸多不平衡、不充分问题，集中表现为“六个不适应”，即中高端供给能力与人民对美好生活的需要不适应、价值创造能力与产业迈向全球价值链中高端的需要不适应、核心技术掌控能力与日趋严峻的安全风险形势不适应、绿色发展能力与“既要绿水青山，也要金山银山”的要求不适应、生产力布局调控能力与区域城乡之间包容普惠发展的要求不适应、大中小企业融通发展能力与产业国际竞争的体系化态势不适应。

我国发展基础条件、社会主要矛盾以及面临形势的变化，意味着制造业在我国经济社会发展中的地位和意义发生重大变化，将从经济增长的主要动力逐步转变为技术创新的基础依托和实现经济良性循环、把控经济命脉的关键；意味着中国特色新型工业化道路进入战略攻坚期，将从量的积累、点的突破逐步转变为质的飞跃和系统能力的提升；意味着中国产品、中国企业、中国制造将更多地在价值链高端深度参与国际竞争与合作，从技术、标准、规则的模仿者、跟踪者、遵守者逐步转变为赶超者、创制者、引领者。这些变化，是全面深刻的变化、影响深远的变化、鼓舞人心的变化。我们必须立足长期积累形成的战略优势，充分发挥社会主义市场经济条件下新型举国体制优势，紧扣我国社会主要矛盾的新变化、新要求，把推进“两个强国”建设作为战略任务、长期事业，大力推进质量变革、效率变革、动力变革，集中力量提升中高端供给能力、价值创造能力、核心技术掌控能力、绿色发展能力、生产力布局调控能力和大中小企业融通发展能力，加快建成适应科技新变化、人民新需要、优质高效多样化的产业供给体系，支撑和引领国民经济体系的现代化。

## 全面贯彻党的十九大作出的战略部署，把新时代制造强国和网络强国建设不断推向前进

党的十九大作出从全面建成小康社会到基本实现现代化、再到全面建成社会主义现代化强国的新时代中国特色社会主义发展的战略安排。实现现代化，工业化是前提，制造业是主导力量，信息化是强力支撑。我们要坚定不移走中国特色新型工业化道路，牢牢把握高质量发展的要求，坚持稳中求进的工作总基调，坚定推进供给侧结构性改革，以制造强国建设为主题，与网络强国战略紧密扣合，推动新型工业化、信息化、城镇化、农业现代化同步发展，打造形成数字经济时代下制造业国际竞争新优势，有力支撑起质量第一、效益优先、协同发展、充满活力的现代化经济体系。

着力构建产、学、研深度融合的技术创新体系。围绕产业链部署创新链，围绕创新链配置资金链，更加注重以企业为主体、市场为导向的应用技术研究，以国家制造业创新中心为支点，聚焦战略性、引领性、重大基础共性需求，打造高效立体的开放型创新网络体系。加快建立系统化、体系化创新机制，分梯度、分门类、分阶段推进国家信息领域核心技术和设备的跨越式发展。完善普惠性支持政策，支持量大面广的中小企业提升创新能力，培育一批核心技术能力突出、集成创新能力强的创新型领军企业。

着力促进我国产业迈向全球价值链的中、高端。坚持以供给侧结构性改革为主线，将“三品”战略理念融入工业通信业发展的各领域、各层面、全过程，

大力弘扬企业家精神、劳模精神和工匠精神，提升供给体系质量。坚持做强增量和调优存量并举，既聚焦关系国计民生和产业命脉的领域，加快发展先进制造业，培育世界级先进制造业集群，又瞄准国际标准大力推进企业技术改造，全面推行绿色制造，发展现代生产性服务业，提高全要素生产率，实现高质量发展。坚持引进来与走出去并重，加快构建全球研发创新网络，统筹产业链国内外布局，进一步提高开放性和灵活度。

着力推动信息网络技术和实体经济特别是制造业的深度融合。坚持以智能制造作为两化融合的主攻方向，发挥制造大国和网络大国的双重优势，推动工业经济向数据驱动型创新体系和发展模式转变。大幅提升网络设施支撑能力、核心技术创新能力、产业融合引领能力、网络空间防护能力和依法管网治网能力，推动互联网、大数据、人工智能等信息网络技术与制造业的深度融合，前瞻布局工业互联网，大力发展智能融合型产业，打造一批具有生态控制力的平台型企业，构筑形成网络化、智能化、服务化、协同化的数字经济新形态。

着力推动建设实体经济、科技创新、现代金融、人力资源协同发展的产业体系。引导技术、人才、劳动力、资本等生产要素发挥叠加效应，协同投向实体经济特别是先进制造业，促进企业技术进步、行业供需衔接和产业优化发展。更加注重政策供给能力，依靠制度创新、举措创新、机制创新，推动降低实体经济企业成本负担，推动科技成果转化为现实生产力，推动资本、资产、资金支持产业发展，推动形成多层次人才队伍，推动大、中、小企业的融通发展，协同促进实现产业体系从数量扩张向质量提高的战略性转变。

# 工业和信息化部副部长陈肇雄出席 2018 年 IMT–2020（5G）峰会致辞

各位来宾，女士们、先生们：

大家好！

值此 2018 年 5G 峰会召开之际，我谨代表工业和信息化部，对本次峰会的召开表示热烈的祝贺！对所有为 5G 发展作出贡献的同志们表示崇高的敬意！

当前，以新一代信息通信技术为主要驱动力的新一轮科技革命和产业变革蓬勃兴起。5G 作为新一代信息通信技术发展的重要方向，对于构建万物互联的基础设施，推动互联网、大数据、人工智能与实体经济的深度融合，支撑服务高质量发展意义重大。

全球 5G 发展已进入商用部署的关键时期。一是统一标准形成共识。刚刚过去的一周，国际标准组织 3GPP 确定了 5G 独立组网标准，完成了第一阶段标准化工作。二是频谱规划陆续发布。继美国 2016 年发布 5G 高频频谱规划之后，韩国在本周初完成了 3.5GHz 和 28GHz 频段频谱的拍卖，日本计划 2018 年年底前完成频谱分配。三是 5G 商用进程不断加速。全球主要国家进一步明确 5G 商用计划，韩国计划 2019 年 3 月启动 5G 商用服务，美国 AT&T 公司计划 2018 年推出基于非独立组网标准的 5G 宽带服务，日本、欧盟均计划 2020 年启动 5G 商用服务。四是融合应用研究全面展开。美、欧、日、韩等运营企业围绕高清视频、虚拟现实、车联网、工业自动化等，积极开展 5G 创新应用探索。

我国高度重视、大力推进 5G 技术创新和产业发展，积极参与 5G 全球生态的构建工作：在标准方面，我国企业全面参与了5G国际标准制定，新型网络架构等多项技术方案被国际标准组织采纳；在研发方面，突破大规模天线、网络编码等关键技术，2018年年底前有望推出预商用系统设备；在试验方面，组织国内外企业构建了多厂商公共测试环境，分阶段有序推进相关测试工作，第三阶段面向非独立组网标准的测试已基本完成；在频率方面，于2017年11月正式发布了5G中频规划，明确3.3～3.6GHz和4.8～5.0GHz共计500MHz用于5G；在应用方面，积极推动5G在工业互联网、车联网等领域应用，加快推动5G应用产业发展。

各位来宾，

我国经济已转向高质量发展阶段，进入全面建成小康社会决胜期。下一步，我们要坚持以习近平新时代中国特色社会主义思想为指导，深入贯彻落实十九大精神，紧紧抓住5G发展的历史机遇，加快推进5G技术产业发展，全面推动5G与实体经济深度融合，助力我国经济实现高质量发展。

一是促进5G技术加快成熟。继续推进5G技术研发试验，确保2018年年底前推出符合第一版本5G国际标准的商用系统设备，按时完成第三阶段系统组网测试，汇聚系统、芯片、终端和仪表等各方面的力量，打造完整产业链，为全面商用奠定产业基础。

二是出台5G商用政策。强化统筹指导和规划引领，适时发布频谱规划和商用牌照，满足5G网络建设与应用拓展需求。加强网络站址保障和共建共享，完善融合应用领域法规体系，推动各领域信息资源的开放利用，促进5G全面商用。

三是加快5G应用拓展。鼓励支持企业推进5G在工业、能源、交通、医疗、环保、智慧城市等经济社会各领域的应用，拓展5G发展空间，繁荣数字经济，着力构建可复制、可推广的融合应用推进机制，支撑服务经济实现数字化、网络化、智能化高质量发展。

各位来宾，深圳是敢为人先的改革开放前沿，5G 是充满活力的创新创业高地，希望各位嘉宾在深圳这片热土上，以本次峰会为契机，深入交流、增进共识、建立合作，推动构建 5G 产业发展新生态，为壮大数字经济、培育新动能、实现高质量发展做出新的更大贡献！

最后，预祝本次峰会取得圆满成功！

谢谢大家！

# 工业和信息化部党组成员、总工程师张峰出席2018世界电信和信息社会日大会致辞

各位来宾，女士们、先生们：

大家好！

“5·17世界电信和信息社会日”是信息通信业的盛大节日，国际电联确定“推动人工智能（AI）的正当使用，造福人类”为今年的主题，契合新一代信息通信技术发展演进的最新趋势，反映了全世界对智慧社会美好生活的热切期待。在此，我谨代表工业和信息化部，对大会的召开表示热烈的祝贺！

人工智能是信息化发展的新阶段，是新一轮科技革命和产业变革的前沿领域，是培育新动能的重要方向。习近平总书记强调，“要推动互联网、大数据、人工智能和实体经济深度融合”“加快制造业、农业、服务业数字化、网络化、智能化”，为我国人工智能创新发展指明了方向。

当前，全球人工智能正进入加速发展时期，国际领先企业争先布局、资本市场投入力度持续加大、主要国家出台战略规划予以支持。在政策和市场的双重驱动下，我国人工智能发展取得长足进步。一是技术创新成绩显著。国际科技论文发表量和发明专利授权量已居世界第二，语音识别、机器视觉、自然语言处理等水平加快提升，部分细分领域已经进入国际前列。智能网联汽车、智能服务机器人、智能无人机等新技术、新产品创新活跃。二是产业规模持续壮大。涌现出一批“独角兽”企业。预计到2020年，核心产业规模超过1 500亿元，带动相关产业规模超过1万亿元。三是融合应用快速发展。制造、物流、家居、医疗、安防、交通、零售等领域“智能+”新技术、新模式不断涌现，

推动智能制造、智慧物流、智能安防等应用升级，显著提升经济发展、公共服务的智能化水平。

各位来宾，

我国经济已转向高质量发展阶段，进入全面建成小康社会决胜期。人工智能正成为驱动经济发展的新引擎、创新社会治理的新手段。我们要以习近平新时代中国特色社会主义思想为指导，深入贯彻十九大精神，全面推动人工智能与实体经济的深度融合，有力支撑网络强国、数字中国、智慧社会建设，让信息化发展成果更多更公平惠及人民。

第一，完善创新体系，实现系统突破。持续加强基础前沿研究，瞄准重大战略需求和未来发展制高点，加强感知计算、机器学习、类脑计算等前沿领域的研发和攻关。支持核心技术突破，围绕具有全局影响力、带动性强的关键环节，重点突破智能芯片、传感器、核心算法等方向，提升软硬件技术水平。加强产、学、研协同创新，面向机器学习、自然语义理解、自动驾驶等领域，加快创新成果转化，积极培育新产品和新应用。

第二，壮大智慧产业，促进提质增效。培育壮大新一代人工智能产业，以市场需求为牵引，促进技术产业化，积极发展智能网联汽车、智能机器人、智能家居产品等，打造具有国际竞争力的产业集群。深化智能制造，鼓励人工智能技术在制造领域各环节的探索应用，建设智能工厂，发展智能装备，促进制造业数字化、网络化、智能化发展。提升传统产业智能化水平，深化人工智能在农业、商贸、物流等领域的集成应用与融合创新，推动传统产业提质增效。

第三，发展智能服务，增进民生福祉。拓展智能政务，面向行政、司法等公共管理领域，开发智能政务服务平台，提升公共服务质量和效率。建设智慧城市，构建智能化基础设施，打造城市交通、安防、环保大数据平台，实现城市管理精细化、智能化。打造智慧生活，聚焦教育、医疗、养老等民生需求，推广智能诊疗、智能健康管理、智慧养老等新产品、新服务，为人民群众享受美好生活提供动力。

第四，推动开放合作，实现互利共赢。鼓励开源开放，支持开源开发平台、开放技术网络和开源社区建设，加快建设行业训练资源库。加强产业合作，推动人工智能企业与传统行业的对接，开展形式多样的推广普及活动，推进行业数据的开放利用，全面提升各行各业的应用水平。促进国际合作，鼓励企业围绕“一带一路”倡议建立国际研发中心，支持人工智能技术在沿线国家的推广应用，进一步深化标准、规范、监管、安全等领域的交流与合作。

各位来宾，

一年一度的“世界电信和信息社会日”纪念活动已成为信息通信行业内外沟通交流的重要平台。希望产、学、研、用各方深化合作，加快人工智能技术的研发创新、应用拓展和产业化步伐，为广大消费者提供更加便捷、更加智能化的优质服务，为发展壮大数字经济、加快培育经济发展新动能、实现高质量发展做出应有的贡献！

最后，预祝本次活动取得圆满成功。

谢谢大家！

# 附录二　2018 年重要法规性、指导性文件

## 工业和信息化部关于公布电信和互联网行业网络安全试点示范项目的通知

工信部网安函〔2018〕7 号

各省、自治区、直辖市通信管理局，中国电信集团公司、中国移动通信集团公司、中国联合网络通信集团有限公司，有关单位：

为贯彻落实习近平总书记关于网络安全的系列重要讲话精神和《网络安全法》，进一步推进电信和互联网行业网络安全技术手段建设，提升行业网络安全保障能力和水平，依据《工业和信息化部关于开展 2017 年电信和互联网行业网络安全试点示范工作的通知》（工信部网安函〔2017〕310 号），我部开展了 2017 年电信和互联网行业网络安全试点示范工作。根据相关省、自治区、直辖市通信管理局推荐和各基础电信企业集团公司、互联网域名注册管理和服务机构、互联网企业、网络安全企业申报，经组织专家评选，综合考虑项目的实用性、创新性、先进性、可推广性，并经公示，共选出 48 个项目列入电信和互联网行业网络安全试点示范项目，现予公布。

项目入选单位要加大对入选项目的支持和管理，切实发挥相关项目的示范作用。各企业要加强经验交流、相互借鉴，参照试点示范项目，进一步加大投入，强化网络安全技术手段建设。各通信管理局要加强对企业的指导监督，促进试点示范项目的推广应用。

附件：2017 年电信和互联网行业网络安全试点示范项目

工业和信息化部

2018 年 1 月 4 日

抄送：各省、自治区、直辖市工业和信息化主管部门

# 附件

## 2017年电信和互联网行业网络安全试点示范项目

| 序号 | 项目名称 | 申报单位<br>（有多家单位的为联合申报） |
|---|---|---|
| 1 | 中国电信网络安全威胁自动化监测与防御系统 | 中国电信股份有限公司湖南分公司<br>中国电信股份有限公司广东分公司 |
| 2 | 漏洞态势感知与运维平台 | 中国电信股份有限公司陕西分公司 |
| 3 | 广东电信基于 netflow 和 dns 大数据的快速攻击溯源系统 | 中国电信股份有限公司广东分公司 |
| 4 | 中国电信手机云安全用户信息防护平台 | 中国电信集团公司政企客户事业部<br>中国电信股份有限公司上海分公司 |
| 5 | 上海电信基于双向引流技术的云端安全防护系统 | 中国电信股份有限公司上海分公司 |
| 6 | 上海电信主动精准打击诈骗骚扰电话分析处置系统 | 中国电信股份有限公司上海分公司 |
| 7 | 中移互联网基于威胁感知的计费 SDK 安全防护体系 | 中移互联网有限公司<br>北京洋浦伟业科技发展有限公司 |
| 8 | 基于云服务与移动互联的流量清洗统一调度处置平台 | 中国移动通信集团北京有限公司<br>北京神州绿盟科技有限公司 |
| 9 | 基于域名检测机制的互联网安全分析防护系统 | 中国移动通信集团海南有限公司 |
| 10 | 天盾大数据反通信欺诈系统 | 中国移动通信集团浙江有限公司 |
| 11 | 面向政企客户的安全能力开放服务共享创新项目 | 中国移动通信集团云南有限公司 |
| 12 | 基于用户行为的内部入侵和异常检测平台 | 中国移动通信集团重庆有限公司 |
| 13 | 移动互联网统一认证平台 | 中国移动通信信息安全管理与运行中心<br>中移互联网有限公司<br>中移（杭州）信息技术有限公司 |
| 14 | 中国移动“呼死你”应急防护系统研发与应用 | 中国移动通信集团公司信息安全管理与运行中心<br>中国移动通信集团浙江有限公司 |

续表

| 序号 | 项目名称 | 申报单位<br>（有多家单位的为联合申报） |
| --- | --- | --- |
| 15 | 中国移动垃圾短信大数据自动识别系统研发与应用 | 中国移动通信集团公司信息安全管理与运行中心<br>中移（苏州）软件技术有限公司 |
| 16 | 基于“安全众测”的风险应急处置平台 | 中国移动通信集团信息安全管理与运行中心<br>中国移动通信集团湖南有限公司 |
| 17 | 安徽移动支撑网统一密钥管理平台 | 中国移动通信集团安徽有限公司 |
| 18 | 2017 年安全漏洞分析检测与自动化管控平台试点项目 | 中国移动通信集团公司业务支撑系统部<br>中国移动通信集团河南有限公司 |
| 19 | 安全漏洞情报采集分析及预警发布管理 | 中国移动通信集团公司业务支撑系统部<br>中国移动通信集团公司贵州有限公司 |
| 20 | 基于网络大数据的精确客户信息安全风险独立分析平台 | 中国移动通信集团广东有限公司信息系统部 |
| 21 | 网络信息安全一键式智能应急平台 | 中国移动通信集团浙江有限公司<br>中国移动通信集团公司网络部<br>浙江鹏信信息科技股份有限公司<br>中国移动通信集团北京有限公司<br>中国移动通信集团福建有限公司 |
| 22 | 抗拒绝服务攻击统一分析与联动处置平台 | 中国移动通信集团山东有限公司<br>中国移动通信有限公司研究院 |
| 23 | 多层次立体式诈骗电话防治平台 | 中国移动通信集团广东有限公司 |
| 24 | 基于 SIM 卡、免口令的一点安全认证系统 | 中国联合网络通信有限公司研究院<br>中国联合网络通信集团有限公司互联网运营部<br>联通时科（北京）信息技术有限公司<br>联通宽带在线有限公司 |
| 25 | 中国联通防欺诈公益服务平台 | 中国联合网络通信有限公司 |
| 26 | 基于跨域信令大数据分析的通讯信息诈骗监测与拦截系统 | 中国联合网络通信有限公司山东省分公司 |
| 27 | 基于 SDN&NFV 架构的多域协同 DDoS 流量攻击安全防护系统 | 中国联合网络通信有限公司广东省分公司 |
| 28 | 广东联通特权账号安全管理系统 | 中国联合网络通信有限公司广东省分公司 |

续表

| 序号 | 项目名称 | 申报单位<br>（有多家单位的为联合申报） |
|---|---|---|
| 29 | 基于机器学习的互联网内容评估系统 | 厦门市美亚柏科信息股份有限公司<br>网宿科技股份有限公司 |
| 30 | 大数据检测与审计系统 | 成都思维世纪科技有限责任公司 |
| 31 | 城市智能门户安全托管服务系统 | 江苏天创科技有限公司 |
| 32 | 基于大数据安全事件分析的车联网风险感知平台 | 上海安吉星信息服务有限公司 |
| 33 | 实时在线数据模糊化处理平台 | 北京中晟信达科技有限公司 |
| 34 | 工控漏洞挖掘平台 | 北京威努特技术有限公司 |
| 35 | 移动虚拟化系统 | 亚信科技（成都）有限公司 |
| 36 | 自适应的DDoS攻击深度检测和防御系统 | 网之易信息技术（北京）有限公司 |
| 37 | 宁夏回族自治区网络安全监测分析与预警处置平台 | 长安通信科技有限责任公司 |
| 38 | 基于大数据分析的电子政务外网威胁态势可视化平台 | 北京思普崚技术有限公司<br>北京国信新网通讯技术有限公司 |
| 39 | 基于 CDN 的云端 DDoS 攻击防御系统 | 网宿科技股份有限公司 |
| 40 | 基于智能风控建模技术驱动的风险与漏洞隐患处置管理平台 | 北京神州绿盟科技有限公司 |
| 41 | 基于大数据的安全态势感知分析和溯源系统 | 北京神州绿盟科技有限公司 |
| 42 | 基于安全资源池的云安全服务平台 | 北京神州绿盟科技有限公司 |
| 43 | 基于威胁情报的网络空间安全态势感知和应急指挥平台 | 恒安嘉新（北京）科技股份公司 |
| 44 | 通讯信息诈骗综合防范系统 | 恒安嘉新（北京）科技股份公司 |
| 45 | 基于大数据实时监测的互联网诈骗防范与管控系统 | 北京亚鸿世纪科技发展有限公司 |
| 46 | 基于量子干线的数据加密防泄露防篡改网络系统 | 江苏亨通问天量子信息研究院有限公司 |
| 47 | 大数据平台敏感数据保护系统 | 上海观安信息技术股份有限公司<br>中国移动通信集团浙江有限公司 |
| 48 | 基于国密算法的云密码应用平台 | 阿里云计算有限公司 |

# 中华人民共和国工业和信息化部公告 2018 年　第 7 号

根据《互联网域名管理办法》（工业和信息化部令第 43 号）第五条的规定，现将调整后的中国互联网域名体系予以公告，自发布之日起施行。

附件：中国互联网域名体系

工业和信息化部

2018 年 1 月 29 日

## 附件

## 中国互联网域名体系

一、我国互联网域名体系中各级域名可以由字母（A～Z，a～z，大小写等效）、数字（0～9）、连接符（-）或汉字组成，各级域名之间用实点（.）连接，中文域名的各级域名之间用实点或中文句号（。）连接。

二、我国互联网域名体系在国家顶级域名“.CN”“.中国”之外，设有多个英文和中文顶级域名，其中“.政务”“.公益”顶级域名为面向我国党政群机关等各级政务部门及非营利性机构的专用中文顶级域名。我国互联网域名体系图详见“http://中国互联网域名体系.中国”“http://中国互联网域名体系.政务”或“http://中国互联网域名体系.信息”。

三、国家顶级域名“.CN”之下，设置“类别域名”和“行政区域名”两类二级域名。

设置“类别域名”9 个，分别为：“政务”适用于党政群机关等各级政务部门；“公益”适用于非营利性机构；“GOV”适用于政府机构；“ORG”适用于非营利性的组织；“AC”适用于科研机构；“COM”适用于工、商、金融等企业；“EDU”适用于教育机构；“MIL”适用于国防机构；“NET”适用于提供互联网服务的机构。

设置“行政区域名”34 个，适用于我国的各省、自治区、直辖市、特别行政区的组织，分别为：“BJ”北京市；“SH”上海市；“TJ”天津市；“CQ”重庆市；“HE”河北省；“SX”山西省；“NM”内蒙古自治区；“LN”辽宁省；“JL”吉林省；“HL”黑龙江省；“JS”江苏省；“ZJ”浙江省；“AH”安徽省；“FJ”福建省；“JX”江西省；“SD”山东省；“HA”河南省；“HB”湖北省；“HN”湖南省；“GD”广东省；“GX”广西壮族自治区；“HI”海南省；“SC”四川省；“GZ”贵州省；“YN”云南省；“XZ”西藏自治区；“SN”陕西省；“GS”甘肃省；“QH”青海省；“NX”宁夏回族自治区；“XJ”新疆维吾尔自治区；“TW”台湾省；“HK”香港特别行政区；“MO”澳门特别行政区。

四、在国家顶级域名“.CN”“.中国”下可以直接申请注册二级域名。

# 中华人民共和国工业和信息化部公告 2018 年　第 47 号

为贯彻落实《国务院关于第三批清理规范国务院部门行政审批中介服务事项的决定》（国发〔2017〕8 号），减少企业制度性交易成本，切实减轻企业负担，自 2018 年 10 月 15 日起，实施无线电发射设备型号核准所需技术测试由我部委托开展，具体办理程序详见我部门户网站发布的无线电发射设备型号核准服务指南。

一、按照《无线电发射设备型号核准测试及监督检查资金使用管理办法（暂行）》（见附件 1），型号核准所需技术测试服务费用由我部通过部门预算资金与承检机构定期结算。

二、型号核准测试服务承检机构通过政府购买服务的方式确定，承检机构名单及检测能力范围在我部网站公布。

三、政府购买型号核准测试服务的相关信息将按照政府信息公开有关规定向社会公开。

四、我部按照《无线电发射设备型号核准测试及监督检查资金使用管理办法（暂行）》《无线电发射设备型号核准承检机构信用管理办法（暂行）》（见附件 2）对申请人、承检机构有关守信情况，以及型号核准全过程进行严格监督检查，保证行政许可工作质量，保障资金使用安全。

特此公告。

附件：1. 无线电发射设备型号核准测试及监督检查资金使用管理办法（暂行）

2. 无线电发射设备型号核准承检机构信用管理办法（暂行）

工业和信息化部

2018 年 9 月 30 日

# 附件 1

## 无线电发射设备型号核准测试及监督检查资金使用管理办法（暂行）

### 第一章　总则

**第一条**　为落实《国务院关于第三批清理规范国务院部门行政审批中介服务事项的决定》（国发〔2017〕8 号）精神，规范无线电发射设备型号核准测试及监督检查资金使用和管理，保障资金使用安全，切实减轻企业负担，根据《中华人民共和国预算法》《中华人民共和国政府采购法》《中华人民共和国无线电管理条例》等法律法规和有关文件，制定本办法。

**第二条**　无线电发射设备型号核准测试及监督检查资金是国家财政预算安排，通过政府购买服务方式，支付生产或进口在我国境内销售、使用的无线电发射设备型号核准许可所需的测试服务及监督检查等支撑服务的专项资金。

前款所称型号核准测试是指，为实施型号核准许可，工业和信息化部委托有关专业技术机构（以下简称承检机构）对无线电发射设备的技术指标进行测试，并判定其是否符合国家标准和国家无线电管理有关规定的活动。

**第三条**　无线电发射设备型号核准测试及监督检查资金按照用途，细化为以下三类：

（一）购买实施型号核准所需的测试服务；

（二）购买获得型号核准证的无线电发射设备证后监督检查所需的测试等技术支撑服务；

（三）向第三方机构购买对承检机构技术能力、质量体系和资金使用等进行监督检查和绩效评价的支撑服务。

**第四条** 无线电发射设备型号核准测试及监督检查资金使用及管理应遵循以下基本原则：

（一）积极稳妥、有序实施。统筹考虑产业发展与财政预算安排，科学评估型号核准测试服务购买需求与检测机构承接能力，有序引导社会力量参与服务供给，降低服务成本，推进政府职能转变和效率提升。

（二）公开择优、动态调整。按照公开、公平、公正原则，通过公平竞争、择优选择方式确定测试服务的检测机构，建立检测机构信用记录，实行优胜劣汰动态调整。

（三）费随事转、定期结算。坚持结果导向，根据检测机构实际执行合同情况，定期支付检测服务费用，提高财政资金的使用效益。

（四）加强监督、完善机制。加强对政府购买服务财政资金使用绩效和承接主体的监督检查，建立健全事前、事中、事后的闭环管理机制，保证型号核准许可工作的质量和财政资金安全。

## 第二章 资金使用要求

**第五条** 工业和信息化部是使用无线电发射设备型号核准测试及监督检查资金向承检机构和第三方机构购买服务的主体，可以委托代理机构具体办理政府采购事宜。有关职能司局根据职责分工负责购买服务的组织实施工作。

**第六条** 拟通过政府购买服务方式从事无线电发射设备型号核准检测的技术机构，除满足《政府购买服务管理办法（暂行）》规定的基本要求外，还应符合以下条件：

（一）在中华人民共和国境内依法注册，能够独立承担民事责任的独立法人机构；

（二）具备承担无线电发射设备型号核准测试服务相适应的测试场地、测试仪器、仪表等设施；

（三）通过中国检验检测机构计量认证（CMA）和中国合格评定国家认可委员会（CNAS）认可；

（四）从事检测工作的技术工作人员应具有本科以上（含本科）学历和本行业5年以上工作经验，熟悉我国无线电频率划分和使用规划，熟悉掌握国家无线电管理的法律法规、政策和规定，以及相关国家标准；

（五）具有完备规范的检测操作流程、完善的作业指导书和有效保护型号核准申请人知识产权和科技成果的规章制度；

（六）对拟承担的各项检测项目，承担过相关无线电发射设备测试工作；

（七）具有保证其测试活动独立、公正、科学、诚信的管理体系；

（八）未被列入政府采购严重违法失信行为记录名单或型号核准检测机构信用记录名单，或者不存在按照国家有关规定应当回避的情形；

（九）符合国家无线电管理其他有关规定。

**第七条** 工业和信息化部应制定、修订型号核准测试服务目录，并向社会公布。制定服务目录应当充分征求相关部门和生产厂商的意见，并根据经济社会发展、技术进步及公众需求等情况动态调整。

**第八条** 工业和信息化部应科学设定服务需求和目标要求，建立健全服务项目支出标准和规范，保证资金支出安全、合理、有效。

**第九条** 为保证财政资金安全，规范型号核准许可的申请行为，型号核准申请人及承检机构应作出以下承诺：

（一）申请人应承诺：

1．所申请型号核准的无线电发射设备符合国家标准和国家无线电管理有关规定；

2．所提交的相关申请资料真实有效；

3．生产或进口的无线电发射设备将在我国境内销售或使用。

（二）承检机构应承诺：

1．承检机构及其人员遵守国家相关法律法规规定，遵循客观独立、公平公正、诚实信用原则，恪守职业道德，承担社会责任；

2．承检机构及其人员独立于出具的测试数据、结果所涉及的利益相关各方，不受任何可能干扰其技术判断因素的影响，确保测试数据、结果的真实、客观、准确；

3．严格保守承检过程中所获取的有关商业秘密、技术秘密，有效保护申请人相关知识产权。

**第十条** 有以下情形之一的，不属于无线电发射设备型号核准测试及监督检查资金支付范围：

（一）通过伪造报告、虚构型号等非法手段获得型号核准证的；

（二）提交虚假申请材料等其他严重失信行为的；

（三）未履行第九条所做承诺的。

以上行为涉及违法犯罪的，应追究相关法律责任。

## 第三章 资金使用程序和管理

**第十一条** 依据政府采购有关规定，采取公开招标方式确定承检机构。不具备公开招标条件的，视情形依有关规定转为其他采购方式。

**第十二条** 工业和信息化部应根据国家有关规定和要求合理编制型号核准测试服务政府购买实施方案。

**第十三条** 工业和信息化部应当及时向社会公告政府采购内容、规模、承检机构的资质要求，采购程序和结果，以及政府采购法律法规要求的其他信息。

**第十四条** 确定承检机构后，工业和信息化部与其签订合同，约定购买服务内容、期限、质量、交付方式、资金结算、双方的权利义务事项和违约责任等有关内容和要求。

**第十五条** 工业和信息化部按照合同约定向承检机构安排测试任务，并出具任务通知书。

承检机构接到任务通知书后，应当按照合同认真组织测试工作，按时完成规定的检测项目，保证服务的数量、质量和效果，并向工业和信息化部提交检测报告和任务通知书回执。

承检机构不得转包、分包检测任务，保证检测数据客观、真实、准确。

**第十六条** 工业和信息化部根据承检机构合同执行和申请人提交的有关型号设备在我国境内销售或使用情况，定期与承检机构进行结算。

执行过程中，如因市场变化等因素造成申请无线电发射设备型号核准数量激增，增加数量不超过委托合同基准检测数量 15%的，原则上在合同金额内包干解决；超过基准检测数量 15%的，由购买主体结合年度预算安排统筹考虑给予适当补助。

**第十七条** 工业和信息化部应加强对合同执行情况的监督检查。除因不可抗力外，承检机构应在合同约定规定时限内按质按量完成测试。

**第十八条** 工业和信息化部应严格专项资金使用管理，确保专款专用、专项核算。严禁随意改变项目资金用途，严禁挤占挪用，严格资金结算审核。

**第十九条** 承检机构应当建立相关台账，记录设备技术检测的信息、合同执行情况等；建立健全财务制度，严格规范财务管理和会计核算，加强内控管理，确保购买检测服务的财政资金安全规范、合理使用，并接受和配合有关部门对资金使用情况进行监督检查和绩效评价。

**第二十条** 按照政府信息公开有关规定，购买型号核准测试服务的相关信息向社会公开，接受社会监督。

## 第四章 监督检查

**第二十一条** 工业和信息化部购买无线电发射设备型号核准测试服务活动和资金使用情况应当接受有关部门的检查和监督。对检查中发现的财政违法违规行为，应当按照《财政违法行为处罚处分条例》等有关规定予以处理。情节严重涉嫌犯罪的，依法移送司法机关处理。

**第二十二条** 工业和信息化部按年度组织对型号核准申请人的生产能力和已取得型号核准许可证设备的射频技术指标等进行监督检查。同时，对承检机构的检测质量和能力保持情况进行监督检查。承检机构应当接受购买主体、监管部门组织的相关监督检查和绩效评价，取得型号核准证的申请人应当予以配合。

**第二十三条** 对于承检机构出现的转包、分包等不良行为，采取记入信用记录等措施处理。对于申请人和承检机构存在弄虚作假、伪造报告、虚构型号，以不当方式取得型号核准证骗取财政资金的，采取记入信用记录等措施处理，并作为今后办理型号核准许可与承接检测任务的重要依据；已经获得财政资金的，应当予以追回。

**第二十四条** 对型号核准申请人有下列行为之一的，应记入信用记录，并按照相关规定给予处罚：

（一）申请型号核准许可时隐瞒有关情况或者提供虚假材料的；

（二）涂改、转让、伪造和冒用型号核准证或者型号核准代码的；

（三）以欺骗、贿赂等不正当手段取得型号核准证的；

（四）虚构型号、伪造销售材料，或者采用其他不正当手段取得型号核准证，滥用或套取国家财政资金的。

存在第二十四条第（一）（二）项情形的，申请人一年内不得再次申请型号核准。存在第（三）（四）项情形的，申请人三年内不得再次申请型号核准。以上行为违反有关法律法规的，依法查处并追究责任。

## 第五章　附则

**第二十五条**　本办法由工业和信息化部负责解释。

**第二十六条**　本办法自公告发布之日起施行。

# 附件 2

## 无线电发射设备型号核准承检机构信用管理办法（暂行）

**第一条** 为贯彻落实《社会信用体系建设规划纲要（2014-2020 年）》（国发〔2014〕21 号）《国务院关于建立完善守信联合激励和失信联合惩戒制度加快推进社会诚信建设的指导意见》（国发〔2016〕33 号）等文件精神，保障型号核准许可工作的有序开展，规范型号核准承检机构的行为，保障政府购买服务经费的合规、高效使用，根据《中华人民共和国无线电管理条例》《无线电发射设备型号核准测试及监督检查资金使用管理办法（暂行）》制定本办法。

**第二条** 承检机构从事检测活动，应当遵守国家相关法律法规的规定，遵循客观独立、公平公正、诚实信用原则，恪守职业道德，承担社会责任。

**第三条** 承检机构应当独立于其出具的检测数据、结果所涉及的利益相关各方，不受任何可能干扰其技术判断因素的影响，确保检测数据、结果的真实、客观、准确。

**第四条** 根据承检机构在开展型号核准检测过程中出现的不良行为和失信行为，相应地将承检机构列入"无线电发射设备型号核准承检机构不良名单"（以下简称不良名单）和"无线电发射设备型号核准承检机构失信名单"（以下简称失信名单）。

**第五条** 工业和信息化部负责建立和管理不良名单和失信名单。

**第六条** 承检机构有以下行为之一的，应被列入不良名单：

（一）出具检测报告引用国家无线电管理有关规定和标准不当，造成检测结果失实的，或者检测报告内容出现错误的；

（二）出具检测报告未加盖检验检测专用章、标注资质认定标志的；

（三）未按规定妥善保存原始记录和检测报告的；

（四）违规分包检测项目的；

（五）个别人员利用职务便利，索取他人财物，或者非法收受他人财物，为他人谋取利益的；

（六）技术检测从业人员违规在多个检测机构兼职的；

（七）除不可抗力等因素外，未在合同约定时限内完成无线电发射设备测试工作并提交测试报告的。

**第七条** 工业和信息化部应在发现第六条所列行为之日起 10 个工作日内完成不良名单列入工作，列入的信息应至少包括承检机构名称、统一社会信用代码、处理日期、列入事由等，并要求承检机构在 30 个工作日内进行整改。

**第八条** 工业和信息化部对列入不良名单的承检机构进行内部通报，并加大监督检查力度，对其证后监督频次按其承检型号任务量的 2%执行；整改完成之前，不再安排发生问题项目新的检测任务。

**第九条** 承检机构被列入不良名单后，应在 30 个工作日内完成整改，经验收合格后一年内未再发生其他不良行为的，由工业和信息化部移出不良名单。

**第十条** 承检机构有以下行为之一的，应被列入失信名单：

（一）未经检测或者以篡改检测数据和结果等方式，出具虚假检测报告的；

（二）与申请人串通，采取虚构型号、伪造报告等方式，套取财政资金的；

（三）质量体系、人员技术能力、关键测试设施存在严重缺陷或者在整改期内违规出具检测报告的；

（四）接受可能影响检测公正性的资助，或者存在其他影响公正性行为的；

（五）未能妥善保管申请资料和样品，造成申请人严重经济损失和商业机密泄露的；

（六）一年内两次以上被列入不良名单的。

**第十一条** 工业和信息化部应在发现第十条所列行为之日起 10 个工作日完成列入工作，列入信息包括承检机构名称、统一社会信用代码、列入事由等。

列入失信名单的承检机构，取消型号核准检测任务承担资格，且三年内不得参与型号核准检测工作。

**第十二条** 工业和信息化部对列入失信名单的承检机构加大监督检查力度，对其证后监督频次按其承检型号任务量最高比例 3%执行。

列入失信名单的承检机构，三年内未再次出现任何失信行为的，由工业和信息化部移出失信名单。

**第十三条** 对拟被列入不良名单和失信名单的承检机构，工业和信息化部应书面告知承检机构，听取其陈述和申辩。

**第十四条** 列入失信名单的承检机构属于联合惩戒机制范围的，应通知有关部门进行联合惩戒。移出失信名单的，应及时通知有关部门不再进行联合惩戒。

**第十五条** 本办法自公告发布之日起施行。

# 关于督促互联网网络接入服务企业依法持证经营的通知

工信管函〔2018〕84号

各省、自治区、直辖市通信管理局，中国电信集团公司、中国移动通信集团有限公司、中国联合网络通信集团有限公司、中国广播电视网络有限公司、中信网络有限公司，各相关电信业务经营者：

为规范市场秩序，按照《工业和信息化部关于清理规范互联网网络接入服务市场的通知》（工信部信管函〔2017〕32号）要求，自2018年1月1日起，未取得互联网资源协作服务业务、内容分发网络（CDN）业务经营许可的企业，不得继续经营相应业务。现将有关事项通知如下。

一、截至2017年12月31日，阿里云计算有限公司等104家企业已依法取得工业和信息化部或各通信管理局颁发的互联网资源协作服务业务经营许可证（见附件1），网宿科技股份有限公司等70家企业已依法取得内容分发网络（CDN）业务经营许可证（见附件2）。各通信管理局要加强指导，督促上述企业在许可范围内，守法经营诚信服务。

二、目前，北京百悟科技有限公司等26家企业已提交互联网资源协作服务业务或内容分发网络（CDN）业务经营许可申请（见附件3）。在正式取得相应许可前，上述企业不得继续发展新用户、签署新合同。

三、截至2017年12月31日，北京爱无限智慧科技有限公司等147家企业未按前期承诺取得互联网资源协作服务业务或内容分发网络（CDN）业务经营许可证（见附件4），应自觉停止相应经营活动。

各相关通信管理局要及时对上述企业未履行承诺的事实按“不良记录”录入企业违法不良记录信息库。同时，要加强督查，对拟退出市场的企业，指导其按照有关规定做好用户善后工作；对拟继续经营的企业，在正式取得相应许可证前，督促其不得继续发展新用户、签署新合同。各基础电信企业不得为其新增经营性网络资源。

四、各通信管理局要加强督查，一经发现非法经营互联网资源协作服务业务、内容分发网络（CDN）业务的企业，要依法严肃查处，并按“违法记录”录入企业违法不良记录信息库。各基础电信企业应从合同约束、使用监测、违规问责等方面，加强清理排查和规范管理，不得为非法经营提供网络资源。

附件1：持有互联网资源协作服务（云服务）业务经营许可证的企业名单.pdf

附件2：持有内容分发网络（CDN）业务经营许可证的企业名单.pdf

附件3：已提交互联网资源协服务业务或内容分发网络（CDN）业务许可申请的企业名单.pdf

附件4：未按承诺取得互联网资源协作服务业务或内容分发网络（CDN）业务经营许可证的企业名单.pdf

工业和信息化部信息通信管理局

2018年1月12日

# 国家制造强国建设领导小组关于设立工业互联网专项工作组的通知

工信部信管〔2018〕41号

国家制造强国建设领导小组成员单位，国家外国专家局：

为贯彻落实《国务院关于深化“互联网+先进制造业”发展工业互联网的指导意见》，加快推进工业互联网创新发展，加强对有关工作的统筹规划和政策协调，经国家制造强国建设领导小组会议审议，决定在国家制造强国建设领导小组下设立工业互联网专项工作组（以下简称专项工作组）。现将有关事项通知如下。

## 一、主要职责

统筹协调我国工业互联网发展的全局性工作，审议推动工业互联网发展的重大规划、重大政策、重大工程专项和重要工作安排，加强战略谋划，指导各地区、各部门开展工作，协调跨地区、跨部门重要事项，加强对重要事项落实情况的督促检查。

专项工作组每年召开会议，由组长或委托副组长召集成员研究讨论工业互联网发展重大事项。

## 二、组成人员

组　长：苗　圩　　工业和信息化部部长

| | | |
|---|---|---|
| 副组长： | 林念修 | 发展改革委副主任 |
| | 徐南平 | 科技部副部长 |
| | 陈肇雄 | 工业和信息化部副部长 |
| | 刘　伟 | 财政部副部长 |
| 成　员： | 杜占元 | 教育部副部长 |
| | 汤　涛 | 人力资源社会保障部副部长 |
| | 黄润秋 | 环境保护部副部长 |
| | 李建波 | 交通运输部党组成员 |
| | 钱克明 | 商务部副部长 |
| | 马晓伟 | 卫生计生委副主任 |
| | 刘国强 | 人民银行行长助理 |
| | 黄丹华 | 国资委副主任 |
| | 孙瑞标 | 税务总局副局长 |
| | 刘俊臣 | 工商总局副局长 |
| | 田世宏 | 质检总局副局长 |
| | 付建华 | 安全监管总局副局长 |
| | 贺　化 | 知识产权局副局长 |
| | 陈左宁 | 工程院副院长 |
| | 周　亮 | 银监会副主席 |
| | 方星海 | 证监会副主席 |
| | 梁　涛 | 保监会副主席 |
| | 李凡荣 | 能源局副局长 |
| | 张建华 | 国防科工局副局长 |

陆　明　　外专局副局长

## 三、工作机构

专项工作组办公室设在工业和信息化部，承担专项工作组的日常工作。工业和信息化部副部长陈肇雄兼任办公室主任，工业和信息化部总工程师张峰、总经济师王新哲任办公室副主任，专项工作组成员单位有关司局负责同志担任办公室成员兼部门联络员。

专项工作组成员因工作变动需要调整的，由所在单位向专项工作组办公室提出，并按程序报组长批准。

专项工作组聘请有关方面专家组成工业互联网战略咨询专家委员会，为专项工作组提供决策咨询。

特此通知。

国家制造强国建设领导小组办公室

2018 年 2 月 14 日

# 工业和信息化部关于做好电信业务经营不良名单和失信名单管理工作的通知

工信部信管〔2018〕54 号

为贯彻落实《社会信用体系建设规划纲要（2014—2020 年）》（国发〔2014〕21 号）、《国务院关于“先照后证”改革后加强事中事后监管的意见》（国发〔2015〕62 号）、《国务院关于建立完善守信联合激励和失信联合惩戒制度 加快推进社会诚信建设的指导意见》（国发〔2016〕33 号）等文件精神，进一步创新信息通信行业管理方式，依据《中华人民共和国电信条例》《电信业务经营许可管理办法》（工业和信息化部令第 42 号），工业和信息化部决定施行电信业务经营不良名单和失信名单管理。现将有关事项通知如下。

一、工业和信息化部统筹全国信息通信行业信用体系建设和信用管理工作。各省、自治区、直辖市通信管理局负责属地信息通信行业信用体系建设和信用管理工作，并配合违法行为发生地通信管理局对相关主体实施信用管理。

二、电信业务经营者存在以下情形之一的，应列入电信业务经营不良名单：

（一）未按规定报告年报信息，且在电信管理机构限期内仍未履行年报义务的；

（二）在电信业务经营许可证载明信息发生变化时，未按规定及时办理变更手续，受到行政处罚的；

（三）在电信管理机构监督检查中，被发现其年报信息、日常经营活动、落实网络与信息安全管理责任、停止经营时的善后工作、执行国家和电信管理机构有关规定等事项存在违法违规行为，受到行政处罚的（需直接列入电信业务经营失信名单的除外）。

电信管理机构应在作出处理（含处罚）后 30 日内，完成不良名单列入工作。录入信息包括经营者名称、统一社会信用代码、许可证编号、处理日期、列入事由、列入单位等。

三、电信管理机构应定期向社会公示电信业务经营不良名单。对列入不良名单的电信业务经营者实施重点监管，加强监督检查，不予守信激励。

基础电信业务经营者和相关网络接入服务经营者在提供通信资源、网络接入或其他业务合作时，应当把不良名单作为重要考量因素。信息通信行业相关企业在招投标活动中，可将不良名单作为考量因素。

相关行业组织开展评优表彰活动时，可将未列入不良名单作为必要条件。

四、相关经营者列入电信业务经营不良名单后，满足以下条件的，由电信管理机构将其移出不良名单：

（一）属于第二条第一款第一项情形，相关经营者按要求补充履行年报义务，且在不良名单中至少向社会公示一次的；

（二）属于第二条第一款第二、三项情形，相关经营者一年内未再次受到行政处罚的。

五、电信业务经营者存在以下情形之一的，应被列入电信业务经营失信名单：

（一）受到吊销经营许可证处罚的；

（二）擅自经营电信业务或者超范围经营电信业务，情节严重、受到责令停业整顿处罚的；

（三）列入不良名单后，三年内再次受到责令停业整顿处罚的；

（四）以欺骗、贿赂等不正当手段取得电信业务经营许可证，被撤销该行政许可的；

（五）属于第二条第一款第一项情形，届满三年仍未补充履行相关义务的；

（六）无正当理由，逾期不履行行政处罚决定的；

（七）按照国家有关规定，属于严重失信需要依法联合惩戒的。

属于本条第七项情形的，应按照联合惩戒机制，根据相关部门依法出具的书面认定意见，将相关经营者列入失信名单。

电信管理机构应在作出行政处罚决定或收到相关部门书面意见后30日内，完成失信名单列入工作。录入信息包括经营者名称、统一社会信用代码、许可证编号、主要投资者和主要经营管理人员、处罚日期、列入事由、列入单位等。

六、电信管理机构应定期向社会公示电信业务经营失信名单，对列入的电信业务经营者实施重点监管，加强监督检查，不予守信激励。对经营者本身及其主要投资者和主要经营管理人员被列入失信名单的，电信管理机构不得批准其新增电信业务经营许可申请，依法不批准或从严审批其新增从事电信经营活动的资源申请，不得批准其电信业务经营许可证续期。

基础电信业务经营者和相关网络接入服务经营者在提供通信资源、网络接入或其他业务合作时，应当把失信名单作为重要考量因素。信息通信行业相关企业在招投标活动中，可将失信名单作为重要考量因素。

相关行业组织开展评优表彰活动时，应将未列入失信名单作为必要条件。

电信管理机构应按照国家有关规定，与相关部门共享电信业务经营失信名单，实施联合惩戒。

七、相关经营者列入电信业务经营失信名单后，三年内未再次受到电信管理机构行政处罚的，由电信管理机构移出失信名单。属于第五条第一款第七项情形的，应按照联合惩戒机制，在收到相关部门的书面意见后，将其移出失信名单。

八、各级电信管理机构应高度重视电信业务经营不良名单和失信名单管理工作，做好组织实施，加强政策宣贯，督促引导电信业务经营者守法经营，促进行业健康发展，努力为网络强国建设营造良好市场环境。

特此通知。

工业和信息化部

2018 年 3 月 7 日

# 工业和信息化部办公厅关于开展 2018 年人工智能与实体经济深度融合创新项目申报工作的通知

工信厅科函〔2018〕118 号

各省、自治区、直辖市及计划单列市、新疆生产建设兵团工业和信息化主管部门，各有关单位：

为贯彻落实《新一代人工智能发展规划》（国发〔2017〕35 号）、《促进新一代人工智能产业发展三年行动计划（2018—2020 年）》（工信部科〔2017〕315 号）要求，促进人工智能产业发展，切实推动人工智能与实体经济深度融合，工业和信息化部将组织开展人工智能与实体经济深度融合创新项目（以下简称创新项目）申报工作。有关事项通知如下。

## 一、创新应用内容

围绕培育智能产品、深化行业应用、构建支撑体系三个方向，支持一批创新性强、应用效果好的产品和应用项目，探索形成可复制、可推广的新业态和新模式，提升产业支撑能力，推动行业融合与创新发展。

## 二、申报要求

（一）项目申报主体包括从事人工智能基础技术攻关、智能产品研发、行业融合应用、支撑保障服务等相关业务的企业、科研院所等单位。申报主体应具有较强的经济实力、技术研发和融合创新能力，申报的项目要求拥有自主知识产权、技术先进、应用带动作用良好，并具有一定代表性。

（二）创新项目由各省、自治区、直辖市及计划单列市、新疆生产建设兵团工业和信息化主管部门（以下简称各地主管部门）、中央企业集团组织推荐。项目内容包括三个类别，每个申报主体只能申报一个项目。各地主管部门推荐的创新应用项目数量一般不超过 15 个。中央企业集团推荐的创新项目数量一般不超过 3 个。

（三）工业和信息化部将对申报材料进行评审，遴选出创新项目并建立项目库，择机予以推广和支持。

## 三、报送方式

本次申报采取网上填报与纸质版材料报送结合的方式。

（一）项目申报：申报企业登录“人工智能与实体经济深度融合创新项目申报系统”（以下简称“申报系统”）完成注册，填写申报所需信息。申报截止时间为 2018 年 5 月 31 日，逾期系统将关闭。

（二）项目推荐：推荐单位（各地主管部门、中央企业集团）使用给定的账号密码登录“申报系统”。确认推荐项目后，系统自动生成报送信息汇总表，推荐单位需下载并加盖单位公章。

（三）项目报送：推荐单位通知被推荐企业登录“申报系统”下载打印项目申报书并加盖单位公章，上报推荐单位。推荐单位统一将信息汇总表（一份）、项目申报书（每个项目一份）邮寄至联系地址，纸质版材料内容应与网上填报内容一致。

（四）纸质版材料报送截止时间为 2018 年 6 月 30 日。

## 四、联系方式

工业和信息化部科技司：刘洋 010-68205234

张瑶 010-88680530

010-88685262

材料寄送地址：北京市石景山区鲁谷路 35 号，邮编：100040（收件人：张瑶）

工业和信息化部办公厅

2018 年 4 月 2 日

# 工业和信息化部 公安部 交通运输部关于印发《智能网联汽车道路测试管理规范（试行）》的通知

工信部联装〔2018〕66号

各省、自治区、直辖市及计划单列市、新疆生产建设兵团工业和信息化主管部门、公安厅（局）、交通运输厅（局、委）：

现将《智能网联汽车道路测试管理规范（试行）》印发给你们，请各地结合实际，认真贯彻执行。

工业和信息化部

公 安 部

交 通 运 输 部

2018年4月3日

## 智能网联汽车道路测试管理规范（试行）

### 第一章 总则

**第一条** 为深入贯彻落实党的十九大精神，加快制造强国、科技强国、网络强国、交通强国建设，推动汽车智能化、网联化技术发展和产业应用，推进交通运输转型升级创新发展，规范智能网联汽车道路测试管理，依据《道路交通安全法》《公路法》等法律法规，制定本规范。

**第二条** 本规范适用于在中华人民共和国境内进行的智能网联汽车道路测试。

**第三条** 工业和信息化部、公安部、交通运输部定期联合发布智能网联汽车道路测试相关信息。

**第四条** 省、市级政府相关主管部门可以根据当地实际情况，依据本规范制定实施细则，具体组织开展智能网联汽车道路测试工作。

本规范所称省、市级政府相关主管部门，包括各省、自治区、直辖市及计划单列市、新疆生产建设兵团工业和信息化主管部门、公安机关交通管理部门和交通运输主管部门。

### 第二章 测试主体、测试驾驶人及测试车辆

**第五条** 测试主体是指提出智能网联汽车道路测试申请、组织测试并承担相应责任的单位，应符合下列条件：

（一）在中华人民共和国境内登记注册的独立法人单位；

（二）具备汽车及零部件制造、技术研发或试验检测等智能网联汽车相关业务能力；

（三）对智能网联汽车测试时可能造成的人身和财产损失，具备足够的民事赔偿能力；

（四）具有智能网联汽车自动驾驶功能测试评价规程；

（五）具备对测试车辆进行实时远程监控的能力；

（六）具备对测试车辆事件进行记录、分析和重现的能力；

（七）法律、法规规章规定的其他条件。

**第六条** 测试驾驶人是指经测试主体授权，负责测试并在出现紧急情况时对测试车辆实施应急措施的驾驶人，应符合下列条件：

（一）与测试主体签订有劳动合同或劳务合同；

（二）取得相应准驾车型驾驶证并具有 3 年以上驾驶经历；

（三）最近连续 3 个记分周期内无满分记录；

（四）最近 1 年内无超速 50%以上、违反交通信号灯通行等严重交通违法行为记录；

（五）无饮酒后驾驶或者醉酒驾驶机动车记录，无服用国家管制的精神药品或者麻醉药品记录；

（六）无致人死亡或者重伤的交通事故责任记录；

（七）经测试主体自动驾驶培训，熟悉自动驾驶测试规程，掌握自动驾驶测试操作方法，具备紧急状态下应急处置能力；

（八）法律、法规规章规定的其他条件。

**第七条** 测试车辆是指申请用于道路测试的智能网联汽车，包括乘用车、商用车辆，不包括低速汽车、摩托车，应符合以下条件。

（一）未办理过机动车注册登记。

（二）满足对应车辆类型除耐久性以外的强制性检验项目要求；对因实现自动驾驶功能而无法满足强制性检验要求的个别项目，测试主体需证明其未降低车辆安全性能。

（三）具备人工操作和自动驾驶两种模式，且能够以安全、快速、简单的方式实现模式转换并有相应的提示，保证在任何情况下都能将车辆即时转换为人工操作模式。

（四）具备车辆状态记录、存储及在线监控功能，能实时回传下列第 1、2、3 项信息，并自动记录和存储下列各项信息在车辆事故或失效状况发生前至少 90 秒的数据，数据存储时间不少于 3 年：

1．车辆控制模式；

2．车辆位置；

3．车辆速度、加速度等运动状态；

4．环境感知与响应状态；

5．车辆灯光、信号实时状态；

6．车辆外部360度视频监控情况；

7．反映测试驾驶人和人机交互状态的车内视频及语音监控情况；

8．车辆接收的远程控制指令（如有）；

9．车辆故障情况（如有）。

（五）测试车辆应在封闭道路、场地等特定区域进行充分的实车测试，符合国家行业相关标准，省、市级政府发布的测试要求以及测试主体的测试评价规程，具备进行道路测试的条件。

（六）测试车辆自动驾驶功能应由国家或省市认可的从事汽车相关业务的第三方检测机构进行检测验证，检测验证项目包括但不限于附件1所列的项目。

## 第三章　测试申请及审核

**第八条**　省、市级政府相关主管部门在辖区内道路选择若干典型路段用于智能网联汽车道路测试并向社会公布。

**第九条**　测试主体向拟开展测试路段所在地的省、市级政府相关主管部门提出道路测试申请。申请材料应至少包括：

（一）测试主体、测试驾驶人和测试车辆的基本情况；

（二）属国产机动车的，应当提供机动车整车出厂合格证，但未进入公告车型的应当提供出厂合格证明和国家认可的第三方检测实验室出具的相应车型强制性检验报告；属进口机动车的，应当提供进口机动车辆强制性产品认证证书、随车检验单和货物进口证明书；

（三）自动驾驶功能说明及其未降低车辆安全性能的证明；

（四）机动车安全技术检验合格证明；

（五）测试主体在封闭道路、场地等特定区域进行实车测试的证明材料；

（六）获得国家或省市认可的从事汽车相关业务的第三方检测机构出具的自动驾驶功能委托检验报告；

（七）测试方案，包括测试路段、测试时间、测试项目、测试规程、风险分析及应对措施；

（八）交通事故责任强制险凭证，以及每车不低于五百万元人民币的交通事故责任保险凭证或不少于五百万元人民币的自动驾驶道路测试事故赔偿保函。

**第十条** 省、市级政府相关主管部门负责组织受理、审核测试申请，为审核通过的测试车辆逐一出具智能网联汽车道路测试通知书（见附件 2），定期报工业和信息化部、公安部和交通运输部备案并向社会公布。

**第十一条** 测试通知书应当注明测试主体、车辆识别代号、测试驾驶人姓名及身份证号、测试时间、测试路段等信息。其中，测试时间原则上不超过 18 个月。

**第十二条** 如需变更测试通知书基本信息的，由测试主体提交变更说明及相应证明材料，省、市级政府相关主管部门审核通过后出具变更后的测试通知书。

**第十三条** 测试主体凭测试通知书及《机动车登记规定》所要求的证明、凭证，向测试通知书载明的公安机关交通管理部门申领试验用机动车的临时行驶车号牌。

**第十四条** 临时行驶车号牌规定的行驶区域应当根据测试通知书载明的测试路段合理限定，临时行驶车号牌有效期不应当超过测试通知书载明的测试时间。

**第十五条** 已申领临时行驶车号牌的测试车辆，如需在其他省、市进行测试，测试主体还应申请相应省、市的测试通知书，并重新申领临时行驶车号牌。但是，相应省、市级政府准许持其他省、市核发的测试通知书、临时行驶车号牌在本行政区域指定道路测试的除外。

## 第四章 测试管理

**第十六条** 测试车辆应当遵守临时行驶车号牌管理相关规定，未取得临时行驶车号牌，不得上路行驶。

测试主体、测试驾驶人均应遵守我国道路交通安全法律法规，严格依据测试通知书载明的测试时间、测试路段和测试项目开展测试工作，并随车携带测试通知书、测试方案备查。

**第十七条** 测试车辆车身应以醒目的颜色标示“自动驾驶测试”字样，提醒周边车辆注意。

**第十八条** 测试驾驶人应始终处于测试车辆的驾驶座位上、始终监控车辆运行状态及周围环境，随时准备接管车辆。

当测试驾驶人发现车辆处于不适合自动驾驶的状态或系统提示需要人工操作时，应及时接管车辆。

**第十九条** 测试过程中，测试车辆不得搭载与测试无关的人员或货物。

**第二十条** 测试过程中，除测试通知书载明的测试路段外，不得使用自动驾驶模式行驶；测试车辆从停放点到测试路段的转场，应使用人工操作模式行驶。

**第二十一条** 测试主体应每 6 个月向出具测试通知书的省、市级政府相关主管部门提交阶段性测试报告，并在测试结束后 1 个月内提交测试总结报告。

**第二十二条** 省、市级政府相关主管部门于每年 6 月、12 月向工业和信息化部、公安部和交通运输部报告辖区内智能网联汽车道路测试情况。

**第二十三条** 测试车辆在测试期间发生下列情形之一的，省、市级政府相关主管部门应当撤销测试通知书：

（一）省、市级政府相关主管部门认为测试活动具有重大安全风险的；

（二）测试车辆有违反交通信号灯通行、逆行或者依照道路交通安全法律法规可以处暂扣、吊销机动车驾驶证或拘留处罚等的严重交通违法行为的；

（三）发生交通事故造成人员重伤、死亡或车辆毁损等严重情形，测试车辆方负主要以上责任的。

省、市级政府相关主管部门撤销测试通知书时应当一并收回临时行驶车号牌，并转交给临时行驶车号牌核发地公安交管部门；未收回的，书面告知核发地公安交管部门公告牌证作废。

## 第五章 交通违法和事故处理

**第二十四条** 在测试期间发生交通违法行为的，由公安机关交通管理部门按照现行道路交通安全法律法规对测试驾驶人进行处理。

**第二十五条** 在测试期间发生交通事故，应当按照道路交通安全法律法规认定当事人的责任，并依照有关法律法规及司法解释确定损害赔偿责任。构成犯罪的，依法追究刑事责任。

**第二十六条** 测试车辆在道路测试期间发生事故时，当事人应保护现场并立即报警。

造成人员重伤或死亡、车辆损毁的，测试主体应在 24 小时内将事故情况上报省、市级政府相关主管部门；省、市级政府相关主管部门应在 3 个工作日内上报工业和信息化部、公安部和交通运输部。

**第二十七条**　测试主体应在事故责任认定后 5 个工作日内，以书面方式将事故原因、责任认定结果及完整的事故分析报告等相关材料上报省、市级政府相关主管部门；省、市级政府相关主管部门应在 5 个工作日内上报工业和信息化部、公安部和交通运输部。

## 第六章　附则

**第二十八条**　本规范所称智能网联汽车是指搭载先进的车载传感器、控制器、执行器等装置，并融合现代通信与网络技术，实现车与×（人、车、路、云端等）智能信息交换、共享，具备复杂环境感知、智能决策、协同控制等功能，可实现安全、高效、舒适、节能行驶，并最终可实现替代人来操作的新一代汽车。智能网联汽车通常也被称为智能汽车、自动驾驶汽车等。

智能网联汽车自动驾驶包括有条件自动驾驶、高度自动驾驶和完全自动驾驶。有条件自动驾驶是指系统完成所有驾驶操作，根据系统请求，驾驶人需要提供适当的干预；高度自动驾驶是指系统完成所有驾驶操作，特定环境下系统会向驾驶人提出响应请求，驾驶人可以对系统请求不进行响应；完全自动驾驶是指系统可以完成驾驶人能够完成的所有道路环境下的操作，不需要驾驶人介入。

**第二十九条**　本规范自 2018 年 5 月 1 日起施行。

附件：1．智能网联汽车自动驾驶功能检测项目

2．智能网联汽车道路测试通知书

# 工业和信息化部关于贯彻落实《推进互联网协议第六版（IPv6）规模部署行动计划》的通知

工信部通信〔2018〕77 号

各省、自治区、直辖市及计划单列市、新疆生产建设兵团工业和信息化主管部门，各省、自治区、直辖市通信管理局，部属各单位、部属各高校，中国电信集团有限公司、中国移动通信集团有限公司、中国联合网络通信集团有限公司，中国广播电视网络有限公司，阿里巴巴（中国）有限公司、深圳市腾讯计算机系统有限公司、百度在线网络技术（北京）有限公司、北京京东世纪信息技术有限公司、北京金山云网络技术有限公司、网宿科技股份有限公司、北京蓝汛通信技术有限责任公司、上海帝联信息科技发展有限公司、华为技术有限公司、广东欧珀移动通信有限公司、维沃移动通信有限公司、北京小米科技有限责任公司、魅族科技有限公司、上海优刻得信息科技有限公司、无锡华云数据技术服务有限公司、北京迅达云成科技有限公司、北京优帆科技有限公司、中山大学、东网科技有限公司、大连东软思维科技发展有限公司、宁夏誉成云创数据投资有限公司、蓝汛欣润科技（北京）有限公司、贵阳中电高新数据科技有限公司、贵阳综合保税区大数据科技有限公司、润泽科技发展有限公司、武汉火凤凰云计算服务股份有限公司、湖南尚锐信息科技有限公司、启明信息技术股份有限公司、大连亿达名气通数据服务有限公司、沈阳铁路局、万国数据服务有限公司、成都中立数据科技有限公司、光环云谷科技有限公司、张北云联数据服务有限责任公司、上海数据港股份有限公司、阿里云计算有限公司

（万网）、北京新网互联软件服务有限公司、中国互联网信息中心（CNNIC）、政府和公益机构域名注册管理中心（CONAC）、成都西维数码科技有限公司、厦门三五互联科技股份有限公司、厦门易名科技股份有限公司、江苏邦宁科技有限公司、浙江贰贰网络有限公司、佛山市亿动网络有限公司、厦门商中在线科技股份有限公司、广东时代互联科技有限公司、北京奇虎科技有限公司、世纪互联数据中心有限公司、鹏博士电信传媒集团股份有限公司等相关企业：

为贯彻落实中共中央办公厅、国务院办公厅印发的《推进互联网协议第六版（IPv6）规模部署行动计划》（厅字〔2017〕47 号，以下简称《行动计划》），加快网络基础设施和应用基础设施升级步伐，促进下一代互联网与经济社会各领域的融合创新，现就涉及工业和信息化部相关任务的组织实施工作通知如下。

## 一、实施 LTE 网络端到端 IPv6 改造

（一）LTE 网络 IPv6 改造。到 2018 年年末，基础电信企业完成全国范围 LTE 核心网、接入网、承载网、业务运营支撑系统等 IPv6 改造并开启 IPv6 业务承载功能，为移动终端用户数据业务分配 IPv6 地址，提供端到端的 IPv6 访问通道。

（二）基础电信企业自营业务系统 IPv6 改造。到 2018 年年末，基础电信企业完成门户网站、网上营业厅网站 IPv6 改造，并完成活跃用户规模排名前 10 位的自营移动互联网应用（App）及相应系统服务器 IPv6 升级改造，使移动互联网应用（App）支持 IPv6 访问优先；通过免流量升级等推广措施，引导用户完成移动互联网应用（App）更新。

到 2018 年年末，移动互联网 IPv6 用户规模不少于 5 000 万户（基础电信企业已分配 IPv6 地址且一年内有 IPv6 上网记录的用户），其中，中国电信集团有限公司（简称中国电信）用户不少于 1 000 万户，中国移动通信集团有限公司（简称中国移动）用户不少于 3 000 万户，中国联合网络通信集团有限公司（简称中国联通）用户不少于 1 000 万户。

（三）移动终端全面支持 IPv6。推动新生产移动终端的出厂默认配置支持 IPv4/IPv6 双栈，并逐步推进存量移动终端通过系统软件升级开启 IPv6 功能。基础电信企业定制和集中采购的移动终端应全面支持 IPv6。

（四）基础电信企业间网络与应用 IPv6 互通。到 2019 年第一季度末，各基础电信企业均完成 LTE 网络与其他基础电信企业用户规模排名前 10 位的移动互联网应用系统服务器互通，实现已选定的 30 个移动互联网应用（App）IPv6 跨网访问。

## 二、加快固定网络基础设施 IPv6 改造

（一）骨干网 IPv6 互联互通。到 2018 年年末，完成北京市、上海市、广州市、郑州市、成都市的互联网骨干直联点 IPv6 改造，开通 IPv6 网间互联带宽不少于 1Tbit/s。到 2020 年年末，完成所有互联网骨干直联点 IPv6 改造，开通 IPv6 网间互联带宽不少于 5Tbit/s。

（二）城域网和接入网 IPv6 改造。到 2018 年年末，基础电信企业完成城域网和接入网 IPv6 改造并开启 IPv6 业务承载功能，为固定宽带用户分配 IPv6 地址，向政企客户提供基于 IPv6 的专线业务，并出台相应的资费优惠措施。

（三）固定终端全面支持 IPv6。推动新生产的家庭网关、企业网关、路由

器等固定终端支持 IPv6 并默认配置支持 IPv4/IPv6 双栈，基础电信企业定制和集中采购的固定终端应全面支持 IPv6。

（四）业务运营支撑系统改造。到 2018 年第三季度末，基础电信企业完成业务运营支撑系统升级改造，建立面向 IPv6 业务的运维管理体系和业务管理流程，具备 IPv6 用户统计、流量统计以及 IPv6 业务受理、开通、运行维护等能力。

## 三、推进应用基础设施 IPv6 改造

（一）数据中心 IPv6 改造。基础电信企业和数据中心运营企业应完成数据中心内部网络和出口设备的 IPv6 改造，支持 IPv6 业务接入和承载。到 2018 年年末，中国电信、中国移动、中国联通完成超大型数据中心 IPv6 改造，国家超级计算广州中心、东北区域大数据中心、东软软件园数据中心、誉成云创数据中心、百度云计算技术（山西）有限公司、蓝汛首鸣国际数据中心完成 IPv6 改造，为用户提供基于 IPv6 的互联网数据中心（IDC）业务，2018 年起新投产的数据中心应支持 IPv6。到 2020 年年末，各大型数据中心运营企业均完成 IPv6 改造。

（二）内容分发网络（CDN）IPv6 改造。到 2018 年年末，阿里云、腾讯云、金山云、网宿科技、蓝汛、帝联科技完成内容分发网络（CDN）IPv6 改造。

（三）云服务平台 IPv6 改造。到 2018 年年末，中国电信、中国移动、中国联通面向公众提供服务的云服务平台完成 50%云产品 IPv6 改造，阿里云、腾讯云、金山云、UCloud、华为云、华云、迅达云、百度云、京东云、青云等云服务平台企业完成 50%云产品 IPv6 改造。到 2020 年年末，上述企业完成全部

云产品 IPv6 改造。鼓励云服务企业面向用户提供 IPv6 技术咨询、网站改造等服务。

（四）域名系统 IPv6 改造。到 2018 年年末，中国电信、中国移动、中国联通完成递归域名解析服务器的 IPv6 改造，万网、新网互联、中国互联网信息中心（CNNIC）、政府和公益机构域名注册管理中心（CONAC）、西部数码、三五互联、易名中国、中国数据、爱名网、联动天下、商务中国、时代互联完成 IPv6 改造，构建域名注册、解析、管理全链条 IPv6 支持能力。

## 四、开展政府网站 IPv6 改造与工业互联网 IPv6 应用

（一）政府网站 IPv6 改造。推进工业和信息化系统门户网站 IPv6 改造。到 2018 年年末，工业和信息化部完成门户网站 IPv6 改造；到 2019 年年末，部属各单位、部属各高校及各省、自治区、直辖市通信管理局完成门户网站 IPv6 改造。

（二）工业互联网 IPv6 应用。鼓励典型行业、重点工业企业开展工业互联网 IPv6 网络化改造，创新工业互联网应用实践，构建工业互联网 IPv6 标准体系。

## 五、强化 IPv6 网络安全保障

（一）加强 IPv6 网络安全管理。将 IPv6 相关网络基础设施及应用基础设施安全防护纳入电信和互联网网络安全防护体系，健全完善 IPv6 环境下网络安全相关管理和技术要求，开展针对 IPv6 的网络安全等级保护、风险评估、通报预警等工作。

（二）做好 IPv6 网络安全保障措施升级改造。各基础电信企业和数据中心、

内容分发网络（CDN）、云服务等运营企业要同步做好现有网络安全保障系统在 IPv4 向 IPv6 过渡过程中的升级改造，确保具备基于 IPv6 的安全保障能力。

（三）强化 IPv6 网络安全能力建设。加强基于 IPv6 固定网络基础设施和应用基础设施的网络安全防护手段建设，支持开展 IPv6 网络环境下的工业互联网、物联网、人工智能等新兴领域网络安全技术和管理机制研究。鼓励企业、研究机构、高校等各方加强协同，加快 IPv6 安全技术研发、应用和融合创新。

## 六、落实配套保障措施

（一）加强组织领导。各地通信管理局、工业和信息化主管部门要加强与有关部门的沟通协调，建立协同工作机制。各基础电信企业集团公司、设备制造企业以及数据中心、内容分发网络（CDN）、云服务、域名服务等企业要成立由公司领导任组长的专项推进工作组，对照各项目标任务制订具体实施方案和工作计划，并于 2018 年 5 月 15 日前报送工业和信息化部（信息通信发展司）。

（二）落实主体责任。各企业要加大资金投入力度，确保各项目标任务按期完成。各基础电信企业集团公司在对各省级子（分）公司的业绩考核中，还应将 IPv6 相关任务完成情况作为重要的考核指标，要安排资金保障 IPv6 各项任务落实。各企业应于 2018 年 6 月、9 月、12 月底向工业和信息化部（信息通信发展司）报送相关工作进展情况。

（三）强化规范管理。完善互联网信息服务备案管理制度，鼓励互联网接入服务提供者和互联网信息服务提供者提供基于 IPv6 的服务，在互联网信息服务备案时明确要求提供 IPv6 相关信息；加强 IPv6 地址备案系统的建设和备案管理，督导企业严格落实 IPv6 接入地址编码规划方案；完善相关电信业务管理要求，要求数据中心（含云服务）、内容分发网络（CDN）等运营企业在提交年报时，提供支持 IPv6 相关情况；修订电信设备进网检测的相关规定，明确网络及终端设备进网中有关 IPv6 的检测要求。各地工业和信息化主管部门在电子政务系统、信息化系统及服务平台等项目审批中，应将支持 IPv6 作为必要条件，并负责考核落实；要统筹安排专项资金，加大对本地区 IPv6 改造工作的支持力度。

（四）加强督查考核。工业和信息化部将成立 IPv6 督查工作专家组，研究制定推进 IPv6 规模部署相关任务完成情况的考核标准，并将定期组织开展专项督查工作，就 LTE 网络 IPv6 端到端贯通、固定网络基础设施改造、应用基础设施改造、强化网络安全保障等重点任务进行分项考核。中国信息通信研究院要研究构建 IPv6 发展监测平台，形成对网络、应用、终端、用户、流量等关键发展指标的实时监测和分析能力，并向社会发布 IPv6 各项发展指标数据。

工业和信息化部

2018 年 4 月 25 日

# 工业和信息化部关于移动通信转售业务正式商用的通告

工信部通信〔2018〕70号

为鼓励移动通信业务和服务创新，提升移动通信市场竞争层次和服务水平，经总结评估，决定自2018年5月1日起，将移动通信转售业务由试点转为正式商用。有关事项通告如下。

一、在中华人民共和国境内依法设立的民营企业、国有企业、外商投资企业可以申请经营移动通信转售业务。

二、申请经营移动通信转售业务的企业，应当按照《中华人民共和国电信条例》《外商投资电信企业管理规定》《电信业务经营许可管理办法》等有关规定，向工业和信息化部或者省、自治区、直辖市通信管理局（以下统称电信管理机构）提交申请材料，申请相应电信业务经营许可证。

三、申请经营移动通信转售业务的企业，除应按照第二条所列规定提交相关材料外，还应提交与基础电信企业签订的商业合同。合同中应包括合作地域范围、号码资源、批发价格、互联互通、日志留存、垃圾短信和骚扰电话治理、网络安全、实名登记、防范和打击通讯信息诈骗、用户权益和用户个人信息保护、履约保障、市场退出和用户善后等方面的内容。

四、经电信管理机构批准已开展移动通信转售业务试点的企业（以下简称试点企业），拟继续开展业务的，应按照本通告规定续签商业合同、申请办理更换电信业务经营许可证。申请期间，可继续开展相应业务，基础电信企业应继续做好合作、服务及保障工作。电信管理机构将综合考虑试点期间总体情况，依法开展相关审批工作。

五、试点企业有以下情形之一的，进入退出程序：

（一）因自身原因，决定不再经营的；

（二）基础电信企业与试点企业终止合作，试点企业不能继续经营的；

（三）自本通告发布之日起 2 年内未更换电信业务经营许可证的；

（四）因责任落实不到位，导致重大通讯信息诈骗案件发生的；

（五）因责任落实不到位或经营服务出现严重问题，导致恶性群体事件发生的；

（六）因解散、依法被撤销或被宣告破产等原因而终止经营的。

六、试点企业进入退出程序，按照以下规定执行：

（一）有第五条第一项情形，试点企业应当于终止经营前 90 日向社会公告，通知所涉及用户和合作基础电信企业，向电信管理机构提交退出申请、用户善后处理方案、社会公示情况说明等材料，同时妥善处理用户预付费返还、费用结算、争议解决等事宜；

（二）有第五条第二项情形，基础电信企业应当于终止合作前 90 日向电信管理机构报告，说明理由。试点企业应同时向社会公告，通知所涉及用户，向电信管理机构提交退出申请、用户善后处理方案、社会公示情况说明等材料，同时妥善处理用户预付费返还、费用结算、争议解决等事宜；

（三）电信管理机构在收到试点企业终止经营转售业务的申请或基础电信企业终止与试点企业合作的报告后，应当向社会公示，公示期为 30 日。自公示期结束 60 日内，电信管理机构应收回并注销试点批文；

（四）有第五条第三项、第四项、第五项情形，电信管理机构应当向社会公示，公示期为 30 日。自公示期结束 60 日内，电信管理机构应收回并注销试点批文。期间，试点企业应向社会公告，通知所涉及用户，向电信管理机构提交用户善后处理方案、社会公示情况说明等材料，同时妥善处理用户预付费返还、费用结算、争议解决等事宜；

（五）有第五条第六项情形，试点企业清算及用户善后事宜按国家有关法律规定办理。

试点企业进入退出程序，未按国家有关规定做好用户善后工作，造成不良社会影响的，依法依规纳入电信业务经营不良名单或失信名单。

七、工业和信息化部根据基础电信企业需求，为其核配移动通信转售业务专用号段。基础电信企业应做好相应的数据开通工作，并根据移动通信转售企业（以下简称转售企业）的需求，合理分配码号资源供其使用，确保码号资源的有效利用。转售企业根据自身业务需求，可向工业和信息化部申请移动转售客户服务号码，并应严格按照批准的位长、用途等规范使用码号。

八、基础电信企业给予转售企业的批发价格应低于基础电信企业同类业务平均业务单价（或套餐价格），鼓励双方企业根据市场情况及商业合同约定，及时对批发价格进行调整。

九、基础电信企业应进一步拓宽与转售企业合作思路，积极开放更多业务功能，完善支撑转售业务系统建设和服务体系，按照企业互联业务相关技术规范，做好业务开通、话单传递、互联互通等支撑保障。

十、鼓励转售企业落实“互联网+”、数字经济等国家战略，结合企业优势资源和能力，加大服务和商业模式创新力度，在确保落实行业卡实名登记和网络安全的前提下，发展物联网行业应用等新技术新应用。基础电信企业应积极为转售企业提供必要的资源和技术支持，做好网络等支撑保障工作。

十一、基础电信企业应做好转售业务用户日志留存工作，并为转售企业提供垃圾短信和骚扰电话治理、防范和打击通讯信息诈骗等技术支持。

十二、转售企业应按照相关法律规定和行业管理要求，为公安机关、国家安全机关维护国家安全和追查刑事犯罪活动，提供支持和协助。建立健全网络安全管理制度，设立网络安全管理机构，配备相应管理人员，依法依规落实电话用户实名登记要求，保护用户个人信息，切实落实防范和打击通讯信息诈骗工作要求。

十三、转售企业应在各业务开通省（自治区、直辖市）设立专门的负责人员，定期向电信管理机构提交企业发展情况报告等，按照电信管理机构要求，做好用户服务保障和投、申诉处理、统计数据上报。

十四、转售企业应进一步规范用户服务协议，在线上线下营销渠道公示用户服务协议和客户服务号码，通过用户服务协议明确告知双方权利、义务以及纠纷处理原则和违约责任等事项，特别要包括企业终止经营时，预付费返还、争议解决等相关问题的处理原则。

十五、转售企业应规范财务管理制度，对预收资金进行严格管理，做到专款专用，在用户未消费前不得划入企业收入，严禁用于不动产、股权、证券等投资及借贷。每年 4 月 30 日前，向电信管理机构提交上一年度经会计师事务所审计的财务会计报告；每年 8 月 31 日前，提交当年上半年的财务会计报告。

十六、转售企业违反《全国人民代表大会常务委员会关于加强网络信息保护的决定》《网络安全法》《反恐怖主义法》《电信条例》《电信业务经营许可管理办法》《关于防范和打击电信网络诈骗犯罪的通告》等相关法律法规以及本通告规定的，由电信管理机构依法进行查处；情节严重的，依法吊销电信业务经营许可证，对试点企业取消移动通信转售业务试点资格。

十七、电信管理机构应紧密跟踪、分析移动通信转售业务发展情况，及时解决市场问题，规范企业经营行为；加强市场监督检查，强化网络和信息安全监管，切实保障用户合法权益，为转售企业健康发展营造良好环境。

工业和信息化部

2018年4月28日

# 工业和信息化部印发《关于推进网络扶贫的实施方案（2018—2020 年）》的通知

工信部通信〔2018〕83 号

各省、自治区、直辖市工业和信息化主管部门、通信管理局，中国电信集团有限公司、中国移动通信集团有限公司、中国联合网络通信集团有限公司、中国铁塔股份有限公司、中国卫通集团有限公司：

现将《关于推进网络扶贫的实施方案（2018—2020 年）》印发给你们，请结合实际，认真贯彻落实。

工业和信息化部

2018 年 5 月 3 日

## 关于推进网络扶贫的实施方案（2018—2020 年）

为全面贯彻落实《中共中央 国务院关于打赢脱贫攻坚战的决定》《“十三五”脱贫攻坚规划》《中共中央办公厅国务院办公厅关于支持深度贫困地区脱贫攻坚的实施意见》要求，进一步聚焦深度贫困地区，更好发挥宽带网络优势，助力打好精准脱贫攻坚战，制定本实施方案。

### 一、总体要求

（一）指导思想。以习近平新时代中国特色社会主义思想为指导，深入贯彻落实党的十九大关于坚决打好精准脱贫攻坚战的部署，坚持精准扶贫、精准脱贫基本方略，以“三区三州”等深度贫困地区和部系统定点帮扶县（以下简称定点县）、燕山—太行山片区县（以下简称片区县）为重点，以推进网络基础设施建设为突破口，以加快网络扶贫应用为方向，充分调动各方面积极性、主动性和创造性，不断缩小城乡“数字鸿沟”，为打好精准脱贫攻坚战提供坚实的网络支撑。

（二）工作目标。到 2018 年，国家“十三五”规划纲要明确提出的“宽带网络覆盖 90%以上的贫困村”目标提前完成；到 2020 年，全国 12.29 万个建档立卡贫困村宽带网络覆盖比例超过 98%。保障建档立卡贫困人口方便快捷接入高速、低成本的网络服务，保障各类网络应用基本网络需求，更多建档立卡贫困人口都有机会通过农村电商、远程教育、远程医疗等享受优质公共服务、实现家庭脱贫，高速宽带网络助力脱贫攻坚的能力显著增强。

## 二、推进贫困村通宽带进程

（一）精准建立贫困村通宽带台账。加强对全国建档立卡贫困村通宽带情况的调查摸底，全面了解建档立卡贫困村和部系统定点县、片区县贫困村通光纤、4G 网络情况和纳入电信普遍服务支持情况。重点就未通宽带贫困村建立台账，并动态跟踪及时更新。

（二）推进光纤宽带网络延伸。加快电信普遍服务试点 4.3 万个建档立卡贫困村光纤网络建设步伐，确保任务按时按质完成。优先安排电信普遍服务结余资金用于贫困村网络建设。

（三）加快 4G 网络覆盖进程。深化电信普遍服务试点，支持农村及偏远地区 4G 网络覆盖。在试点地区遴选中向贫困地区重点倾斜，在项目实施中重点加强对贫困地区项目建设的指导督促，优先保障贫困村 4G 网络覆盖。鼓励基础电信企业加大投资，进一步将宽带网络向有条件的贫困自然村延伸。

## 三、加强贫困地区网络应用

（一）推出优惠网络资费。进一步加大网络提速降费力度，引导基础电信企业加大面向贫困地区和贫困人口的优惠力度，鼓励推出扶贫专属资费优惠，减轻贫困群体宽带网络使用负担。

（二）加快智能终端普及。积极引导智能终端生产企业履行社会责任，研发简单易用、低成本的 4G 手机等智能终端，满足贫困地区群众的使用需求。

（三）开发扶贫移动应用程序（App）。组织开发适合贫困地区特别是少数民族边远地区特点和需求的移动 App，涵盖社交、电商、农技、医疗、教育等行业应用。拓宽和保障扶贫移动 App 推广渠道，协调主要应用商店及时上架、重点推荐和免费应用，利用网络闲置资源做好扶贫移动 App 宣传。协调基础电信企业为指定的扶贫移动 App 提供流量资费优惠。

（四）积极推广视频服务。鼓励基础电信企业在贫困地区开展视频服务，通过交互式网络电视（IPTV）等方式，满足贫困群众多样化、多层次文化信息需求，促进文化信息消费，提供各类扶贫资讯及应用。

（五）大力推进“互联网+教育”。加强贫困地区各类学校高速宽带网络建设，实现两类学校（乡村小规模学校和乡镇寄宿制学校）宽带网络全覆盖。配合教育部门加强远程教育应用推广，推动优质教育资源在贫困地区的共享应用。

（六）实施“互联网+健康扶贫”。完善贫困地区基层卫生服务机构网络基础条件。联合国家卫生健康委员会开展“互联网+健康扶贫”应用，发挥医疗机构、研究院所等主体作用，积极动员社会力量，推动远程诊疗覆盖到村、在线医学教育普及到人、在线慢病管理精准到户，改善深度贫困地区基层医疗卫生服务能力，提高贫困人口健康水平。

（七）加强精准扶贫平台开发应用。引导基础电信企业结合各自优势，搭建并推广扶贫信息管理平台，实现扶贫目标、扶贫措施、脱贫跟踪更加精准到位，实现用数据直观反映脱贫进程，用数据支撑脱贫摘帽实际成效，助力精准扶贫精准脱贫政策的落实。

## 四、优先支持深度贫困地区和部系统定点县、片区县

（一）优先向“三区三州”倾斜。全面贯彻深度贫困地区脱贫攻坚座谈会精神。深入西藏、四省藏区、新疆南疆四地州和四川凉山州、云南怒江州、甘肃临夏州等“三区三州”开展网络扶贫大调研活动。在电信普遍服务中加快“三区三州”贫困村光纤网络建设步伐，优先支持“三区三州”贫困村4G网络建设，实现90%以上建档立卡贫困村通宽带。优先支持“三区三州”贫困村信息化建设，充分发挥高通量卫星比较优势，在教育、医疗等领域加大推广力度。引导基础电信企业、互联网企业深入“三区三州”等深度贫困地区开展网络通信帮扶。

（二）重点支持部系统定点县和片区县。全面落实《中共中央办公厅 国务院办公厅关于进一步加强中央单位定点扶贫工作的指导意见》和《国务院关于燕山-太行山片区区域发展与扶贫攻坚规划（2011—2020 年）的批复》，优先

将网络建设及应用等安排在部系统定点县和片区县，在2020年前实现部系统定点县和片区县贫困村宽带网络全覆盖，形成若干个网络扶贫应用样板县。鼓励社会力量广泛参与，引导支持中国互联网百强、电子信息百强、软件百强企业将自身优势和地方实际相结合，与部系统定点县和片区县的深度贫困村建立“一对一”帮扶机制，有关业绩贡献纳入百强企业评判指标体系。

## 五、保障措施

（一）加强统筹协调。部机关各有关司局建立工作协调机制，建立工作台账，召开调度会，共同研究、统筹推进网络扶贫有关工作。

（二）加强国际合作。充分利用联合国教科文组织、国际电信联盟（ITU）等平台优势，加强扶贫领域国际合作与交流。

（三）强化动态监测。进一步完善电信普遍服务管理支撑平台，丰富平台功能，实现对全国所有贫困村通宽带情况的全面监测。定期发布全国贫困村宽带覆盖率分省排名。

（四）加强总结考核。加强对网络扶贫实施方案落实情况的总结，将网络扶贫工作推进情况纳入扶贫干部年度述职。

（五）营造良好氛围。加大网络扶贫宣传力度，组织新闻媒体广泛宣传网络扶贫各项惠民、富民政策措施，宣传先进典型，推广经验做法，形成常态化宣传工作机制。在国家扶贫日、世界电信日等重要时间节点，通过承办网络扶贫主题论坛、开展网络扶贫媒体行活动、协调三家运营商推送扶贫公益短信等形式，营造良好舆论氛围，擦亮“网络扶贫”名片。

# 工业和信息化部 国资委《关于深入推进网络提速降费加快培育经济发展新动能2018专项行动的实施意见》

工信部联通信〔2018〕87号

各省、自治区、直辖市及计划单列市、新疆生产建设兵团工业和信息化主管部门，各省、自治区、直辖市通信管理局，相关企业：

为落实《政府工作报告》相关部署，进一步提升信息通信业供给能力、补齐发展短板、优化发展环境，促进数字经济发展和信息消费扩大升级，有力支撑经济发展新旧动能转换，决定组织实施深入推进网络提速降费、加快培育经济发展新动能2018专项行动。现提出以下意见。

## 一、面向全球领先水平，加快宽带网络演进升级

（一）推动光纤宽带提速升级。支持基础电信企业持续加大投资力度，扩大光纤宽带网络覆盖，继续推进光纤改造，普遍提供百兆宽带接入能力，2018年全年新建光纤端口超过5 500万个，光纤宽带用户占比超过90%。推动基础电信企业部署更大容量光纤宽带接入网络，在超过100个城市试点向用户开通千兆宽带业务。

（二）提升4G网络覆盖质量。增加4G网络覆盖广度和深度，新建4G基站45万个，提高办公及商务楼宇、电梯等室内覆盖水平，提升铁路、公路沿线连续覆盖质量。在有需求的热点地区，加大载波聚合等4G演进技术的部署力度。进一步优化4G业务质量，提升话音和数据业务体验。

（三）加快推进 5G 技术产业发展。扎实推进 5G 标准化、研发、应用、产业链成熟和安全配套保障，组织实施“新一代宽带无线移动通信网”重大专项，完成第三阶段技术研发试验，推动形成全球统一 5G 标准。组织 5G 应用征集大赛，促进 5G 和垂直行业融合发展，为 5G 规模组网和应用做好准备。

（四）加快 IPv6 规模部署应用。基础电信企业完成 LTE 网络、主要自营移动互联网应用的 IPv6 改造，为用户分配 IPv6 地址，实现 LTE 网络中 IPv6 业务端到端贯通，发展移动互联网 IPv6 用户 5 000 万户。同步开展互联网骨干网、骨干网网间互联体系、城域网和接入网 IPv6 改造，推进超大型数据中心、内容分发网络（CDN）和云服务平台改造，完成工业和信息化系统门户网站 IPv6 改造。

（五）增强骨干网络承载能力。全面部署 100GB 及以上大容量传输网络，实现城域网、骨干网与高速宽带接入网同步扩容，加速向全光网络演进。积极利用软件定义网络（SDN）等技术提升业务效率和部署灵活性。

## 二、聚焦不平衡不充分，补齐宽带网络发展短板

（一）持续开展电信普遍服务试点。扎实开展网络扶贫行动，加快前三批普遍服务试点项目建设，提前完成“十三五”规划提出的全国 98%行政村通光纤和宽带网络覆盖 90%以上贫困村的目标。推进行政村和陆地边境线 4G 网络覆盖，以及偏远地区中小学、医疗机构等场所宽带网络覆盖，鼓励基础电信企业推动宽带网络向有条件的海岛和自然村延伸。不断完善监督检查平台功能，对试点工作情况进行监测和成效评估。

（二）不断优化互联网网络架构。持续推进互联网网间带宽扩容，新增网

间带宽 1 500Gbit/s，进一步改善网间访问性能。完善国际通信网络出入口布局，提升互联网国际出入口带宽能力，优化国际互联网流量调度，增强用户访问国际互联网体验。面向“一带一路”倡议等，完善国际海陆缆和海外网络服务提供点（POP 点）布局，提升海外网络、数据中心、内容分发网络（CDN）等服务能力。

（三）着力增强互联网应用服务能力。推动互联网企业着力提升网站和应用服务能力，增加主要业务应用带宽配置，推动内容分发网络（CDN）向固定和移动网络边缘延伸，实现互联网信息源的高速接入和就近访问，持续改善用户上网体验。

（四）积极推动信息无障碍建设。加快政务信息无障碍服务平台建设，为各地政府部门、公共事业单位网站提供信息无障碍服务支撑。推动互联网公共服务网站提供信息无障碍服务，保障有障碍人群均能平等、便捷地获取政府及公共信息服务。

## 三、满足人民期待和需求，加快释放网络提速降费红利

（一）加大网络降费优惠力度。2018 年 7 月 1 日起取消移动流量“漫游”费，鼓励基础电信企业推出大流量套餐等流量降费举措，移动流量平均单价年内降低 30%以上。进一步降低家庭宽带资费、国际及港澳台漫游费。推动企业优化和精简资费套餐，研究推出规范资费管理的相关政策措施。支持各地扩大公共场所无线网络覆盖范围，为用户提供免费上网服务。

（二）激发电信市场竞争活力。出台移动转售业务正式商用意见，加快移动转售市场发展，进一步扩大宽带接入网业务试点范围，充分释放民间资本创

新活力。加强对移动转售业务批发价格的指导，强化对移动转售企业服务质量、网络实名制的监督管理。

（三）推动高速宽带业务普及。持续推动用户速率提升，100Mbit/s 及更高速率的宽带用户比例超过 50%，4G 用户渗透率超过 75%，月流量使用量突破 4GB。推动出台宽带速率配置标准，提升家庭宽带用户上行速率。鼓励企业推出不同速率业务，满足用户多样化需求。

（四）深化高速宽带应用推广。发展基于智慧家庭的宽带业务，积极推动高速宽带在教育、医疗等领域的创新应用和推广普及。协同推进农村地区宽带网络建设与公共服务信息化、农村电商、智慧农业、返乡创业等工作，实施“互联网+健康扶贫”试点项目，助力脱贫攻坚。

## 四、围绕促进经济转型升级，推动信息通信技术与实体经济深度融合

（一）推广物联网行业融合应用。加快完善 NB-IoT 等物联网基础设施建设，实现全国普遍覆盖。进一步推动模组标准化、接口标准化、公众服务平台等共性关键技术研究。面向行业需求，积极推动产品和应用创新，推进物联网在智慧城市、农业生产、环保监测等行业领域的应用。

（二）提升工业互联网基础设施能力。面向工业企业低时延、高可靠、广覆盖的网络需求，推动企业内外网建设。大力推进工业企业内网 IP 化、扁平化、柔性化技术改造和建设部署，利用 IPv6、软件定义网络（SDN）以及新型蜂窝移动通信技术对工业企业外网进行升级改造。鼓励工业企业以 IPv6、工业无源光网络（PON）、工业无线等技术改造企业内网。

（三）助力“双创”企业蓬勃发展。面向中小企业继续降低互联网专线资费，推动电信企业推出更多更优惠的特色产品，进一步降低中小企业宽带和专线使用费，支撑“双创”企业发展。鼓励基础电信企业、大型互联网企业开放网络、平台、数据等资源，降低创新创业成本，促进大中小企业融通发展。

## 五、不断优化市场环境，确保网络提速降费落到实处

（一）完善政策支持。继续推动地方政府将通信基础设施专项规划纳入城乡总体规划及控制性详细规划，做好相关规划的衔接和协调，强化光纤到户国家标准执行力度。鼓励地方政府不断加大宽带网络基础设施保护力度，开放各类公共设施，保障宽带网络设施的建设通行。继续在基础电信企业经营业绩考核中统筹考虑网络提速降费影响，为网络提速降费创造更大空间。

（二）加强市场监管。开展信息通信行业信用体系建设和信用管理。进一步加大监管力度，推进行业行风建设，提升行业服务能力和水平，维护用户合法权益。加强资费监督检查，强化资费公示，保障用户资费选择权。

（三）加强信息公开。鼓励基础电信企业通过图文并茂、通俗易懂的方式加强信息告知，提升广大用户对网络提速降费的认知和认可程度。指导和支持第三方强化网络速率、用户普及等监测工作，定期发布相关数据。

（四）做好舆论引导。各相关单位要做好提速降费工作进展和实施成效的宣传，创新宣传理念、内容、形式、方法和手段，积极报道先进做法和典型案例，引导联盟和协会等社会组织积极发声，营造良好舆论环境。

工业和信息化部 国资委

2018 年 5 月 11 日

# 关于印发《工业互联网发展行动计划（2018—2020年）》和《工业互联网专项工作组2018年工作计划》的通知

工信部信管函〔2018〕188号

工业互联网专项工作组成员单位：

《工业互联网发展行动计划（2018—2020年）》和《工业互联网专项工作组2018年工作计划》已经工业互联网专项工作组第一次会议审议通过。现予印发，请认真贯彻落实。

工业互联网专项工作组

2018年5月31日

附件1：工业互联网发展行动计划（2018—2020年）

附件2：工业互联网专项工作组2018年工作计划

## 附件1

## 工业互联网发展行动计划（2018—2020年）

根据《国务院关于深化“互联网+先进制造业”发展工业互联网的指导意见》（以下简称《指导意见》），2018—2020年是我国工业互联网建设起步阶段，对未来发展影响深远。为贯彻落实《指导意见》要求，深入实施工业互联网创新发展战略，推动实体经济与数字经济深度融合，制订本行动计划。

## 一、总体要求

### （一）指导思想

以习近平新时代中国特色社会主义思想为指导，全面贯彻党的十九大和十九届二中、三中全会精神，坚持新发展理念，按照高质量发展的要求，落实《指导意见》决策部署，以供给侧结构性改革为主线，以全面支撑制造强国和网络强国建设为目标，着力建设先进网络基础设施，打造标识解析体系，发展工业互联网平台体系，同步提升安全保障能力，突破核心技术，促进行业应用，初步形成有力支撑先进制造业发展的工业互联网体系，筑牢实体经济和数字经济发展基础。

### （二）行动目标

到 2020 年年底，初步建成工业互联网基础设施和产业体系。

——初步建成适用于工业互联网高可靠、广覆盖、大带宽、可定制的企业外网络基础设施，企业外网络基本具备互联网协议第六版（IPv6）支持能力；形成重点行业企业内网络改造的典型模式。

——初步构建工业互联网标识解析体系，建成 5 个左右标识解析国家顶级节点，标识注册量超过 20 亿。

——初步形成各有侧重、协同集聚发展的工业互联网平台体系，在鼓励支持各省（区、市）和有条件的行业协会建设本区域、本行业的工业互联网平台基础上，分期分批遴选 10 个左右跨行业跨领域平台，培育一批独立经营的企业级平台，打造工业互联网平台试验测试体系和公共服务体系。推动 30 万家以上工业企业上云，培育超过 30 万个工业 App。

——初步建立工业互联网安全保障体系，建立健全安全管理制度机制，全面落实企业内网络安全主体责任，制定设备、平台、数据等至少 10 项相关安全标准，同步推进标识解析体系安全建设，显著提升安全态势感知和综合保障能力。

## 二、重点任务

### （一）基础设施能力提升行动

行动内容包括以下几条。

1．完善工业互联网网络体系顶层设计。出台工业互联网网络化改造实施指南，制定工业互联网网络化改造评估体系并开展评估；进行工业互联网设备进网管理制度研究，组织开展联网设备检测认证。

2．升级建设工业互联网企业外网络。组织信息通信企业通过改造已有网络、建设新型网络等方式，建设低时延、高带宽、广覆盖、可定制的工业互联网企业外网络。建设一批基于 5G、窄带物联网（NB-IoT）、软件定义网络（SDN）、网络虚拟化（NFV）等新技术的测试床。

3．支持工业企业建设改造工业互联网企业内网络。在汽车、航空航天、石油化工、机械制造、轻工家电、信息电子等重点行业部署时间敏感网络（TSN）交换机、工业互联网网关等新技术关键设备。支持建设工业无源光网络（PON）、低功耗工业无线网络等新型网络技术测试床。

4．实施工业互联网 IPv6 应用部署行动。组织电信企业初步完成企业外网络和网间互联互通节点的 IPv6 改造，建立 IPv6 地址申请、分配、使用、备案管理体制，建设 IPv6 地址管理系统，推动落实适用于工业互联网的 IPv6 地址编码规划方案，通过支持建设测试床、开展应用示范等方式，加快工业互联网 IPv6 关键设备、软件和解决方案的研发和应用部署。

5．推进连接中小企业的专线提速降费。支持高性能、高灵活、高安全隔离的新型企业专线的应用。发布提速降费专项行动文件，降低工业企业网络使用成本。

6．加大工业互联网领域无线电频谱等关键资源保障力度。研究工业互联网用频场景和频率需求，制订完善工业互联网频率规划和使用政策。

时间节点：2020 年前，企业外网络基本能够支撑工业互联网业务对覆盖范围和服务质量的要求，IPv6 改造基本完成；实现重点行业超过 100 家企业完成企业内网络改造。

责任部门：工业和信息化部、发展改革委、财政部。

### （二）标识解析体系构建行动

行动内容包括以下几条。

1．在政府主管部门指导下，研究制订管理办法和整体架构，统筹协调根节点、国家顶级节点、注册管理系统的建设和运营，开放授权一批二级及以下其他服务节点运营机构。

2．建设和运营国家顶级节点，提供顶级域解析服务，与国内外各主要标识解析系统实现互联互通，形成备案、监测、应急等公共服务能力。建设和运营标识解析二级及以下其他服务节点。

时间节点：2018 年完成中国工业互联网研究院组建，承担国家工业互联网标识解析管理机构职能，研究制订工业互联网标识解析体系架构，启动建设 3 个左右标识解析国家顶级节点。2020 年建成 5 个左右标识解析国家顶级节点，形成 10 个以上公共标识解析服务节点，标识注册量超过 20 亿。

责任部门：工业和信息化部、发展改革委、财政部。

### （三）工业互联网平台建设行动

行动内容包括以下几条。

1．编制工业互联网平台建设及推广工程实施指南，制订跨行业、跨领域工业互联网平台评价指南，遴选跨行业、跨领域工业互联网平台，培育一批独立经营的企业级平台。

2．支持建设跨行业跨领域、特定行业、特定区域、特定场景的工业互联网平台试验测试环境和测试床，推动终端接入规模不断扩大，模拟各类业务场景，通过试验测试寻找最佳技术和产品路线，形成标准化解决方案，逐步完善平台功能。

3．支持建设涵盖基础及创新技术服务、监测分析服务、工业大数据管理、标准管理服务等的平台公共支撑体系。

4．推动百万工业企业上云，组织实施工业设备上云“领跑者”计划，制订发布平台解决方案提供商目录。支持建设平台技术转移中心，加快平台在产业集聚区的规模化应用。

5．编制发布工业 App 培育工程实施方案，推动百万工业 App 培育。

时间节点：2020 年前，遴选 10 家左右跨行业、跨领域工业互联网平台，培育一批独立经营的企业级工业互联网平台，建成工业互联网平台公共服务体系，推动30万家工业企业上云，培育30万个工业App。

责任部门：工业和信息化部、财政部、国资委。

### （四）核心技术标准突破行动

行动内容包括以下几条。

1．成立国家工业互联网标准协调推进组、总体组和专家咨询组，形成标准化主管部门、研究机构、企业协同推进的标准体系建设机制。

2．制定国家工业互联网标准体系建设指南，研制通用需求、体系架构等总体性标准，开发新型网络技术和计算技术、网络互联和数据互通接口、标识解析、工业互联网平台，及相应的设备、平台、网络和数据安全等基础共性标准，制定面向重点行业应用的标准规范。

3．开展工业互联网关键核心技术研发和产品研制，推进边缘计算、深度学习、增强现实、虚拟现实、区块链等新兴前沿技术在工业互联网的应用研究。

4．建设一批新技术和标准符合性试验验证系统，开发和推广仿真和测试工具。

时间节点：2018年年底，成立国家工业互联网标准协调推进组、总体组和专家咨询组，初步建立工业互联网标准体系框架，建立1～2个技术标准与试验验证系统。2020年前，制定20项以上总体性及关键基础共性标准，制定20项以上重点行业标准，形成一批具有自主知识产权的核心关键技术，建立5个以上的技术标准与试验验证系统，推出一批具有国内先进水平的工业互联网软硬件产品。

责任部门：工业和信息化部、市场监督管理总局（国家标准委）、科技部、财政部、知识产权局。

### （五）新模式新业态培育行动

行动内容包括以下几条。

1. 开展工业互联网集成创新应用试点示范，探索基于网络、平台、安全、标识解析等关键要素的实施路径。

2. 提升大型企业工业互联网创新和应用水平，实施底层网络化、智能化改造，支持构建跨工厂内外的工业互联网平台和工业 App，打造互联工厂和全透明数字车间，形成智能化生产、网络化协同、个性化定制和服务化延伸等应用模式。

3. 加快中小企业工业互联网应用普及，鼓励云化软件工具应用，汇聚并搭建中小企业资源库与需求池，开展供需对接、软件租赁、能力开放、众包众创、云制造等创新型应用。

时间节点：2020 年前，重点领域形成 150 个左右工业互联网集成创新应用试点示范项目，形成一批面向中小企业的典型应用，打造一批优秀系统集成商和应用服务商。

责任部门：工业和信息化部、发展改革委、财政部、商务部、国防科工局、国资委。

### （六）产业生态融通发展行动

行动内容包括以下几条。

1. 支持龙头企业、技术服务机构开展开源社区、开发者平台和开放技术网络建设，面向工业 App 开发、协议转换等共性技术和人工智能等新兴技术，打造汇聚开发者、开发工具和中小企业的开放平台，组织开发者创业创新大赛。

2. 支持制造企业、互联网企业、研究院所、高校等合作建设工业互联网创新中心，开展关键共性技术研究、标准研制、试验验证等。

3．支持建设一批工业互联网产业示范基地，集聚地区特色资源，改造提升现有工业产业集聚区工业互联网相关设施，实现区域内工业互联网创新发展。

4．加强社会宣传普及，组织编写工业互联网系列专著，利用线下培训班、线上课程等多种形式开展工业互联网网络、平台等发展政策解读与宣贯。

时间节点：2020 年前，建设 1～2 个跨行业、跨领域开发者或开源社区，建设工业互联网创新中心，培育 5 个左右集关键技术、先进产业、典型应用等功能于一体的工业互联网产业示范基地，持续优化工业互联网产业生态建设与空间布局。

责任部门：工业和信息化部、科技部。

### （七）安全保障水平增强行动

行动内容包括以下几条。

1．健全安全管理制度机制，出台工业互联网安全指导性文件，明确并落实企业主体责任，对工业行业和工业企业实行分级分类管理，建立针对重点行业、重点企业的监督检查、信息通报、应急响应等管理机制。

2．初步建立工业互联网全产业链数据安全管理体系，强化平台及数据安全监督检查和风险评估，支持开展安全认证。

3．指导督促企业强化自身网络安全技术防护，推动加强国家工业互联网安全技术保障手段及数据安全防护技术手段建设，提升安全态势感知和综合保障能力。

时间节点：2020 年前，安全管理制度机制和标准体系基本完备。企业、地方、国家三级协同的安全技术保障体系初步形成。

责任部门：工业和信息化部、发展改革委、财政部。

### （八）开放合作实施推进行动

行动内容包括以下几条。

1．利用双多边合作和高层对话机制，推进工业互联网政策、法律、治理等重大问题交流沟通合作。

2．指导工业互联网产业联盟等与其他国家产业组织、国际组织在架构、技术、标准、应用、人才等多领域开展合作对接。鼓励国内外企业加强技术、产品、解决方案、投融资等多领域合作，提高企业国际化发展能力。

时间节点：2018 年推动工业互联网产业联盟与主要相关国际组织的合作机制建立。持续三年推进企业、产业组织以及政府间对话合作。

责任部门：工业和信息化部。

### （九）加强统筹推进

任务内容包括以下几条。

1．在国家制造强国建设领导小组下设立工业互联网专项工作组，统筹工业互联网重大工作；设立工业互联网战略咨询专家委员会，为工业互联网发展提供决策支撑。

2．进一步加强工业互联网产业发展监测和数据统计，启动工业互联网产业年度摸底调查，全面掌握产业发展情况。组织地方和有关部门进行动态跟踪，定期向工业互联网专项工作组报送行动计划实施进展情况。定期对计划落实情况进行评估，研制工业互联网发展评价体系，滚动发布年度发展报告。

时间节点：2018 年年初成立工业互联网专项工作组、工业互联网战略咨询专家委员会，每年召开会议，研究讨论工业互联网发展重大事项，滚动开展工业互联网发展情况评估。

责任部门：工业和信息化部。

### （十）推动政策落地

任务内容包括以下几条。

1．开展工业互联网网络安全、平台责任、数据保护等以及新兴应用领域信息保护、数据流通、政府数据公开、安全责任等法律问题研究，开展工业互联网相关法律、行政法规和规章立法工作。

时间节点：2018 年开展工业信息安全立法等重点问题研究。2020 年初步建立保障工业互联网发展的法规体系和制度。

责任部门：工业和信息化部。

2．构建融合发展制度，深化简政放权、放管结合、优化服务改革，激发各类市场主体活力。完善协同推进体系，充分发挥工业互联网专项工作组的作用，建立部门间高效联动机制和中央地方协同机制，促进跨部门、跨区域系统对接。健全协同发展机制，壮大工业互联网产业联盟等产业组织，联合产业各方开展技术、标准、应用研发以及投融资对接、国际交流等活动。

时间节点：2020 年融合发展制度基本建立，协同推进体系和发展机制持续完善。

责任部门：工业和信息化部、发展改革委、科技部、财政部、商务部、应急管理部、市场监督管理总局、知识产权局、国防科工局。

3．抓紧研究制订支持工业互联网总体方案并上报国务院。通过工业转型升级资金启动支持工业互联网建设。落实固定资产加速折旧等相关税收优惠政策。

时间节点：专项资金 2018 年启动支持，税收优惠持续推进。

责任部门：财政部、税务总局、发展改革委、科技部、工业和信息化部。

4．推动银行业金融机构探索数据资产质押、知识产权质押、绿色信贷、“银税互动”等在工业互联网领域的应用推广。推动非金融企业债务融资工具、企业债、公司债、项目收益债、可转债等在工业互联网领域的应用。支持保险公司根据工业互联网风险需求开发相应的保险产品。

时间节点：持续三年推进工业互联网金融服务和产品创新。

责任部门：人民银行、银保监会、证监会、发展改革委、财政部、税务总局、工业和信息化部。

5．依托国家重大人才工程项目和高层次人才特殊支持计划，引进一批工业互联网高水平研究性科学家和高层次科技领军人才，建设工业互联网智库；建立工业互联网高端人才引进绿色通道，完善配套政策；完善技术入股、股权期权激励、科技成果转化收益分配等机制。

时间节点：持续三年推进人才引进和人才建设。2019 年人才引进绿色通道相关政策初步制定。2020 年技术入股、股权期权激励、科技成果转化收益分配等机制建立。

责任部门：教育部、科技部、工业和信息化部、人力资源社会保障部、知识产权局、卫生健康委、发展改革委、财政部、国资委。

# 工业和信息化部 国家标准化管理委员会关于印发《国家车联网产业标准体系建设指南（总体要求）》等系列文件的通知

工信部联科〔2018〕109 号

各省、自治区、直辖市及计划单列市工业和信息化主管部门、质量技术监督局（市场监督管理部门），有关标准化技术组织、行业协会：

为发挥标准在车联网产业生态环境构建中的顶层设计和引领规范作用，推动相关产业转型升级，加快制造强国和网络强国建设步伐，工业和信息化部、国家标准化管理委员会共同组织制定了《国家车联网产业标准体系建设指南（总体要求）》《国家车联网产业标准体系建设指南（信息通信）》和《国家车联网产业标准体系建设指南（电子产品与服务）》系列文件，现予以印发。

请与此前印发的《国家车联网产业标准体系建设指南（智能网联汽车）》（工信部联科〔2017〕332 号）配套使用，在标准化工作中贯彻执行。

附件：

1.国家车联网产业标准体系建设指南（总体要求）

2.国家车联网产业标准体系建设指南（信息通信）

3.国家车联网产业标准体系建设指南（电子产品与服务）

工业和信息化部 国家标准化管理委员会

2018 年 6 月 8 日

# 工业和信息化部关于深化宽带接入网业务开放试点的通告

工信部通信函〔2018〕220号

为鼓励和引导民间资本进入基础电信运营领域，2015年以来，工业和信息化部开展了宽带接入网业务向民间资本开放试点工作，得到民营企业积极响应，有力促进了市场竞争，为用户提供了多样化选择和服务。针对当前宽带接入市场的新情况新变化，为进一步深化供给侧结构性改革，现决定将宽带接入网业务试点时间延长至2020年12月31日，并在前期开放试点基础上，将黑龙江省、浙江省、江西省、山东省、海南省5个省全部城市和廊坊市、秦皇岛市、包头市、鄂尔多斯市、曲靖市、玉溪市、楚雄市、红河哈尼族彝族自治州8个城市（州）纳入试点范围。

各省、自治区、直辖市通信管理局要进一步推进“放管服”改革，简化行政审批，优化办理流程，加大政策宣传解读和信息公开力度，进一步调动民间资本积极性。要加强对不正当竞争行为的监管，规范互联网网络接入服务市场，保障用户的自由选择权和企业的公平接入，营造公平有序的竞争环境。

特此通告。

工业和信息化部

2018年6月19日

# 工业和信息化部关于印发《工业互联网平台建设及推广指南》和《工业互联网平台评价方法》的通知

工信部信软〔2018〕126 号

各省、自治区、直辖市及计划单列市、新疆生产建设兵团工业和信息化主管部门：

现将《工业互联网平台建设及推广指南》和《工业互联网平台评价方法》印发给你们，请认真贯彻执行。

附件 1：工业互联网平台建设及推广指南

附件 2：工业互联网平台评价方法

工业和信息化部

2018 年 7 月 9 日

## 附件 1：

## 工业互联网平台建设及推广指南

工业互联网平台是面向制造业数字化、网络化、智能化需求，构建基于云平台的海量数据采集、汇聚、分析服务体系，支撑制造资源泛在连接、弹性供给、高效配置。为贯彻落实《国务院关于深化“互联网+先进制造业”发展工业互联网的指导意见》，加快发展工业互联网平台，制定本指南。

## 一、总体要求

深入贯彻落实党的十九大和十九届二中、三中全会精神，以习近平新时代中国特色社会主义思想为指导，坚持新发展理念，聚焦工业互联网平台发展，以平台标准为引领，坚持建平台和用平台双轮驱动，打造平台生态体系，优化平台监管环境，加快培育平台新技术、新产品、新模式、新业态，有力支撑制造强国和网络强国建设。

到2020年，培育10家左右的跨行业、跨领域工业互联网平台和一批面向特定行业、特定区域的企业级工业互联网平台，工业App大规模开发应用体系基本形成，重点工业设备上云取得重大突破，遴选一批工业互联网试点示范（平台方向）项目，建成平台试验测试和公共服务体系，工业互联网平台生态初步形成。

## 二、制定工业互联网平台标准

（一）建立工业互联网平台标准体系。制定工业互联网平台参考架构、技术框架、评价指标等基础共性标准。组织推进边缘计算、异构协议兼容适配、工业微服务框架、平台数据管理、平台开放接口、应用和数据迁移、平台安全等关键技术标准制定，面向特定行业制定形成一批平台应用标准。

（二）推动形成平台标准制定与推广机制。充分发挥企业、高校、科研院所、联盟、行业协会作用，推动国家标准、行业标准和团体标准的制定与推广。建设标准管理服务平台，开发标准符合性验证工具及解决方案，在重点行业、重点区域开展标准宣贯培训。

（三）推动平台标准国际对接。建立与国际产业联盟、标准化组织的对标机制，等同采纳国际标准，加快国际标准的国内转化。支持标准化机构、重点企业主导或实质参与国际标准制定。

## 三、培育工业互联网平台

（一）遴选 10 家左右的跨行业、跨领域工业互联网平台。制订工业互联网平台评价方法，在地方普遍发展工业互联网平台的基础上，分期分批遴选跨行业、跨领域平台，加强跟踪评价和动态调整。组织开展工业互联网试点示范（平台方向）、应用现场会，推动平台在重点行业和区域落地，支持跨行业跨领域平台拓展国际市场。

（二）发展一批面向特定行业、特定区域的企业级工业互联网平台。制订工业互联网平台服务能力规范，支持协会联盟等开展平台能力成熟度评价，发布重点行业工业互联网平台推荐名录。鼓励地方建设工业互联网平台省级制造业创新中心，推动平台在“块状经济”产业集聚区落地。

（三）提升工业互联网平台设备管理能力。支持建设工业设备协议开放开源社区，引导设备厂商、自动化企业开放设备协议、数据格式、通信接口等源代码， 形成工业设备数据采集案例库和工具箱。组织开展边缘计算技术测试与应用验证，推动基于工业现场数据的实时智能分析与优化。

（四）加速工业机理模型开发与平台部署。鼓励平台整合高校、科研院所等各方资源，推动重点行业基础共性技术的模型化、组件化、软件化与开放共享，促进基于工业互联网平台的工业知识沉淀、传播、复用与价值创造。

（五）强化工业互联网平台应用开发能力。支持平台建设多类开发语言、建模工具、图形化编程环境，开发平台化、组件化的行业解决方案软件包，推动面向场景的多功能、高灵活、预集成平台方案应用部署。

（六）打造面向工业场景的海量工业 App。组织研制工业 App 参考架构、通用术语、分类准则等标准。编制和滚动修订基础共性工业 App 需求目录，支持平台联合各方建设基础共性和行业通用工业 App 及微服务资源池。鼓励第三方建设工业 App 研发协同平台和交易平台，推动工业 App 交易。

## 四、推广工业互联网平台

（一）实施工业设备上云“领跑者”计划。制订分行业、分领域重点工业设备数据云端迁移指南，推动工业窑炉、工业锅炉、石油化工设备等高耗能流程行业设备，柴油发动机、大中型电机、大型空压机等通用动力设备，风电、光伏等新能源设备，工程机械、数控机床等智能化设备上云用云，提高设备运行效率和可靠性，降低资源能源消耗和维修成本。鼓励平台在线发布核心设备运行绩效榜单和最佳工艺方案，引导企业通过对标优化设备运行管理能力。

（二）推动企业业务系统上云。鼓励龙头企业面向行业开放共享业务系统，带动产业链上下游企业开展协同设计和协同供应链管理。鼓励地方通过创新券、服务券等方式加大企业上云支持力度，发挥中小企业公共服务平台、小型微型企业创业创新基地作用，降低中小企业平台应用门槛。

（三）培育工业互联网平台应用新模式。组织开展工业互联网试点示范（平台方向），培育协同设计、协同供应链管理、产品全生命周期管理、供应链金融等平台应用新模式。组织制定工业互联网平台应用指南，明确平台应用的咨询、实施、评估、培训、采信等全流程方法体系。

## 五、建设工业互联网平台生态

（一）建设工业互联网平台试验测试体系。以测带建、以测促用，支持建设一批面向跨行业跨领域、特定区域和特定行业的试验测试环境，以及一批面向特定场景的测试床，开展技术成熟度、功能完整性、协议兼容性、数据安全性等试验测试。

（二）建设工业互联网平台开发者社区。支持协会联盟联合跨行业跨领域平台建设开发者社区，推动平台开放开发工具、知识组件、算法组件等工具包（SDK）和应用程序编程接口（API），构建工业 App 开发生态。指导开发者社区建立人才培训、认证、评价体系，组织开展开发者创业创新大赛，加快工业 App 开发者人才队伍建设。

（三）建设工业互联网平台新型服务体系。探索基于平台的知识产权激励和保护机制，创建工业互联网平台知识交易环境。构建基于平台的制造业新型认证服务体系，推动建立线上企业资质、产品质量和服务能力认证新体系。建设工业互联网平台基础及创新技术服务平台，推动资源库建设与技术成果交易。

## 六、加强工业互联网平台管理

（一）推动平台间数据与服务互联互通。制订工业互联网平台互联互通规范，构建公平、有序、开放的平台发展环境。制定发布工业互联网平台数据迁移行业准则，实现不同平台间工业数据的自由传输迁移。支持协会联盟制定软件跨平台调用标准，推动工业模型、微服务组件、工业 App 在不同平台间可部署、可调用、可订阅。

（二）开展平台运营分析与动态监测。搭建监测分析服务平台，加强与工业互联网平台运营数据共享，实时、动态监测工业互联网平台发展情况。发布工业 App 订阅榜、平台用户地图等榜单，开发细分行业产能分布数字地图。加强工业大数据管理与新技术应用，推进平台间数据安全流动、可信交易、汇聚共享和服务增值。

（三）完善平台安全保障体系。制定完善工业信息安全管理等政策法规，明确安全防护要求。建设国家工业信息安全综合保障平台，实时分析平台安全态势。强化企业平台安全主体责任，引导平台强化安全防护意识，提升漏洞发现、安全防护和应急处置能力。

**附件 2：**

## 工业互联网平台评价方法

为规范和促进我国工业互联网平台发展，支撑开展工业互联网平台评价与遴选，制定本方法。工业互联网平台评价重点包括平台基础共性能力要求、特定行业平台能力要求、特定领域平台能力要求、特定区域平台能力要求、跨行业跨领域平台能力要求五个部分。

### 一、基础共性能力要求

工业互联网平台基础共性能力要求包括平台资源管理、应用服务等工业操作系统能力，以及平台基础技术、投入产出效益共四个方面。

### （一）平台资源管理能力

1．工业设备管理。兼容多类工业通信协议，可实现生产装备、装置和工业产品的数据采集。部署各类终端边缘计算模块，可实现工业设备数据实时处理。适配主流工业控制系统，可实现参数配置、功能设定、维护管理等设备管理操作。

2．软件应用管理。可基于云计算服务架构，提供研发、采购、生产、营销、管理和服务等工业软件，提供工业软件集成适配接口。可基于平台即服务架构，提供面向各类工业场景的机理模型、微服务组件和工业 App。具备各类软件应用及工业 App 的搜索、认证、交易、运行、维护等管理能力。

3．用户与开发者管理。具备多租户权限管理、用户需求响应、交易支付等多类用户管理功能。建有开发者社区，能够集聚各类开发者，并提供应用开发、测试、部署和发布的各类服务和管理功能。

4．数据资源管理。具备海量工业数据资源的存储与管理功能，部署多类结构化、非结构化数据管理系统，提供工业数据的存储、编目、索引、去重、合并及质量评估等管理功能。

### （二）平台应用服务能力

1．存储计算服务。具备云计算运行环境，部署主流数据库系统，能够为用户提供可灵活调度的计算、存储和网络服务，满足海量工业数据的高并发处理需求，且积累存储一定规模的工业数据。

2．应用开发服务。提供多类开发语言、开发框架和开发工具，提供通用建模分析算法，能够支撑数据模型及软件应用的快速开发，满足多行业多场景开发需求。

3．平台间调用服务。支持工业数据在不同 IaaS 平台间的自由迁移。支持工业软件、机理模型、微服务、工业 App 在不同 PaaS 平台间的部署、调用和订阅。

4．安全防护服务。部署安全防护功能模块或组件，建立安全防护机制，确保平台数据、应用安全。

5．新技术应用服务。具备新技术应用探索能力，开展人工智能、区块链、VR/AR/MR 等新技术应用。

### （三）平台基础技术能力

1．平台架构设计。具有完整的云计算架构，能够基于公有云、私有云或混合云提供服务。

2．平台关键技术。具有设备协议兼容、边缘计算、异构数据融合、工业大数据分析、工业应用软件开发与部署等关键技术能力。

### （四）平台投入产出能力

1．平台研发投入。具备对平台的可持续投入能力，财务状况、研发投入合理。

2．平台产出效益。能够依托各类服务及解决方案，为平台企业创造良好经济效益。

3．平台应用效果。具有良好的应用效果，能够基于平台应用带动制造企业提质增效。

4．平台质量审计。具有明确的运行安全和质量审计机制和能力，以降低由平台运营的潜在风险引起的损失。

## 二、特定行业平台能力要求

在工业互联网平台基础共性能力基础上，特定行业平台在设备接入、软件部署和用户覆盖三个方面具有额外要求。

### （一）行业设备接入能力

平台在特定行业具有设备规模接入能力，连接不少于一定数量特定行业工业设备（离散行业）或不少于一定数量特定行业工艺流程数据采集点（流程行业）。

### （二）行业软件部署能力

平台在特定行业具有工业知识经验的沉淀、转化与复用能力，提供不少于一定数量行业软件集成接口、特定行业机理模型、微服务组件，以及不少于一定数量特定行业工业 App。

### （三）行业用户覆盖能力

平台在特定行业具有规模化应用能力，覆盖不少于一定数量特定行业企业用户或不少于一定比例特定行业企业。

## 三、特定领域平台能力要求

在工业互联网平台基础共性能力基础上，特定领域平台在关键数据打通、关键领域优化构建两个方面具有额外要求。

### （一）关键数据打通能力

特定领域平台能够实现研发设计、物料采购、生产制造、运营管理、仓储物流、产品服务等产品全生命周期，供应链企业、协作企业、市场用户、外部开发者等各主体数据的打通，实现全流程的数据集成、开发、利用。

### （二）关键领域优化能力

特定领域平台能够实现在某一关键领域的应用开发与优化服务，提升关键环节生产效率与产品质量。如协同设计、供应链管理、智能排产、设备预测性维护、产品质量智能检测、仓储与物流优化等。

## 四、特定区域平台能力要求

在工业互联网平台基础共性能力基础上，特定区域平台在地方合作、资源协同、规模推广三个方面具有额外要求。

### （一）区域地方合作能力

平台在特定区域（工业园区或产业集聚区）落地，在该地具有注册实体，与地方政府签订合作协议，具备在地方长期开发投入、运营服务能力。

### （二）区域资源协同能力

平台具有面向特定区域产业转型升级共性需求的服务能力，能够促进区域企业信息共享与资源集聚，带动区域企业协同发展。

### （三）区域规模推广能力

平台具有特定区域企业的规模覆盖能力，为不少于一定数量特定区域企业或不低于一定比例特定区域企业提供服务。

## 五、跨行业跨领域平台能力要求

在工业互联网平台基础共性能力、特定行业能力、特定区域能力、特定领域能力基础上，跨行业跨领域平台要求包括以下五个方面。

### （一）平台跨行业能力

平台覆盖不少于一定数量特定行业：

每个行业连接不少于一定数量行业设备（离散行业）或不少于一定数量行业工艺流程数据采集点（流程行业）；

每个行业部署不少于一定数量行业机理模型、微服务组件，以及不少于一定数量行业工业 App；

每个行业覆盖不少于一定数量企业用户或不少于一定比例行业企业。

### （二）平台跨领域能力

平台覆盖不少于一定数量特定领域：

每个领域之间能够实现不同环节、不同主体的数据打通、集成与共享；

每个领域具有不少于一定数量面向该领域（关键环节）的工业机理模型、微服务组件或工业 App。

### （三）平台跨区域能力

平台覆盖不少于一定数量特定区域：

平台在全国（华北、华东、华南、华中、西北、东北）主要区域注册不低于一定数量运营实体，负责平台在当地区域的运营推广；每个区域具有不少于一定数量特定区域企业用户或为不低于一定比例的特定区域企业提供服务。

### （四）平台开放运营能力

1．平台具备独立运营能力。具有独立法人实体或完整组织架构的集团独立部门，人员规模不少于一定规模。

2．平台具备开放运营能力。建立产学研用长期合作机制，建有开发者社区，且第三方开发者占平台开发者总数比例不低于一定比例。

### （五）平台安全可靠能力

1．工控系统安全可靠。在平台中建立工控系统安全防护机制，主动防护漏洞危害与病毒风险。

2．关键零部件安全可靠。在平台边缘计算或人工智能应用中，具备关键零部件的安全可靠能力。

3．软件应用安全可靠。平台创新开发一定数量工业机理模型、微服务组件或工业 App。

# 工业和信息化部 最高人民法院 最高人民检察院 教育部 公安部 司法部 人力资源和社会保障部 住房和城乡建设部 文化和旅游部 国家卫生健康委员会 国家市场监督管理总局 中国银行保险监督管理委员会 中国证券监督管理委员会关于印发《综合整治骚扰电话专项行动方案》的通知

工信部联信管〔2018〕138 号

各省、自治区、直辖市通信管理局、教育厅（局）、公安厅（局）、人力资源社会保障厅（局）、住房城乡建设厅（建委、房地局）、旅游发展委员会、旅游局、卫生计生委、工商行政管理局（市场监督管理部门）、食品药品监督管理局，各银监局、保监局、证监局，中国电信集团有限公司、中国移动通信集团有限公司、中国联合网络通信集团有限公司，各相关企业：

为贯彻落实国务院相关部署要求，着力整治骚扰电话扰民问题，切实净化通信服务环境，决定自 2018 年 7 月起在全国范围内组织开展为期一年半的综合整治骚扰电话专项行动。现将《综合整治骚扰电话专项行动方案》印发你们，请结合工作实际，认真贯彻执行。

附件：综合整治骚扰电话专项行动方案

工业和信息化部

最高人民法院

最高人民检察院

教育部

公安部

司法部

人力资源和社会保障部

住房和城乡建设部

文化和旅游部

国家卫生健康委员会

国家市场监督管理总局

中国银行保险监督管理委员会

中国证券监督管理委员会

2018 年 7 月 18 日

**附件：**

## 综合整治骚扰电话专项行动方案

当前，营销电话扰民、恶意电话骚扰等问题日益突出，严重影响人民群众正常生活。依据《网络安全法》《消费者权益保护法》《全国人大常委会关于加强网络信息保护的决定》《电信条例》等法律法规，现决定自 2018 年 7 月起至 2019 年 12 月底，在全国开展综合整治骚扰电话专项行动。

### 一、总体要求

全面贯彻党的十九大和十九届二中、三中全会精神，以习近平新时代中国特色社会主义思想为指导，落实国务院治理骚扰电话有关部署要求，充分调动社会各方力量和有利因素，综合采用法律、行政、经济和技术等多种手段，重点对商业营销类、恶意骚扰类和违法犯罪类骚扰电话进行整治，规范通信资源管理，加强源头治理，打击非法获取个人信息的行为，合力斩断骚扰电话利益链，实现商业营销类电话规范拨打、恶意骚扰和违法犯罪类电话明显减少的目标。

## 二、重点工作

### （一）严控骚扰电话传播渠道

由工业和信息化部牵头，组织各地电信管理机构督促相关基础电信企业、呼叫中心企业、互联网企业等加强语音通信业务和资源管理，防范电话扰民。

1．加强语音线路和码号资源管理。各基础电信企业要按照“谁接入谁负责”的原则，严格语音线路和“95”“96”“400”等码号资源的用户资质审查，规范资源使用，全面掌握使用主体、接入位置、资源用途、允许传送的主叫号码等信息，定期排查语音中继、互联网专线接入，杜绝违规使用线路资源的行为，严禁为非法经营、超范围经营提供线路资源和业务接入。

2．加强电话用户合同约束。各基础电信企业要完善个人用户和集团用户的合同管理，规范用户通信行为，对重点地区号码使用从严管理。在合同中明确业务使用规范、用户违约责任和相应处罚措施，对拨打骚扰电话的用户，应依据协议约定进行处置和违约责任追究，涉及违法违规的，要及时报相关主管部门。

3．全面规范营销外呼业务。呼叫中心企业要对经营资质、自营和外包业务进行全面规范，包括业务名称、业务委托主体、业务类型、外呼业务号码、外呼对象和内容以及具体联系方式等。开展商业营销外呼的，应当征得用户同意，建立用户白名单并留存相关依据资料，规范外呼时段、行为等，不得对用户正常生活造成影响。用户明确表示拒绝后，不得继续向其发起呼叫。

4．全面清理各类骚扰软件。各互联网企业要全面清理网上“呼死你”等骚扰软件和设备信息，切断相关软硬件推广、销售和使用渠道。

### （二）全面提升技术防范能力

由工业和信息化部牵头，组织各地电信管理机构推动各相关单位加强技术防范能力建设。

1．强化主叫号码鉴权和通话溯源。基础电信企业要严格规范企业客户可以使用的号段范围，严禁利用透传技术虚拟主叫号码或自行修改主叫号码，对未通过鉴权的呼叫一律进行拦截。要按照相关规定和时限要求，留存通信数据，配合做好通话溯源倒查工作。

2．提升骚扰电话拦截能力。基础电信企业要加强骚扰电话拦截配套技术系统建设，利用云计算、大数据等技术手段，加强数据共享能力建设，提升骚扰电话识别和拦截能力。要严格落实相关技术标准和规范要求，加强以“+86”开头的虚假号码境外来电拦截，做好不规范主叫号码和“响一声”“呼死你”等骚扰电话的甄别和拦截。

3．增强骚扰电话提醒和预警能力。移动智能终端制造企业应支持手机终端配备防骚扰电话能力。基础电信企业、移动转售企业、相关互联网企业应通过短信、闪信、应用软件等方式为手机提供疑似骚扰电话标注、拦截和风险防控警示服务。中国通信标准化协会应加快制定相关标准，中国信息通信研究院应组织电话标注企业规范标记内容，提高号码标记准确性，并及时向各行业主管部门通报。

4．增强骚扰电话综合管控能力。电信管理机构指导各相关单位，充分利用现有全国诈骗电话防范系统和网间互联互通监测系统，增强骚扰电话监测和标注等相关功能，建立联动工作机制，协同做好骚扰电话的监测发现等综合整治工作。探索建立全国防骚扰信息综合服务平台，统计分析用户对各类商业营销信息的接收意愿，引导基础电信企业、移动转售企业、呼叫中心企业等加强对商业性电子信息的规范传播。

### （三）规范重点行业商业营销行为

由各相关主管部门牵头，加强各行业商业营销规范管理，宣贯相关法律法规，查处商家违规滥发商业类电子信息的行为，严禁在用户明确表示拒绝后仍向其拨打营销电话，对违法违规企业和从业人员依法采取监管措施或予以行政处罚，从源头上杜绝营销电话扰民。

1．严格规范金融类电话营销行为。中国银行保险监督管理委员会、中国证券监督管理委员会依职责分工，加强对金融机构和从业人员的监督管理，严格规范贷款、理财、信用卡、股票、基金、债券、保险等业务的电话营销行为，督促金融机构对其委托的第三方机构的电话营销行为加强管理。

2．严格规范售房租房电话营销行为。住房和城乡建设部牵头，加强对房地产开发企业、房地产经纪机构和房地产经纪人员的监督管理，严格落实中介机构备案制度，严格规范电话营销行为。

3．严格规范医疗机构、保健食品生产经营企业的电话营销行为。国家卫生健康委员会、国家市场监督管理总局等依职责分工负责，加强医疗机构和保健食品生产经营企业依法执业（经营）监管，特别是加强对涉嫌违法违规开展电话营销的医疗机构、保健食品生产经营企业的监管，规范母婴保健、医疗美容等医疗行为以及保健食品生产经营行为，严厉打击无证行医、非法医疗美容和违法违规生产经营保健食品。

4．规范人力资源服务、旅游等行业的电话营销行为。人力资源和社会保障部、文化和旅游部等依职责分工负责，加强对人力资源服务、旅游等行业、企业和从业人员的事中事后监管，配合相关部门健全完善商业信息发布管理制度，严格规范电话营销行为。

### （四）依法惩处违法犯罪

公安部牵头，集中侦破一批利用电话实施诈骗、敲诈勒索、虚假广告宣传等违法犯罪案件。对明知从事违法犯罪活动，仍提供网络、技术、线路等服务的企业和人员依法严惩。集中侦破一批侵犯公民个人信息犯罪案件。依法严厉打击各行政机关和电信、金融、医疗、教育、物业、物流、寄递等重点单位工作人员非法出售或者向他人提供公民个人信息的违法犯罪行为。

### （五）健全法规制度保障

工业和信息化部、教育部、人力资源和社会保障部、住房和城乡建设部、文化和旅游部、国家卫生健康委员会、国家市场监督管理总局、中国银行保险监督管理委员会、中国证券监督管理委员会等部门依据职责，研究完善行业内电话营销管理规则，督促业内企业和机构依法规范开展电话营销业务，加大对电话扰民企业和人员惩戒力度，将违法违规行为列入相关信用记录。国家市场监督管理总局牵头，将有关企业的行政处罚、抽查检查结果、严重违法失信企业名单等信息通过国家企业信用信息公示系统归集，记于企业名下并依法向社会公示。最高人民法院、最高人民检察院对于涉骚扰电话相关案件给予法律指导，研究提出适用法律意见。司法部配合各相关部门，推动完善相关法律规定，进一步规范电话营销行为。

## 三、相关要求

（一）高度重视，落实责任。各相关部门要充分认识骚扰电话治理工作对于服务人民群众、维护社会稳定的重要意义，明确相关负责人、联系人及具体工作职责和工作方案，细化责任、层层落实，真抓实干、勇于担当，把行动方案落到实处，切实遏制骚扰电话蔓延态势。

（二）加强联动，务求实效。工业和信息化部建立骚扰电话联合行动工作机制，强化部门间沟通协作；建立多部门联合响应处理机制，查处严重电话扰民和违法犯罪类电话案件；建立联合惩戒机制，各部门对存在严重违规行为的企业和个人实施联合惩戒，使其“一处失信，处处受限”。

（三）强化宣传，引导自律。运用多种媒体渠道，及时反映行业治理成效，曝光违规企业和典型案例，提升用户防范意识，营造良好舆论环境。工业和信息化部每季度通报相关治理情况，引导行业自律，加强社会监督。

（四）畅通渠道，促进共治。电信主管部门为群众提供电话、网站、手机应用等多途径的骚扰电话举报渠道，并将群众举报线索通报各相关主管部门。各相关部门依法依规开展处置后及时反馈结果，保障群众举报“件件有处置，事事有回音”，有效调动社会力量，推进骚扰电话问题社会共治。

# 工业和信息化部关于印发《推动企业上云实施指南（2018—2020年）》的通知

工信部信软〔2018〕135号

各省、自治区、直辖市及计划单列市、新疆生产建设兵团工业和信息化主管部门：

为贯彻落实《国务院关于促进云计算创新发展培育信息产业新业态的意见》《国务院关于深化“互联网+先进制造业”发展工业互联网的指导意见》《云计算发展三年行动计划（2017—2019年）》等部署要求，推动企业利用云计算加快数字化、网络化、智能化转型，推进互联网、大数据、人工智能与实体经济深度融合，现将《推动企业上云实施指南（2018—2020年）》印发你们，请结合各地实际，认真组织实施。

工业和信息化部

2018年7月23日

## 推动企业上云实施指南（2018—2020年）

云计算是信息技术发展和服务模式创新的集中体现，是信息化发展的重大变革和必然趋势。支持企业上云，有利于推动企业加快数字化、网络化、智能化转型，提高创新能力、业务实力和发展水平；有利于加快软件和信息技术服务业发展，深化供给侧结构性改革，促进互联网、大数据、人工智能与实体经济深度融合，加快现代化经济体系建设。

## 一、总体要求

工业和信息化部统筹协调企业上云工作，组织制定完善企业上云效果评价等相关标准，指导各地工业和信息化主管部门、第三方机构等协同开展工作。各地工业和信息化主管部门要结合本地实际，以强化云计算平台服务和运营能力为基础，以加快推动重点行业领域企业上云为着力点，以完善支撑配套服务为保障，制定工作方案和推进措施，组织开展宣传培训，推动云平台服务商和行业企业加强供需对接，有序推进企业上云进程。

到 2020 年，力争实现企业上云环境进一步优化，行业企业上云意识和积极性明显提高，上云比例和应用深度显著提升，云计算在企业生产、经营、管理中的应用广泛普及，全国新增上云企业 100 万家，形成典型标杆应用案例 100 个以上，形成一批有影响力、带动力的云平台和企业上云体验中心。

（一）企业上云应以提升企业发展能力、解决实际业务问题为出发点。通过将企业业务与信息化应用相结合，实现信息系统升级，促进企业业务创新、流程重构、管理变革，加速企业数字化、网络化、智能化转型，切实提高企业管理水平和综合竞争力。

（二）企业开展上云工作，可从性价比、可用性、可扩展性、安全性、合规性等方面进行调研分析，运用理论分析、仿真实验、测试验证等方法，充分评估业务使用云服务的成本、收益、风险和可接受程度。在此基础上，按照分级分类的原则，统一规划信息系统的上云部署方案。

（三）企业可优先选择业务特征与云计算特点相契合、上云价值效益明显的信息系统上云。一是信息系统使用具有明显的高低峰，需要动态调配资源，进行弹性扩展。二是信息系统需要快速迭代上线，提升业务创新速度。三是信息系统需要降低运行维护成本，提高应急响应、故障恢复、信息安全保障能力。四是信息系统需要运用大数据、人工智能等云上服务实现业务拓展。

（四）开展上云工作，需要上云企业、云平台服务商、云应用服务商、系统集成商、基础设施提供商及相关行业组织、第三方机构加强协作，明确各方责任，共同推进实施。云平台服务商等作为主要服务供给方，要联合云应用服务商、系统集成商、基础设施提供商等产业链相关方，共同为上云企业提供技术支撑服务。上云企业参照指南引导，稳步推进自身上云工作，积极利用云计算平台上的软件应用和数据服务实现数字化转型。第三方机构积极参与宣贯培训、测试评估工作，加强对企业上云工作的跟踪研究。

## 二、科学制定部署模式

（一）大型企业可建立私有云，部署数据安全要求高的关键信息系统；可将连接客户、供应商、员工的信息系统采用公有云部署，并与私有云共同形成混合云架构。对于数据安全要求高且需对外连接提供服务的信息系统，可考虑采用数据存储于私有云、应用部署于公有云的混合云架构。

（二）中小企业和创业型企业可依托公有云平台，按需租用存储、计算、网络等基础设施资源，应用设计、生产、营销、办公、财务等云服务或构建特色云服务，提高经营管理水平和效率，加快形成业务能力，开展业务和服务模式创新，实现个性化服务输出，加速建立现代化经营模式。

## 三、按需合理选择云服务

（一）基础设施类云服务。一是计算资源服务。使用云平台的各种弹性计算服务，实现计算资源集中管理、动态分配、弹性扩展和运维减负。二是存储资源服务。使用云平台的块存储、对象存储等云存储服务，提高数据存储的经济性、安全性和可靠性。三是网络资源服务。使用云平台的虚拟专有云、虚拟专有网络、负载均衡等网络服务，高效安全利用云平台网络资源。四是安全防护服务。使用云上主机安全防护、网络攻击防护、应用防火墙、密钥/证书管理、数据加密保护等安全服务，提高信息安全保障能力。

（二）平台系统类服务。一是数据库服务。利用云数据库系统，实现各类数据跨平台、跨业务的协同管理。二是大数据分析服务。利用云端大数据平台推动数据资源集聚，进行数据采集、存储、分析、挖掘和协同应用。三是中间件平台服务。利用云上中间件服务，构建分布式系统架构，满足“互联网+”转型的需要。四是物联网平台服务。将海量物联网终端设备接入云平台，实现设备高效可视化在线管理。五是软件开发平台服务。通过云上开发平台进行软件生命周期管理，快速构建开发、测试、运行环境，规范开发流程、降低成本、提高效率。六是人工智能平台服务。利用云平台的计算资源，形成语音识别、图像识别、人脸识别等智能服务能力，提升业务智能化水平。

（三）业务应用服务。一是协同办公服务。使用邮件、会议、通信等云服务，形成维护成本低、服务效率高的办公系统，提高办公效率。二是经营管理应用服务。使用企业人力资源管理、行政管理、财务管理等云服务，提高企业经营管理的科学性和效率。三是运营管理服务。使用采购管理、生产管理、销售管理、供应链管理、客户资源管理等云服务，提升企业运营管理水平。四是研发设计服务。使用计算机辅助设计、产品开发等云服务，在云端部署开发、设计环境，提升研发效率和创新水平。五是生产控制服务。通过 MES（制造执行系统）、生产数据等系统上云，优化生产控制流程，提升生产效率和水平。

六是智能应用服务。整合企业全局数据，打造智能研发、智能生产、智能营销、智能服务等智能应用，提升企业智能化水平。

## 四、稳妥有序推进企业上云

（一）企业上云可按照需求分析、可行性评估、选择确定云平台服务商、上云方案设计、测试和部署、验证和总结、运维保障、效果评估等步骤进行。企业可根据自身实际选择合适步骤，适当简化流程，有序实施上云。

（二）企业可结合自身业务发展规划，在第三方机构或云平台服务商的支持下，对信息系统业务类型、使用人员、使用特征、性能指标、数据库使用情况、系统间关联关系等进行全面梳理。

（三）企业可在第三方机构或云平台服务商的支持下，参考信息系统分析结果，结合已有信息资源和业务需要，从业务需求、用户体验、平台兼容性、成本、安全性等方面，分析满足系统安全稳定运行的云基础环境需求，对信息系统的上云可行性进行分析，初步确定各类系统是否上云，以及上云的优先级。重点分析内容包括：

（1）上云是否能够提升企业发展能力、解决实际业务问题；

（2）信息系统是否适合弹性拓展、是否需要快速部署；云平台及应用服务是否兼容现有信息系统；若不兼容则需评估迁移改造成本及风险等；

（3）评估数据存储方式、数据安全等是否符合要求；

（4）评估上云方式（在线/离线等）是否符合业务要求，上云迁移时间是否在可接受业务中断时间范围内；上云后能否满足不同类型用户体验需求；

（5）评估现有系统与上云后系统的切换方案、并行运行方案、失败回滚方案等；评估系统改造、数据迁移、应用程序迁移过程中可能出现的风险点，并给出应对建议。

（四）上云企业可在云平台服务商支持下，基于上云可行性评估结论，拟定详细上云工作内容和要求，明确各方责任和义务。充分评估迁移上云过程中的风险点，制定应用迁移、数据迁移、系统改造方案、数据存储方式及安全保护等技术方案，以及配套的监督、验收、失败回滚方案，做好上云信息系统和未上云信息系统的协同。

（五）上云企业可依托云平台服务商或第三方机构，明确各信息系统具体迁移策略。对于复杂系统的迁移上云，需要根据实际情况采用定制化的迁移技术及方法。迁移策略包括以下内容。

（1）直接迁移：将信息系统迁移部署到云平台，利用统一运营管理平台进行管理。

（2）改造后迁移：对数据库、系统架构、运行环境、接口等进行改造，使其满足迁移到云平台的技术要求后迁移。

（3）采购云服务重建：结合业务实际，采购满足需求的各类云服务，重新构建信息系统。

（4）保持现状：对暂不适合迁移的系统，继续保持运行在当前环境。

（六）企业可在云平台服务商或第三方机构支持下，根据上云方案构建模拟环境，进行上云演练，经过测试和验证，不断优化完善上云方案，执行上云过程。

（1）推动开发、测试环境上云，构建模拟环境，包括迁移源端和目标端环境；

（2）实施模拟上云，进行功能测试、性能测试、备份测试、容灾测试等，并在此基础上修改完善上云方案；

（3）按照上云方案准备包括人员、环境、实施工具等在内的资源，实施上云过程，开展数据迁移和应用迁移，失败时实施回滚方案。

（七）上云过程结束后，各相关方可进行数据完整性和一致性校验，执行上云后的功能测试、业务流程测试、性能比对测试、备份测试、容灾测试、安全测试等，出具上云测试报告；将信息系统正式割接到云平台，开展上云总结。

（八）上云成功后，上云企业可自行或委托第三方机构对云服务进行监督，督促云平台服务商不断提升服务能力。如出现服务不可用或达不到保障水平的情况，云平台服务商应按照服务协议中约定的内容和方式进行赔付，保证上云企业合法权益。

（九）企业上云后，可自行或委托第三方机构，从资源采购规模和利用率、业务效率提升情况、经济效益和社会效益等方面对上云效果进行评估。

（十）上云企业可配备相应的云计算人才队伍，并根据上云对企业业务经营和组织管理带来的变化，及时调整建立与之相适应的企业组织管理模式。

## 五、提升支撑服务能力

（一）云平台服务商应加快提升技术水平和服务能力，保障云平台高效、安全、稳定运行，与云应用服务商、系统集成商、基础设施提供商、第三方机构、行业组织密切合作，为上云企业提供方案咨询和定制服务，拓展企业上云覆盖范围。

（二）鼓励云平台服务商建设综合性、行业性或区域性企业上云体验中心，系统展示云服务业务内容、功能特点、典型应用案例和上云成效，提高用户对云计算的认知度和应用能力。鼓励云平台服务商与云应用开发商、系统集成商等组织开展培训服务，加强专业人才队伍建设。

（三）鼓励软件和信息技术服务企业加速向云计算转型，针对不同行业、不同企业差异化需求，基于云计算平台开展产品、服务和解决方案的开发测试，加快丰富云计算产品服务供给。积极发展协同办公、生产管理、财务管理、营销管理、人力资源管理等各类 SaaS 服务，为上云企业提供业务支撑。

## 六、强化政策保障

（一）鼓励各地建立政府部门、云平台服务商、上云企业等多方合作推进机制。支持各地工业和信息化主管部门设立企业上云专家咨询委员会。加大对企业上云的引导推进力度，加强政策宣贯解读，普及上云知识，提高企业上云意识和实践能力，持续扩大企业上云影响力。

（二）支持各地工业和信息化主管部门建立完善公共服务平台，为企业提供信息系统规划咨询、方案设计、监理培训等各类服务。深入开展云服务能力测评和服务可信度评估，推动提升云计算企业服务水平和服务质量。积极探索利用保险模式对上云企业给予保障。

（三）鼓励各地加快推动开展云上创新创业。支持各类企业和创业者以云计算平台为基础，利用大数据、物联网、人工智能、区块链等新技术，积极培育平台经济、分享经济等新业态、新模式。

（四）制定出台企业上云的效果评价标准，逐步构建企业上云效果评价体系。支持第三方机构根据相关标准，对成本节约、效率提升、业务升级、创新促进等上云效果进行评估、统计，引导企业深度上云。总结宣传企业上云的典型案例和成功经验，加大推广力度，打造上云标杆企业，充分发挥示范引领作用，实现企业上云规模化推进。

（五）落实《中华人民共和国网络安全法》相关要求，推动建立健全云计算相关安全管理制度，完善云计算网络安全防护标准。指导督促云平台服务商切实落实主体责任，保障用户信息安全和商业秘密。

# 工业和信息化部 国家发展和改革委员会关于印发《扩大和升级信息消费三年行动计划（2018—2020 年）》的通知

工信部联信软〔2018〕140 号

各省、自治区、直辖市及计划单列市、新疆生产建设兵团工业和信息化主管部门、发展和改革委员会：

为贯彻落实《国务院关于进一步扩大和升级信息消费持续释放内需潜力的指导意见》，现将《扩大和升级信息消费三年行动计划（2018—2020 年）》印发给你们，请结合实际认真贯彻实施。

工业和信息化部　国家发展和改革委员会

2018 年 7 月 27 日

## 扩大和升级信息消费三年行动计划（2018—2020 年）

我国经济已由高速增长阶段转向高质量发展阶段，消费对经济发展的基础性作用日益凸显。信息消费是创新最活跃、增长最迅速、辐射最广泛的新兴消费领域之一，对拉动内需、促进就业和引领产业升级发挥着重要作用，已成为新时期提振国民经济、深化供给侧结构性改革、实现高质量发展的关键抓手。扩大和升级信息消费，有利于在更高水平、更高层次、更深程度实现供需新平衡，有利于优化经济结构，普惠社会民生。为深入贯彻落实《国务院关于进一步扩大和升级信息消费持续释放内需潜力的指导意见》，大力推动信息消费向纵深发展，壮大经济发展内生动力，制订本行动计划。

## 一、总体要求

### （一）指导思想

以习近平新时代中国特色社会主义思想为指导，全面贯彻落实党的十九大精神，认真落实党中央、国务院决策部署，以推进供给侧结构性改革为主线，以加快提升产业供给能力为重点，以优化信息消费环境为保障，深化信息技术融合创新应用，打造信息消费升级版，不断满足人民群众日益增长的消费需求，促进经济社会更高质量、更可持续的健康发展。

### （二）基本原则

坚持需求拉动、创新发展。以满足人民群众期待为出发点和落脚点，加快提升产业供给能力，推动信息消费供给结构与需求结构有效匹配、消费升级与有效投资良性互动。

坚持多方联动、协同发展。以企业为主体，加强产学研用各方协作，促进产业链协同发展，构建完善的信息消费生态体系，扩大信息消费覆盖范围。

坚持因地制宜、特色发展。引导各地根据经济基础和产业特色合理定位，结合信息消费需求发展的新变化、新趋势，不断调整完善政策体系，分类别、分层次、分步骤有序推进。

坚持有序推进、安全发展。树立正确的网络安全观，统筹促发展与保安全，加强信息消费市场监管体系建设，完善安全管理体系，持续优化产业发展环境。

## 二、主要目标

消费规模显著增长。到 2020 年，信息消费规模达到 6 万亿元，年均增长 11%以上。信息技术在消费领域的带动作用显著增强，拉动相关领域产出达到 15 万亿元。

覆盖范围惠及全民。到 2020 年 98%行政村实现光纤通达和 4G 网络覆盖，加快补齐发展短板，释放网络提速降费红利。

载体建设稳步推进。创建一批新型信息消费示范城市，打造区域性信息消费创新应用高地，培育一批发展前景好、带动作用大、示范效应强的项目。

产业体系逐步健全。加强核心技术研发，推动信息产品创新和产业化升级，提升产品质量和核心竞争力。在医疗、养老、教育、文化等多领域推进“互联网+”，推动基于网络平台的新型消费成长，发展线上线下协同互动消费新生态。

消费环境日趋完善。信息消费法律法规体系日趋完善，高效便捷、安全可信、公平有序的信息消费环境基本形成，努力实现消费者能消费、敢消费、愿消费。

## 三、主要行动

### （一）新型信息产品供给体系提质行动

提升消费电子产品供给创新水平。利用物联网、大数据、云计算、人工智能等技术推动电子产品智能化升级，提升手机、计算机、彩色电视机、音响等各类终端产品的中高端供给体系质量，推进智能可穿戴设备、虚拟/增强现实、超高清终端设备、消费类无人机等产品的研发及产业化，加快超高清视频在社会各行业应用普及。针对家庭、社区、机构等不同应用环境，发展便携式健康监测设备、家庭服务机器人等智能健康养老服务产品，满足多样化、个性化健康养老需求。

加快新型显示产品发展。支持企业加大技术创新投入，突破新型背板、超高清、柔性面板等量产技术，带动产品创新，实现产品结构调整。推动面板企业与终端企业拓展互联网、物联网、人工智能等不同领域应用，在中高端消费领域培育新增长点，进一步扩大在线健康医疗、安防监控、智能家居等领域的应用范围。

深化智能网联汽车发展。推进技术测试等支撑平台建设，制定车联网产业发展标准体系建设指南，推进车载智能芯片、自动驾驶操作系统、车辆智能算法等关键技术产品研发，构建一体化智能车辆平台，培育多元化应用。推进基于宽带移动互联网的智能汽车和智慧交通应用项目建设。到 2020 年，建立可靠、安全、实时性强的智能网联汽车计算平台，形成平台相关标准，支撑高度自动驾驶（HA 级）。

### （二）信息技术服务能力提升行动

组织开展“企业上云”行动。面向行业企业开展宣传培训工作，推动云计算服务商与行业企业深入合作，利用云上的软件应用和数据服务提高企业管理效率，组织开展典型标杆应用案例遴选。推动中小企业业务向云端迁移，到 2020 年，实现中小企业应用云服务快速形成信息化能力，形成 100 个企业上云典型应用案例。

提升信息技术服务研发应用水平。推进新型智慧城市建设，支持云计算、大数据、物联网综合研发应用，加速提高居民生活信息消费便利化水平。组织开展区块链等新型技术应用试点。发布信息技术服务标准（ITSS）体系 5.0 版，持续开展贯标活动，支持企业以标准为引领加快提升综合集成服务能力，到 2020 年贯标企业超过 2 000 家。

培育行业信息消费支撑服务。积极发展工业电子商务，深化制造业和互联网融合，建设一批有较强影响力和带动力的垂直电商平台。支持企业发展网络支付、现代物流、供应链管理等面向信息消费全过程的支撑服务。到 2020 年，实现重点行业骨干企业电子商务普及率达到 60%。

推动信息消费领域“双创”发展。支持大型企业建立基于互联网的“双创”平台，培育信息消费融合发展新业态、新模式。建设一批国家中小企业公共服务示范平台，为中小企业提供信息、技术、创业、培训、融资等服务。公告一批国家小型微型企业创业创新示范基地，广泛吸引中小企业入驻，引导示范基地积极整合社会服务资源，提供多方面、多种形式的服务，助力信息消费创新发展。

### （三）信息消费者赋能行动

推动信息基础设施提速降费。深入落实“宽带中国”战略，组织实施新一代信息基础设施建设工程，推进光纤宽带和第四代移动通信（4G）网络深度覆盖，加快第五代移动通信（5G）标准研究、技术试验，推进 5G 规模组网建设及应用示范工程。深化电信普遍服务试点，提高农村地区信息接入能力。加大网络降费优惠力度，充分释放网络提速降费红利。在工业、农业、交通、能源、市政、环保等领域开展试点示范到 2020 年实现城镇地区光网覆盖，提供 1 000Mbit/s 以上接入服务能力；98%的行政村实现光纤通达和 4G 网络覆盖，有条件地区提供 100Mbit/s 以上接入服务能力；确保启动 5G 商用。

实施消费者信息技能提升培训工程。依托信息消费试点示范城市建设，面向各类消费主体特别是信息技能相对薄弱的农牧民、老年人等群体，组织开展信息消费培训，普及信息应用、网络支付、风险甄别等相关知识。鼓励企业、行业协会等社会力量结合当地特色和优势，组织开展信息类职业技能、创业创新等系列大赛，提升信息消费技能。2020 年之前选择重点地区实施 100 个以上信息技能培训项目。

组织开展信息消费体验活动。组织开展“信息消费城市行”，通过政策解读、展览展示、互动体验、现场参观等形式，扩大信息消费影响力。支持各地组织信息消费体验周、建设信息消费体验馆等各种活动，积极运用虚拟/增强现实、交互娱乐等技术，深化用户在应用场景定制、产品功能设计、数字内容提供等方面的协同参与，提高消费者满意度，丰富信息消费体验，培养信息消费习惯。

### （四）信息消费环境优化行动

加强和改进行业监管。深入推进“放管服”改革，进一步简化行政审批，对信息消费领域新模式新业态采取鼓励创新、包容审慎的监管模式，营造行业健康发展环境。持续创新监管方式，加强信息通信行业信用体系建设，利用云计算、大数据等完善监管技术手段。夯实互联网基础资源管理，实行网站、域名实名联动管理，强化企业主体责任。

维护市场竞争秩序。完善以信用为核心的全流程市场监管体系，进一步规范互联网网络接入服务市场，加大骚扰电话防范和治理力度，维护信息通信市场秩序。优化市场竞争法律法规环境，规范市场主体竞争秩序，依法查处不正当竞争行为，加大知识产权保护力度，激发创新创业活力。

加强个人信息保护。落实《中华人民共和国网络安全法》相关规定，推动出台电信和互联网网络数据管理政策，规范网络数据收集、传输、存储和使用行为。建立完善数据与个人信息泄露公告和报告机制，加强行业个人信息保护监督执法，督促企业切实落实用户个人信息保护责任。

构建安全可靠的信息消费环境。深入推进网络综合治理，及时有效应对网络诈骗等新问题，纵深推进防范打击通讯信息诈骗工作，有效维护人民群众切身利益。加强监督检查，加大对电信和互联网企业服务和收费违规行为的处置和曝光力度，督促企业加强自律，解决好社会关注和用户反映强烈的热点难点问题，切实维护用户合法权益。

## 四、保障措施

### （一）加强工作组织协调

各地工业和信息化、发展改革主管部门要加强信息消费重大决策、重大工程和重大问题的统筹协调，做好组织保障。建立完善信息消费发展的协同工作机制，明确地方信息消费发展目标和实施方案，加大对信息消费工作成效考核力度，做好行动计划的贯彻落实。支持有条件的地方成立信息消费发展专家咨询委员会，为开展工作提供参考和支持。

### （二）加大政策支持力度

加大资金支持力度，支持信息消费前沿技术研发，拓展各类新型产品和融合应用。各地工业和信息化、发展改革主管部门要进一步落实鼓励软件和集成电路产业发展的若干政策，加大现有支持中小微企业税收政策落实力度。鼓励有条件的地方设立信息消费专项资金，推动出台支持信息消费发展的政策，切实改善企业融资环境，加大对信息消费领域中小微企业的支持。

### （三）推动开展试点示范

完善信息消费示范城市建设方案和管理办法，鼓励地方加大支持力度，打造一批产业基础雄厚、产业链条完备、聚集效应明显、区域特色鲜明的试点示范城市。面向生活类信息消费、公共服务类信息消费、行业类信息消费、新型信息产品消费遴选一批发展前景好、带动作用大、示范效应强的示范项目。

### （四）完善统计监测制度

加快制订完善信息消费统计监测制度，进一步明确统计范围。各地工业和信息化主管部门要按照全国统计监测目标、范围和口径，完善本地区统计监测工作机制，及时上报信息消费工作进展情况。建立健全信息消费评价机制，定期发布信息消费发展指数，指导和推动信息消费持续健康发展。

### （五）搭建产业合作平台

充分发挥协会、联盟等行业组织的桥梁纽带作用，整合骨干企业、高等院校、科研院所等各界资源，推动产、学、研间开展深入合作，在信息消费标准制定、技术验证、产品孵化、国际拓展等方面，创新管理和运作机制，打造多方协作、互利共赢的产业生态。

# 工业和信息化部关于进一步规范电信资费营销行为的通知

工信部通信函〔2018〕276号

各省、自治区、直辖市通信管理局，中国电信集团有限公司、中国移动通信集团有限公司、中国联合网络通信集团有限公司，各移动通信转售企业、宽带接入网试点企业，其他电信业务经营者：

为深入贯彻习近平新时代中国特色社会主义思想和党的十九大精神，践行以人民为中心的发展思想，切实规范电信资费营销行为，探索方便简捷资费套餐新模式，解决用户关注的资费热点问题与诉求，现将有关事项通知如下。

一、电信业务经营者应当遵循合法、公平、诚信原则，合理制订电信业务资费方案。方案应当列明资费结构、收费项目、资费标准、计费原则、对应服务、办理条件、有效期限等内容，并做到简单清晰、用语规范、无歧义。

二、电信业务经营者应尽量简化资费套餐结构，在制订、执行打包销售的资费方案时，对涉及用户基本通信需求的固定语音、移动语音、短信息、宽带上网、移动流量等业务，应当同时提供各单项业务资费方案。电信业务经营者对代收费业务应有明确规定。

三、鼓励基础电信企业为用户推出根据使用量给予优惠折扣的阶梯定价式资费方案，2018年应在部分地区试点推出至少一种，满足部分用户的消费需求。

四、电信业务经营者应根据网络提速降费工作要求，积极落实承诺举措，推出更质优价廉的资费方案。鼓励电信业务经营者为边远农村用户、低收入群体、残障人士等提供更加优惠的资费方案；鼓励面向中小企业推出更优惠的宽带产品，降低中小企业创新创业成本，促进融通发展。

五、电信业务经营者应进一步完善资费公示制度，做好资费“清单式”公示，在营业场所通过手册或电子显示屏等方式，以及在网站首页醒目位置设置资费专区，以“清单”方式公示所有面向公众市场销售的在售资费方案。资费公示内容应符合本文第一条所列要求；已停售资费方案的公示内容应存档 1 年备查；未经公示的资费方案不得向用户进行销售和收费。

六、电信业务经营者在宣传推广资费方案时，应当全面、准确、通俗易懂，宣传内容应与其资费公示方案保持一致；对资费方案限制性条件以及有效期限、计费原则等需引起用户注意的事项应当履行提醒义务；对价外馈赠应当如实说明附加条件、馈赠内容、数量、终止时间等处理方式。不得虚假宣传、片面夸大或混淆资费优惠幅度，以及做出其他容易引起用户误解的宣传。

七、电信业务经营者应充分尊重用户自主选择权。在本企业同一本地网营业区（或业务区）内，电信业务经营者应保证具有同等交易条件的同类用户对资费方案具有同等的选择权利。除双方合同另有约定外，不得以任何形式强制或限制用户选择或更改任一在售的资费方案。

八、各省、自治区、直辖市通信管理局应按照上述要求，鼓励本辖区内电信业务经营者推出符合用户需求的资费方案，加强对资费公示情况等的监督检查，充分发挥社会监督作用，切实规范电信业务经营者资费营销行为，维护用户合法权益。

特此通知。

工业和信息化部

2018 年 8 月 23 日

# 关于实施无线电发射设备型号核准所需技术测试由工业和信息化部委托开展的公告

第 47 号

各省、自治区、直辖市无线电管理机构，国家无线电监测中心：

为贯彻落实《国务院关于第三批清理规范国务院部门行政审批中介服务事项的决定》（国发〔2017〕8 号），减少企业制度性交易成本，切实减轻企业负担，自 2018 年 10 月 15 日起，实施无线电发射设备型号核准所需技术测试由我部委托开展，具体办理程序详见我部门户网站发布的无线电发射设备型号核准服务指南。

一、按照《无线电发射设备型号核准测试及监督检查资金使用管理办法（暂行）》（见附件 1），型号核准所需技术测试服务费用由我部通过部门预算资金与承检机构定期结算。

二、型号核准测试服务承检机构通过政府购买服务的方式确定，承检机构名单及检测能力范围在我部网站公布。

三、政府购买型号核准测试服务的相关信息将按照政府信息公开有关规定向社会公开。

四、工业和信息化部按照《无线电发射设备型号核准测试及监督检查资金使用管理办法（暂行）》《无线电发射设备型号核准承检机构信用管理办法（暂行）》（见附件 2）对申请人、承检机构有关守信情况，以及型号核准全过程进行严格监督检查，保证行政许可工作质量，保障资金使用安全。

特此公告。

附件：1. 无线电发射设备型号核准测试及监督检查资金使用管理办法（暂行）

2. 无线电发射设备型号核准承检机构信用管理办法（暂行）

工业和信息化部

2018 年 9 月 30 日

# 工业和信息化部关于印发《无线电干扰投诉和查处工作实施细则》的通知

工信部无〔2018〕192 号

各省、自治区、直辖市无线电管理机构，国家无线电监测中心：

根据《中华人民共和国无线电管理条例》和《无线电干扰投诉和查处工作暂行办法》，制定《无线电干扰投诉和查处工作实施细则》。现予发布，请认真遵照执行。

工业和信息化部

2018 年 10 月 8 日

**附件：**

## 无线电干扰投诉和查处工作实施细则

### 第一章　总则

**第一条**　为进一步规范无线电干扰查处工作流程，明确工作要求和任务分工，提高工作质量和效率，根据《中华人民共和国无线电管理条例》和《无线电干扰投诉和查处工作暂行办法》，结合工作实际，制定本细则。

**第二条**　国家无线电管理机构负责受理的境内外无线电干扰投诉的查处任务下达、执行、证据采集及归档等环节工作适用本细则（干扰查处流程图见附件 1）。

**第三条** 根据无线电干扰所产生的危害程度和紧急程度，无线电干扰分为三个等级：第一级为危及国家安全、公共安全、生命财产安全以及影响重大活动正常用频的无线电干扰，第二级为严重影响党政机关、民用航空、广播电视和水上业务部门等重要用户依法开展无线电业务的无线电干扰，第三级为其他无线电干扰。

## 第二章 无线电干扰排查任务下达

**第四条** 国家无线电管理机构依据《无线电干扰投诉和查处工作暂行办法》受理、审查相关干扰投诉，根据无线电干扰等级，向国家无线电监测中心及各省、自治区、直辖市无线电管理机构下达无线电干扰投诉排查任务单。

**第五条** 对于第一级无线电干扰，国家无线电管理机构应在受理后立即下达无线电干扰排查任务；对于第二级无线电干扰，国家无线电管理机构应在受理后 24 小时内下达无线电干扰排查任务；对于第三级无线电干扰，国家无线电管理机构应在受理后 48 小时内下达无线电干扰排查任务。

**第六条** 各省、自治区、直辖市无线电管理机构以及国家无线电监测中心接到无线电干扰排查任务后，根据无线电干扰等级开展干扰排查工作。

对于第一级无线电干扰排查任务，应在接到任务后立即启动干扰监测，3 天之内完成监测并报告结果；对于第二级无线电干扰排查任务，应在接到任务当日启动干扰监测，7 天之内完成监测并报告结果；对于第三级无线电干扰排查任务，应在接到任务后 24 小时内启动干扰监测，10 天之内完成监测并报告结果。

## 第三章 无线电干扰排查任务执行

**第七条** 国家无线电监测中心接到国家无线电管理机构下达的短波、卫星业务的无线电干扰监测和定位任务后，应根据所属监测站负责区域以及投诉的疑似干扰源位置确定牵头监测站，由牵头监测站组织实施干扰源的监测定位工作（国家无线电监测中心所属监测站负责区域见附件 2）。

**第八条** 国家无线电监测中心应定期开展境外短波、卫星业务信号的监测工作，查找违反《无线电规则》、GE75 协议和相关双边协议进行发射的境外信号，填写违章报告（《无线电规则》附录 9）或有害干扰报告（《无线电规则》附录 10），报国家无线电管理机构。

**第九条** 国家无线电监测中心在监测定位过程中发现的可能存在重大信息安全隐患的情况，应在第一时间通过电话等方式口头通知国家无线电管理机构，并在 24 小时内补交书面材料；国家无线电管理机构在收到口头通知后，应立即组织开展排查工作，及时消除信息安全隐患。

**第十条** 国家无线电监测中心应在无线电干扰投诉排查任务单规定时间内完成所有短波、卫星业务无线电干扰的监测定位工作，并将无线电干扰投诉排查任务回执单报国家无线电管理机构。对于未能在规定时间内完成定位的情况，需将具体原因及监测工作进展及时报国家无线电管理机构；对于干扰信号消失的情况，需向国家无线电管理机构申请监测延期，监测延期时限为 7 天。

国家无线电管理机构收到国家无线电监测中心无线电干扰投诉排查任务回执单后，应将定位结果告知投诉人并及时向干扰所在省、自治区、直辖市无线电管理机构下达干扰查处任务。

**第十一条** 各省、自治区、直辖市无线电管理机构接到国家无线电管理机构下达的无线电干扰查处任务后，应根据定位信息及时安排监测和执法人员开展干扰逼近查找和处置工作。发现涉及重大信息安全隐患的情况，应及时消除隐患并将有关情况报国家无线电管理机构。

**第十二条** 各省、自治区、直辖市无线电管理机构及其监测站应配备必要的覆盖短波、卫星频段的监测设备和干扰逼近查找设备。监测人员应具备短波、卫星干扰查找的基本技能。

**第十三条** 各省、自治区、直辖市无线电管理机构及其监测站应准确掌握区域内大功率短波发射台及卫星地球站的台站位置及工作频率，便于短波、卫星干扰查找工作的实施。

**第十四条** 各省、自治区、直辖市无线电管理机构及其监测站在逼近查找过程中，如需国家无线电监测中心进行短波、卫星干扰定位配合，可与国家无线电监测中心联系（联系方式见附件 3）。

**第十五条** 各省、自治区、直辖市无线电管理机构及其监测站如因缺乏技术储备等原因，未能在规定的时间内完成短波及卫星业务无线电干扰排查任务，确需国家无线电监测中心派出人员以及设备协助进行干扰逼近查找，可向国家无线电监测中心发送协查函（见附件 4），同时抄送国家无线电管理机构。国家无线电监测中心收到干扰协查函后，应立即安排所属监测站与相关无线电管理机构及其监测站取得联系并及时开展协查工作。

**第十六条** 各省、自治区、直辖市无线电管理机构及其监测站应在无线电干扰投诉排查任务单规定时间内完成查处工作，详细填写任务回执单并报国家无线电管理机构。对已查明的无线电干扰，任务回执单中查处情况应包含干扰源实际经纬度、频谱图、干扰源类别、干扰源所属单位或个人、干扰产生原因以及处置结果等要素；对未查明的无线电干扰，应在任务回执单中详细说明当前干扰排查情况以及下一步工作计划。

## 第四章 无线电干扰查处证据采集和归档

**第十七条** 用于监测数据采集的各类无线电监测设备应定期进行测试验

证，确保监测数据的准确性。用于监测数据采集的设备设置时间以及日期应与标准时间同步。

**第十八条** 在无线电干扰监测定位工作中，各省、自治区、直辖市无线电管理机构及其监测站和国家无线电监测中心应按照无线电干扰信号监测要求进行数据采集（无线电干扰信号监测要求见附件 5）。

**第十九条** 各省、自治区、直辖市无线电管理机构及其监测站对干扰信号进行查处时，应加强对于书证、物证、视听资料、电子数据和证人证言以及当事人陈述等证据的规范采集记录以及保存。

**第二十条** 国家无线电管理机构应将无线电干扰投诉单、无线电干扰投诉排查任务单以及任务回执单等材料进行归档，并将当年干扰查处情况通报各相关单位；国家无线电监测中心应做好干扰监测、定位报告的归档分析工作；各省、自治区、直辖市无线电管理机构及其监测站应做好干扰查处相关证据、资料的归档整理工作。

**第二十一条** 本规定自印发之日起施行。

附件：1．干扰查处流程图

2．国家无线电中心所属监测站负责区域

3．联系方式

4．无线电干扰协查函模板

5．无线电干扰信号监测要求

# 工业和信息化部关于印发《车联网（智能网联汽车）直连通信使用 5 905 ~ 5 925MHz 频段管理规定（暂行）》的通知

工信部无〔2018〕203 号

各省、自治区、直辖市无线电管理机构，国家无线电监测中心：

现将《车联网（智能网联汽车）直连通信使用 5 905～5 925MHz 频段管理规定（暂行）》印发给你们，请认真遵照执行。

执行过程中相关意见和建议，请及时反馈工业和信息化部（无线电管理局）。

工业和信息化部

2018 年 10 月 25 日

## 车联网（智能网联汽车）直连通信使用 5 905～5 925MHz 频段管理规定（暂行）

为促进智能网联汽车在我国的应用和发展，满足车联网等智能交通系统使用无线电频率的需要，根据《中华人民共和国无线电管理条例》和《中华人民共和国无线电频率划分规定》，结合我国频率使用的实际情况，现将车联网（智能网联汽车）直连通信频率使用有关事项规定如下。

一、规划 5 905～5 925MHz 频段作为基于 LTE-V2X 技术的车联网（智能网联汽车）直连通信的工作频段。本文中车联网（智能网联汽车）直连通信是指路边、车载和便携无线电设备通过无线电传输方式，实现车与车、车与路、车与人直接通信和信息交换。其所用的无线电设备技术要求见附件。

二、在 5 905～5 925MHz 频段设置、使用路边无线电设备，建设运营车联网智能交通系统的，原则上应向国家无线电管理机构申请 5 905～5 925MHz 频率使用许可。为支持国家经济特区、新区、自由贸易试验区等加快智能交通系统建设，按照适度超前、互联互通、安全高效、智能绿色的原则，在明确建设运营主体的前提下，可由省、自治区、直辖市无线电管理机构报国家无线电管理机构同意后实施频率使用许可。提供车联网相关服务涉及经营电信业务的，应依法依规申办相关电信业务经营许可。

经批准取得频率使用许可后，路边无线电设备的设置、使用单位，应向所在地的省、自治区、直辖市无线电管理机构申请取得无线电台执照。未取得无线电台执照的路边无线电设备，不得发射无线电信号，不受无线电有害干扰保护。

三、在 5 905～5 925MHz 频段设置、使用车载和便携无线电设备参照地面公众移动通信终端管理，无需取得频率使用许可和无线电台执照。

四、生产或者进口在我国境内销售、使用的车联网（智能网联汽车）直连通信无线电发射设备，应按照有关规定向国家无线电管理机构申请并取得无线电发射设备型号核准证。

五、自 2022 年 1 月 1 日起，原则上不再受理和审批 5 905～5 925MHz 频段内卫星地球站（测控站除外）新的设置、使用许可申请。偏远地区确有需要的，由省、自治区、直辖市无线电管理机构报国家无线电管理机构同意后方可设置、使用。

六、在 5 905～5 925MHz 频段设置、使用车联网（智能网联汽车）直连通信无线电设备，不得对同频或相邻频段内依法开展的卫星固定、无线电定位、固定等无线电业务的现有台（站）产生有害干扰。

七、为保护现有合法无线电台（站）和车联网（智能网联汽车）无线电设备的正常运行，在 5 905～5 925MHz 频段设置、使用车联网（智能网联汽车）直连通信路边无线电设备，原则上应分别距已合法使用的雷达站 7km 和卫星地球站 2km 以上。确需在上述范围内部署的，应经所在地的省、自治区、直辖市无线电管理机构组织协调并批准后方可设置、使用。

八、在 5 905～5 925MHz 频段设置、使用路边无线电设备前，应做好电磁环境测试和干扰防护工作，最大限度地减小无线电干扰和消除无线电干扰隐患。如发生无线电有害干扰，由受到无线电干扰方报请干扰发生地无线电管理机构按照“频带外让频带内、次要业务让主要业务、后用让先用、无规划让有规划”的原则依法协调解决。

九、在 5 905～5 925MHz 频段设置、使用车载无线电设备和便携无线电设备原则上不应提出干扰保护要求；遇有外部有害干扰时，可向干扰发生地无线电管理机构提请帮助。

十、本规定自 2018 年 12 月 1 日起施行。

附件：车联网（智能网联汽车）直连通信无线电设备技术要求

# 工业和信息化部办公厅印发《关于推进综合整治骚扰电话专项行动的工作方案》的通知

工信厅信管函〔2018〕337 号

各省、自治区、直辖市通信管理局，中国信息通信研究院，中国互联网协会、中国通信标准化协会，中国电信集团有限公司、中国移动通信集团有限公司、中国联合网络通信集团有限公司，各相关企业：

为落实工业和信息化部等 13 部门《综合整治骚扰电话专项行动方案》（工信部联信管〔2018〕138 号）有关要求，加强通信渠道管控，提升技术防范能力，全面遏制骚扰电话蔓延，现将《关于推进综合整治骚扰电话专项行动的工作方案》印发你们，请结合工作实际，认真贯彻执行。

工业和信息化部办公厅

2018 年 10 月 27 日

## 关于推进综合整治骚扰电话专项行动的工作方案

为贯彻落实工业和信息化部等 13 部门《综合整治骚扰电话专项行动方案》（工信部联信管〔2018〕138 号），推进骚扰电话治理工作，净化通信服务环境，保障用户合法权益，特制定本方案。

### 一、工作目标

全面加强通信资源管理，完善骚扰电话的发现、举报、处置流程，切断骚扰电话传播渠道；加强技术手段建设，提升骚扰电话防范能力；综合调动各方力量，规范电话营销行为，建立骚扰电话长效管控机制，实现商业营销类电话规范拨打、恶意骚扰和违法犯罪类电话明显减少的目标，营造良好的通信环境。

## 二、工作任务

### （一）加强通信资源和用户管理

各基础电信企业要按照“谁接入谁负责”的原则，加强业务管理，强化用户约束，防范各类通信资源被用于电话扰民。

1．全面核查清理。全面清查语音专线、“95”“96”“400”号码等资源使用情况，重点清查金融保险、地产中介、零售推销等行业及呼叫中心企业的专线和码号使用情况。严禁擅自改变码号资源用途，严禁为经营性呼叫中心的外呼业务核配用户号码，严禁为非法经营、超范围经营电信业务的企业提供通信资源，不符合资源使用规范的专线一律关停。（2018 年 11 月底前）

2．严格台账管理。建立语音专线、“95”“96”“400”号码等资源的台账，汇总至集团公司并报属地通信管理局，包括使用主体、接入信息、用户资质、资源用途等信息。建立动态巡查更新机制，确保相关台账信息真实准确，电信管理机构可依法随时查询溯源。（2018 年 12 月底前）

3．加强新用户管理。严格审查新用户资质，申请用户应当提供有效证照，经营电信业务的，必须提供相应的电信业务经营许可证。严格核实资源使用用途，督促企业客户不得将办公自用电信资源用于经营电信业务。在提供通信资源和进行业务合作时，要将电信业务经营不良名单和失信名单作为重要考量因素。

4．加强电话用户合同约束。各基础电信企业、移动转售企业要全面完善个人用户和集团用户合同管理，在合同中明确约定通信资源和业务使用规范要求、用户违约责任，增加骚扰电话拦截和处置相关条款，明确呼叫频次限制和骚扰电话举报处置措施，并逐步替换存量合同或签署补充条款。（2019 年 10 月底前）

**（二）全面规范呼叫中心业务**

各呼叫中心企业要严格落实企业主体责任，规范自身外呼行为，完善商业营销外呼管理机制，不得营销扰民。

1．规范通信资源使用行为。全面梳理自身业务，经营性呼叫中心不得使用用户号码作为业务号码，不得超范围经营；对存量资源进行全面自查整改，不得非法转租转售通信资源。（2019 年 3 月底前）

2．规范营销外呼行为。开展商业性营销，应事先征得用户同意，保留相关凭证并积极配合骚扰电话核查工作。除即时回访类业务外，主动外呼行为须避开用户的日常休息时段，不得按号段盲呼。

3．建立禁呼名单制度。全面建立禁呼名单制度，用户明确表示拒绝特定行业或业务的营销电话后，不得再次拨打。确需通过外呼方式为用户提供服务的，要严格控制外呼时间和频次，并在一定时段内（原则上不少于 30 日）留存通话录音。（2018 年 12 月底前）

**（三）全面清理各类骚扰软件**

各相关互联网企业（含信息发布平台、电商平台、应用软件分发平台和社交平台）要全面清理“呼死你”“网络改号”“短信轰炸机”等软件及“猫池”“语音网关”等设备相关销售推广信息，切断相关软件、设备在互联网上的搜索、发布、下载、交易渠道。建立动态查处清理机制，让相关软件和设备信息

“发不出、搜不到、用不了”，发现一起清除一起。（2018 年 11 月底前）

**（四）提升技术防范能力**

1. 强化主叫号码鉴权和溯源能力

各基础电信企业要落实主叫鉴权要求，对未通过鉴权的呼叫一律进行拦截。禁止客户自行修改主叫号码，严禁利用透传技术虚拟主叫号码。要全面建立骚扰电话内部核查处理问责机制，集团及省公司均设立专人负责。留存 30 日的信令数据，做好骚扰电话溯源核查工作，并为相关移动转售企业提供必要的支持。（2018 年 11 月底前）

2. 提升骚扰电话监测和拦截能力

（1）各基础电信企业要建立和完善骚扰电话拦截系统，运用大数据等技术手段，充分结合信令监测、呼叫行为分析，建立骚扰电话拦截策略，完善骚扰电话拦截流程。严格落实相关技术标准和规范要求，加强“+86”国际虚假主叫拦截，做好虚假主叫、不规范主叫、“响一声”“呼死你”等骚扰电话的甄别和拦截工作。（2019 年 6 月底前）

（2）各通信管理局要充分利用现有全国诈骗电话防范系统和网间互联互通监测系统，做好骚扰电话数据的收集和分析工作，提升骚扰电话监测发现能力，强化对录音类骚扰电话和已发现骚扰电话的拦截能力，并做好与基础电信企业的联动工作。

3. 加强骚扰电话风险提示能力

（1）中国通信标准化协会要加快制订移动智能终端防骚扰技术要求、骚扰标记分类等骚扰电话治理相关标准，规范标记行为。

（2）鼓励各智能终端制造企业在手机终端引入骚扰电话防范功能，为用户提供快捷方便的骚扰电话识别、处置功能。鼓励各互联网企业开发具备骚扰电话标注、拦截和风险防控警示功能的应用软件。

（3）各基础电信企业、移动转售企业要完善相关技术手段，具备通过短信、闪信等业务为国内手机用户提供涉嫌骚扰电话来电号码标注提醒和风险防控警示能力。（2019 年 3 月底前）

（4）中国信息通信研究院要建立高危号码标记、核查、处理、更新更正机制，及时向社会公开标记信息，全面提高码号标记准确性。初步建成全国防骚扰信息综合服务平台，汇总用户对各类营销电话的接收意愿并与基础电信企业、移动转售企业和呼叫中心企业等共享数据。各相关企业应根据用户意愿有效拦截特定行业或业务的营销电话。（2019 年 12 月底前）

（5）各基础电信企业、呼叫中心企业及互联网企业要加强与各单位合作，提供必要的技术和资源协助，共同建立健全骚扰电话防范体系。

**（五）建立健全骚扰电话管控机制**

1．畅通骚扰电话投诉举报渠道。工业和信息化部委托中国互联网协会 12321 网络不良和垃圾信息举报中心统一受理骚扰电话举报，并实时将相关举报情况通报各通信管理局、基础电信企业和移动转售企业。中国信息通信研究院、中国互联网协会要推动基础电信企业全面建成网间投诉联动协查机制。（2018 年 12 月底前）

2．完善骚扰电话举报处置机制。各基础电信企业、移动转售企业要建立骚扰电话举报处置机制，及时核实处置用户举报并向被举报人反馈。对因处置骚扰电话产生用户申诉的，核实相关骚扰电话举报属实的，可在用户申诉考核中予以核减。（2019 年 3 月底前）

3．加强骚扰电话问题责任追究。各通信管理局要引导企业强化骚扰电话治理意识，严格落实骚扰电话治理相关要求。对骚扰电话举报投诉、违法违规问题、媒体曝光造成恶劣影响的事件要追根溯源，有案必查，查实必罚。对问题严重的主要负责人和具体责任人，要严肃处理。

4．强化信用管理。对因骚扰电话问题受到行政处罚的企业，各通信管理局要及时将其纳入电信业务经营不良名单，并向社会公布。各基础电信企业要建立合作伙伴和客户信用管理机制，对骚扰电话、垃圾信息突出的客户进行必要的提醒和警示，并建立企业间相关信息共享机制。

5．建立部门沟通协作机制。各通信管理局要结合自身实际工作情况，建立与本地区各行业管理部门的沟通协调机制，推动骚扰电话源头治理。（2018年11月底前）

### （六）强化行业自律

各基础电信企业、移动转售企业和互联网企业要规范自身电话业务营销行为。鼓励行业协会等加强行业自律体系建设，联合基础电信企业、移动转售企业、呼叫中心企业，推动话音业务规范、技术手段防控、关键数据共享、营销业务服务规范，出台营销电话规范等自律公约。

## 三、工作要求

（一）强化考核监督。各基础电信企业应将骚扰电话整治工作纳入基层单位关键绩效考核。各通信管理局要强化监督检查，依法查处各类违规行为。工业和信息化部适时组织抽查并通报相关情况。

（二）加强宣传引导。各单位要切实加强社会宣传工作，曝光违法违规企业和典型案例，及时答复和响应人民群众反映的问题和诉求，适时回应社会关注的热点问题，主动接受社会舆论监督。

（三）定期通报总结。各单位要加强工作检查和信息通报，分析总结治理工作经验，探索建立骚扰电话管控的长效机制。2018 年第四季度开始，各通信管理局、基础电信企业要按季度将治理工作情况总结报工业和信息化部（信息通信管理局）。

# 工业和信息化部 国务院扶贫办关于持续加大网络精准扶贫工作力度的通知

工信部联通信函〔2018〕396 号

各省、自治区、直辖市通信管理局、扶贫办：

为深入贯彻落实《中共中央国务院关于打赢脱贫攻坚战的决定》《“十三五”脱贫攻坚规划》，充分发挥网络扶贫在推进精准扶贫、精准脱贫方面的重要作用，使贫困群众用得上、用得起、用得好各类通信服务和网络应用，实现脱贫致富，提升生活质量，现就支持基础电信企业面向贫困群众给予资费优惠有关事项通知如下：

一、工业和信息化部、国务院扶贫办将加强统筹指导，引导支持各基础电信企业根据自身情况及贫困地区经济状况，对全国建档立卡贫困户选择使用光纤宽带和移动手机等基础通信服务资费套餐，给予最大幅度折扣优惠。

二、各地通信管理局要牵头做好本辖区的组织协调工作，与省扶贫办建立工作对接机制，指导省级基础电信企业抓紧实施，建立用户台账，严格规范办理，与受益贫困户签署正式合同或协议，约定优惠折扣标准和有效期限。

三、各地扶贫办要做好协同配合工作，与省通信管理局、省级基础电信企业加强建档立卡贫困户数据共享，作为开展网络精准扶贫降费工作的基础依据。

四、各地通信管理局、扶贫办要做好经验总结和优秀网络扶贫应用案例的宣传推广，并切实做好相关数据的核验和报送工作，于每季度首月 20 日前组织省级基础电信企业将惠及用户、让利金额等数据汇总后，分别报工业和信息化部和国务院扶贫办。

特此通知。

工业和信息化部　国务院扶贫办

2018 年 10 月 29 日

# 工业和信息化部关于印发《3 000 ~ 5 000MHz 频段第五代移动通信基站与卫星地球站等无线电台（站）干扰协调管理办法》的通知

工信部无〔2018〕266 号

各省、自治区、直辖市无线电管理机构，国家广播电视总局、中国科学院、中国电信集团有限公司、中国移动通信集团有限公司、中国联合网络通信集团有限公司、中国铁塔股份有限公司，中国卫通集团股份有限公司、中信数字媒体网络有限公司、亚太卫星宽带通信（深圳）有限公司，各相关单位：

为保障我国第五代移动通信（5G）健康发展，充分、合理、有效利用无线电频谱资源，解决 5G 基站与卫星地球站等其他无线电台（站）的干扰问题，规范协调管理方法，优化 5G 基站设置审批程序，提高工作效率，根据《中华人民共和国无线电管理条例》和相关行政法规，工业和信息化部制定《3 000～5 000MHz 频段第五代移动通信基站与卫星地球站等无线电台（站）干扰协调管理办法》，现予印发。请各相关单位加强协调，通力配合，认真贯彻执行。

附件：3 000～5 000MHz 频段第五代移动通信基站与卫星地球站等无线电台（站）干扰协调管理办法

工业和信息化部

2018 年 12 月 11 日

**附件：**

# 3 000～5 000MHz 频段第五代移动通信基站与卫星地球站等无线电台（站）干扰协调管理办法

**第一条** 为促进我国第五代移动通信持续健康发展，避免 3 000～5 000MHz 频段（中频段）第五代移动通信基站（以下简称 5G 基站）与卫星地球站等无线电台（站）之间产生有害干扰，维护空中电波秩序，依据《中华人民共和国无线电管理条例》及相关无线电管理规定，制定本办法。

**第二条** 5G 基站的设置、使用不得对同频及邻频段已依法设置、使用的卫星地球站等其他无线电台（站）产生有害干扰。

**第三条** 相关单位在 3 300～4 200MHz 和 4 500～5 000MHz 频段内申请设置、使用 5G 基站及卫星地球站等无线电台（站）时，应当按照本办法开展干扰协调工作。

**第四条** 5G 基站设置、使用单位应该按照“频带外让频带内、次要业务让主要业务、后用让先用、无规划让有规划”的原则，主动发起与同频及邻频卫星地球站等其他合法无线电台（站）使用单位的干扰协调，并将协调进展情况向当地无线电管理机构报备。如与上述合法无线电台（站）使用单位的协调在规定的时间内无法达成一致意见时，可请求当地无线电管理机构协助。

**第五条** 设置、使用卫星地球站、固定业务台（站）和射电天文台的相关单位和用户，应积极配合开展与 5G 基站设置、使用单位的干扰协调工作，不得以不当理由拒绝、拖延协调请求。

**第六条** 各省、自治区、直辖市无线电管理机构应当按照本办法的要求，及时将需要保护的卫星地球站等信息情况提供给 5G 基站设置、使用单位，必要时可组织和协助开展干扰协调工作。对符合条件的 5G 基站依法发放无线电台执照。

**第七条** 5G 基站设置、使用单位应严格按照所获得的无线电频率使用许可证（或批准文件）规定的事项使用频率。3 300～3 400MHz 频段内的 5G 基站限室内使用，遇有相互干扰问题报当地无线电管理机构协调解决。

**第八条** 5G 基站与同频及邻频卫星地球站、固定业务台（站）和射电天文台的干扰协调程序见附件 1 至附件 3。

**第九条** 为避免 5G 基站干扰 3 400～4 200MHz 频段内依法设置的卫星地球站（含卫星测控站）、卫星监测站而采取各种措施所产生的费用，原则上由 3 400～3 600MHz 频段内 5G 基站设置、使用单位共同承担；为避免 5G 基站干扰固定业务台（站）、射电天文台而采取的各种措施所产生的费用，原则上由在同频及邻频段设置、使用 5G 基站的单位承担。

**第十条** 自本办法实施之日起，不再受理和审批以下新申请的无线电台（站）设置、使用许可：

（一）3 400～4 200MHz 和 4 800～5 000MHz 频段内的地面固定业务台（站）；

（二）3 400～3 700MHz 频段内的空间无线电台和卫星地球站（3 600～3 700MHz 频段内已批准立项、研制的空间无线电台及对应的卫星测控站，或在已有测控场所内设置且不增加干扰保护要求的卫星测控站除外）。

**第十一条** 自本办法实施之日起，在 3 700～4 200MHz 和 4 500～4 800MHz 频段内新设置的单收卫星地球站如需电磁环境保护，设置、使用单位应在确定工程选址前对其选址进行电磁兼容分析和论证，并征求选址地无线电管理机构的意见。相应的无线电管理机构对于同意建站的应予以说明，列入地球站保护清单并按本办法予以必要的协调保护，否则应给出不建议建站理由或干扰风险提示。未征求、采纳无线电管理机构的意见的，不得向无线电管理机构提出排除有害干扰的要求。

**第十二条** 为避免受到5G基站干扰，自本办法实施之日起，新设置、使用的3 700～4 200MHz和4 500～4 800MHz频段卫星地球站（含卫星测控站），其低噪声放大器或变频器的技术指标应符合附件4的要求。

**第十三条** 设置、使用5G基站的其他要求按照《工业和信息化部关于公众移动通信基站设置、使用管理有关事宜的通知》（工信部无〔2017〕330号）执行。

**第十四条** 涉及军事系统无线电台（站）设置和保护相关要求，按照军地无线电管理协调机制和军队有关规定办理。

**第十五条** 本办法自2019年1月1日起实施。

附件：1．5G基站与卫星地球站干扰协调程序

2．5G基站与固定业务台（站）干扰协调程序

3．5G基站与射电天文台干扰协调程序

4．3 700～4 200MHz和4 500～4 800MHz频段卫星地球站低噪声放大器（LNA）和低噪声变频器（LNB）技术要求

# 工业和信息化部关于加快推进虚拟现实产业发展的指导意见

工信部电子〔2018〕276号

各省、自治区、直辖市及计划单列市、新疆生产建设兵团工业和信息化主管部门，有关行业组织，有关单位：

虚拟现实（含增强现实、混合现实，简称VR）融合应用了多媒体、传感器、新型显示、互联网和人工智能等多领域技术，能够拓展人类感知能力，改变产品形态和服务模式，给经济、科技、文化、军事、生活等领域带来深刻影响。全球虚拟现实产业正从起步培育期向快速发展期迈进，我国面临同步参与国际技术产业创新的难得机遇，但也存在关键技术和高端产品供给不足、内容与服务较为匮乏、创新支撑体系不健全、应用生态不完善等问题。为加快我国虚拟现实产业发展，推动虚拟现实应用创新，培育信息产业新增长点和新动能，现提出以下意见。

## 一、总体要求

### （一）指导思想

以习近平新时代中国特色社会主义思想为指导，全面贯彻党的十九大精神，把握虚拟现实等新一代信息技术孕育发展机遇，坚持市场主导、应用牵引、创新驱动、协同发展，以加强技术产品研发、丰富内容服务供给为抓手，以优化发展环境、建立标准规范、强化公共服务为支撑，提升产业创新发展能力，推动新技术、新产品、新业态、新模式在各领域广泛应用，推动我国信息产业高质量发展，为我国经济社会发展提供新动能。

### （二）发展目标

到 2020 年，我国虚拟现实产业链条基本健全，在经济社会重要行业领域的应用得到深化，建设若干个产业技术创新中心，核心关键技术创新取得显著突破，打造一批可复制、可推广、成效显著的典型示范应用和行业应用解决方案，创建一批特色突出的虚拟现实产业创新基地，初步形成技术、产品、服务、应用协同推进的发展格局。

到 2025 年，我国虚拟现实产业整体实力进入全球前列，掌握虚拟现实关键核心专利和标准，形成若干具有较强国际竞争力的虚拟现实骨干企业，创新能力显著增强，应用服务供给水平大幅提升，产业综合发展实力实现跃升，虚拟现实应用能力显著提升，推动经济社会各领域发展质量和效益显著提高。

## 二、重点任务

### （一）突破关键核心技术

加强产学研用协同合作，推动虚拟现实相关基础理论、共性技术和应用技术研究。坚持整机带动、系统牵引，围绕虚拟现实建模、显示、传感、交互等重点环节，加强动态环境建模、实时三维图形生成、多元数据处理、实时动作捕捉、实时定位跟踪、快速渲染处理等关键技术攻关，加快虚拟现实视觉图形处理器（GPU）、物理运算处理器（PPU）、高性能传感处理器、新型近眼显示器件等的研发和产业化。

——近眼显示技术。实现 30PPD（每度像素数）单眼角分辨率、100Hz 以上刷新率、毫秒级响应时间的新型显示器件及配套驱动芯片的规模量产。发展适人性光学系统，解决因辐合调节冲突、画面质量过低等引发的眩晕感。加速硅基有机发光二级管（OLEDoS）、微发光二极管（MicroLED）、光场显示等微显示技术的产业化储备，推动近眼显示向高分辨率、低时延、低功耗、广视角、可变景深、轻薄小型化等方向发展。

——感知交互技术。加快六轴及以上 GHz 惯性传感器、3D 摄像头等的研发与产业化。发展鲁棒性强、毫米级精度的自内向外（inside-out）追踪定位设备及动作捕捉设备。加快浸入式声场、语音交互、眼球追踪、触觉反馈、表情识别、脑电交互等技术的创新研发，优化传感融合算法，推动感知交互向高精度、自然化、移动化、多通道、低功耗等方向发展。

——渲染处理技术。发展基于视觉特性、头动交互的渲染优化算法，加快高性能 GPU 配套时延优化算法的研发与产业化。突破新一代图形接口、渲染专用硬加速芯片、云端渲染、光场渲染、视网膜渲染等关键技术，推动渲染处理技术向高画质、低时延、低功耗方向发展。

——内容制作技术。发展全视角 12K 分辨率、60 帧/秒帧率、高动态范围（HDR）、多摄像机同步与单独曝光、无线实时预览等影像捕捉技术，重点突破高质量全景三维实时拼接算法，实现开发引擎、软件、外设与头显平台间的通用性和一致性。

## （二）丰富产品有效供给

面向信息消费升级需求和行业领域应用需求，加快虚拟现实整机设备、感知交互设备、内容采集制作设备、开发工具软件、行业解决方案、分发平台的研发及产业化，丰富虚拟现实产品的有效供给。

——整机设备。发展低成本、高性能、符合人眼生理特性的主机式、手机式、一体机式、车载式、洞穴式、隐形眼镜式等形态的虚拟现实整机设备。研发面向制造、教育、文化、健康、商贸等重点行业领域及特定应用场景的虚拟现实行业终端设备。

——感知交互设备。研发自内向外（inside-out）追踪定位装置、高性能3D摄像头以及高精度交互手柄、数据手套、眼球追踪装置、数据衣、力反馈设备、脑机接口等感知交互设备。

——内容采集制作设备。加快动作捕捉、全景相机、浸入式声场采集设备、三维扫描仪等内容采集制作设备的研发和产业化，满足电影、电视、网络媒体、自媒体等不同应用层级内容制作需求。

——开发工具软件。发展虚拟现实整机操作系统、三维开发引擎、内容制作软件，以及感知交互、渲染处理等开发工具软件，提升虚拟现实软硬件产品系统集成与融合创新能力。

——行业解决方案。发展面向重点行业领域典型应用的虚拟研发设计、虚拟装配制造、虚拟检测维修、虚拟培训、虚拟货品展示等集成解决方案。

——分发平台。发展端云协同的虚拟现实网络分发和应用服务聚合平台（CloudVR），推动建立高效、安全的虚拟现实内容与应用支付平台及分发渠道。

### （三）推进重点行业应用

引导和支持“VR+”发展，推动虚拟现实技术产品在制造、教育、文化、健康、商贸等行业领域的应用，创新融合发展路径，培育新模式、新业态，拓展虚拟现实应用空间。

——VR+制造。推进虚拟现实技术在制造业研发设计、检测维护、操作培训、流程管理、营销展示等环节的应用，提升制造企业辅助设计能力和制造服务化水平。推进虚拟现实技术与制造业数据采集与分析系统的融合，实现生产现场数据的可视化管理，提高制造执行、过程控制的精确化程度，推动协同制造、远程协作等新型制造模式发展。构建工业大数据、工业互联网和虚拟现实相结合的智能服务平台，提升制造业融合创新能力。面向汽车、钢铁、高端装备制造等重点行业，推进虚拟现实技术在数字化车间和智能车间的应用。

——VR+教育。推进虚拟现实技术在高等教育、职业教育等领域和物理、化学、生物、地理等实验性、演示性课程中的应用，构建虚拟教室、虚拟实验室等教育教学环境，发展虚拟备课、虚拟授课、虚拟考试等教育教学新方法，促进以学习者为中心的个性化学习，推动教、学模式转型。打造虚拟实训基地，持续丰富培训内容，提高专业技能训练水平，满足各领域专业技术人才培训需求。促进虚拟现实教育资源开发，实现规模化示范应用，推动科普、培训、教学、科研的融合发展。

——VR+文化。在文化、旅游和文物保护等领域，丰富融合虚拟现实体验的内容供应，推动现有数字内容向虚拟现实内容的移植，满足人民群众文化消费升级需求。发展虚拟现实影视作品和直播内容，鼓励视频平台打造虚拟现实专区，提供虚拟现实视频点播、演唱会、体育赛事、新闻事件直播等服务。打造虚拟电影院、虚拟音乐厅，提供多感官体验模式，提升用户体验。建设虚拟现实主题乐园、虚拟现实行业体验馆等，创新文化传播方式。推动虚拟现实在文物古迹复原、文物和艺术品展示、雕塑和立体绘画等文化艺术领域应用，创新艺术创作和表现形式。

——VR+健康。加快虚拟现实技术在医疗教学训练与模拟演练、手术规划与导航等环节的应用，推动提高医疗服务智能化水平。推动虚拟现实技术在心理辅导、康复护理等环节的应用，探索虚拟现实技术对现有诊疗手段的补充完善，发展虚拟现实居家养老、在线诊疗、虚拟探视服务，提高远程医疗水平。

——VR+商贸。顺应电子商务、家装设计、商业展示等领域场景式购物趋势，发展和应用专业化虚拟现实展示系统，提供个性化、定制化的地产、家居、家电、室内装修和服饰等虚拟设计、体验与交易平台，发展虚拟现实购物系统，创新商业推广和购物体验模式。

### （四）建设公共服务平台

依托行业龙头企业、行业组织和金融机构等其他第三方机构，面向虚拟现实产业发展需要，建设和运营产业公共服务平台，提供技术攻关、资金支持、成果转化、测试推广、信息交流、创新孵化等服务，推动构建集规模化创新、投资、孵化和经营为一体的虚拟现实生态系统，优化产业发展环境。

——共性技术创新服务。围绕虚拟现实产业技术创新需求，以基础研究和共性关键技术研发支撑为重点，集聚骨干企业、知名高校院所及虚拟现实领域专业实验室、研究院、研发中心、技术中心、工程中心等创新机构资源，共同推进虚拟现实共性技术创新。指导和帮助企业、专业机构申报国内、国际专利，及时形成知识产权。探索建立虚拟现实科技成果转化和激励机制，推动跨行业、跨部门、跨地域的成果转化。

——创新创业孵化服务。整合创新创业要素资源，提供开放式、低成本、便利化的全要素综合服务，推动虚拟现实创新资源共建共享，提供虚拟现实研发资源。支持各类企业孵化器、众创空间等载体面向虚拟现实领域打造专业化、全流程覆盖的创新创业服务体系，为初创企业和创新团队提供创业辅导、创新资金、辅助技术、法律帮扶、教育培训等服务。

——行业交流对接服务。集聚行业组织和第三方机构服务资源，建立虚拟现实产业信息交流与合作对接公共服务体系，提供虚拟现实产业咨询培训、项目对接、应用促进、技术交易、成果转化、知识产权、会展商务、融资租赁、人力资源、行业研究等服务，促进产业信息共享，推动产业生态发展。

## （五）构建标准规范体系

发挥标准对产业的引导支撑作用，建立产学研用协同机制，健全虚拟现实标准和评价体系。加强标准体系顶层设计，着力做好基础性、公益性、关键性技术和产品的国家/行业标准制修订工作，有效支撑和服务产业发展。着力推动标准国际化工作，加快我国国际标准化进程。

——建立标准规范体系。研究确定虚拟现实综合标准化顶层设计，构建虚拟现实领域标准化体系，提出标准化路径和时间表。鼓励发展具有引领促进作用的团体标准，完善团体标准转化机制，形成政府主导制定的标准与市场自主制定的标准协同发展、协调配套的新型标准体系机制。积极引导和支持国内企业、科研机构、高等院校参与国际标准制定。

——加快重点标准研制。加大基础类、安全类、应用类等标准制定力度，规范接口数据、程序接口、互联互通等标准，推进不同产品和应用系统间互换互认。制定符合人体视觉、听觉习惯和满足生理、心理健康要求的虚拟现实产品安全和健康等标准，提高虚拟现实产品基本安全保障能力。完善制定根据儿童、青少年、成人、特殊人群等不同受众人群划分的内容分级标准体系。

——开展检测认证工作。研究建立虚拟现实产品检验检测与评估机制，构建涵盖虚拟现实技术、产品、服务等方面的测试评估体系，支持第三方机构开展虚拟现实重点标准宣贯和产品质量评估测试工作。组织开展对市场主流虚拟现实产品的标准符合性测试，发布质量分析报告。

### （六）增强安全保障能力

强化虚拟现实系统平台安全防护能力建设。研究针对虚拟现实的攻击监测及防御技术，推动针对虚拟现实重点产品的安全风险监测预警能力建设，加强安全威胁信息共享，及时发布虚拟现实安全漏洞风险和预警信息，推动政府、行业、企业间的虚拟现实安全信息共享和协同联动。

加强虚拟现实领域重要数据和个人信息保护。落实数据安全和用户个人信息保护规定等政策文件要求，针对虚拟现实产业技术及产品特点，指导企业规范对用户个人信息的收集、存储、使用和销毁等行为，提升企业在开展虚拟现实业务过程中对用户个人信息的保护水平。

## 三、推进措施

（一）加大政策支持力度。紧密结合国家相关产业政策，利用现有渠道，创新支持方式，重点支持虚拟现实技术研发和产业化。加强对产业发展情况的跟踪监测和发展形势研判。鼓励金融机构开展符合虚拟现实产业特点的融资业务和信用保险业务，进一步拓宽产业融资渠道。

（二）发挥地方政府作用。加强对地方工作的指导协调，引导地方结合实际出台配套政策和具体落实措施，支持地方建设产业发展公共服务平台，开展地区间交流合作。各地要加大投入力度，集中力量突破关键核心技术，丰富产品供给，在民生、公益项目中积极选用虚拟现实产品和解决方案。

（三）推进示范应用推广。鼓励重点地区、重点行业企业，瞄准特色应用需求，加快虚拟现实应用技术和行业解决方案应用。支持地方、企业组织实施虚拟现实应用项目，探索形成可推广、可复制的应用模式和商业模式，及时总结优秀案例和发展经验向全国推广。

（四）建设产业发展基地。支持有条件的地方建设虚拟现实产业发展基地，引导虚拟现实企业向基地集聚。组织开展虚拟现实产业特色基地认定工作，引导差异化的建设方向。统筹布局虚拟现实产业载体、创新中心建设，形成网络化、协同化发展促进体系。

（五）加强产业品牌打造。加大对优秀虚拟现实企业、产品、服务、平台、应用案例的总结宣传力度，提高我国虚拟现实品牌的知名度。加强对优秀产业发展基地、行业组织的推广，激发各界推动产业发展的积极性。

（六）加强专业人才培养。依托国家重大人才工程，实施优秀人才引进计划，加快引进一批高端、复合型虚拟现实人才。依照产业发展需求进行课程体系设置改革试点。鼓励高校和企业创新合作模式，共建实训基地，积极开展互动式人才培养。健全虚拟现实人才使用、评价和激励措施，推动完善从研发、转化、生产到管理的人才生态结构。

（七）促进行业组织发展。支持产业联盟、研究机构等行业组织的创新发展，打造产业发展促进平台，在技术攻关、标准制定、人才对接、应用推广、投资促进、品牌宣传和国际合作等方面发挥组织协同作用。支持行业组织开展虚拟现实相关创新促进活动、展示体验活动以及应用推进活动。

（八）推动国际交流合作。加强虚拟现实领域国际交流合作，推进技术、人才、资金等资源互动，提升全球资源聚合能力，加快提升研发创新能力。支持虚拟现实企业加大海外市场拓展力度，建立以专业化、市场化为导向的海外市场服务体系，提高产业国际化发展能力。

工业和信息化部

2018 年 12 月 21 日

# 工业和信息化部关于印发《车联网（智能网联汽车）产业发展行动计划》的通知

工信部科〔2018〕283 号

各省、自治区、直辖市及计划单列市、新疆生产建设兵团工业和信息化主管部门，各省、自治区、直辖市通信管理局，各相关单位：

为加快车联网（智能网联汽车）产业发展，大力培育新增长点、形成新动能，工业和信息化部制定了《车联网（智能网联汽车）产业发展行动计划》。现印发给你们，请结合实际认真贯彻落实。

附件：车联网（智能网联汽车）产业发展行动计划

工业和信息化部

2018 年 12 月 25 日

**附件：**

## 车联网（智能网联汽车）产业发展行动计划

车联网（智能网联汽车）产业是汽车、电子、信息通信、道路交通运输等行业深度融合的新型产业形态。发展车联网产业，有利于提升汽车网联化、智能化水平，实现自动驾驶，发展智能交通，促进信息消费，对我国推进供给侧结构性改革、推动制造强国和网络强国建设、实现高质量发展具有重要意义。当前，我国车联网产业进入快车道，技术创新日益活跃，新型应用蓬勃发展，产业规模不断扩大，但也存在关键核心技术有待突破、产业生态亟待完善以及政策法规需要健全等问题。为进一步促进产业持续健康发展，制定本行动计划。

## 一、总体要求

### （一）指导思想

以习近平新时代中国特色社会主义思想为指导，全面贯彻党的十九大和十九届二中、三中全会精神，坚持新发展理念，坚持推进高质量发展，以网络通信技术、电子信息技术和汽车制造技术融合发展为主线，充分发挥我国网络通信产业的技术优势、电子信息产业的市场优势和汽车产业的规模优势，优化政策环境，加强跨行业合作，突破关键技术，夯实产业基础，推动形成深度融合、创新活跃、安全可信、竞争力强的车联网产业新生态。

### （二）基本原则

**系统部署、统筹推进**。加强顶层设计，完善部门协同和部省联动，做好战略部署和分阶段实施。统筹推动关键技术研发、标准规范制定、测试示范推广和基础设施建设，构建产业健康发展的环境和基础。

**创新引领、应用驱动**。推动跨行业协同创新，充分调动各方力量，加强产学研合作，突破技术瓶颈，不断提升创新能力。夯实产业基础，培育创新应用，提升用户规模，加快形成产业创新发展新生态。

**优势互补、开放合作**。推动产业合作、平台互通、系统互联，构建优势互补、融合发展的产业新格局。加强国际交流与合作，共同推动汽车产业升级和应用模式的转换。

**强化管理、保障安全**。明确主体责任，健全管理制度，强化防护机制，构建确保人身安全的管理体系。

### （三）行动目标

到 2020 年，实现车联网（智能网联汽车）产业跨行业融合取得突破，具备高级别自动驾驶功能的智能网联汽车实现特定场景规模应用，车联网综合应用体系基本构建，用户渗透率大幅提高，智能道路基础设施水平明显提升，适应产业发展的政策法规、标准规范和安全保障体系初步建立，开放融合、创新发展的产业生态基本形成，满足人民群众多样化、个性化、不断升级的消费需求。

——**关键技术**。构建能够支撑有条件自动驾驶（L3 级）及以上的智能网联汽车技术体系，形成安全可信的软硬件集成与应用能力。智能网联汽车计算基础平台、平台线控、智能驱动等核心技术有所突破，L3 级集成技术水平大幅提升。实现基于第四代移动通信技术设计的车联网无线通信技术（LTE-V2X）产业化与商用部署，加快基于第五代移动通信技术设计的车联网无线通信技术（5G-V2X）等关键技术研发及部分场景下的商业化应用，构建通信和计算相结合的车联网体系架构。

——**标准体系**。完成车联网（智能网联汽车）关键标准制定，大幅增加标准有效供给，健全产业标准体系。提升综合测试验证能力，完善测试评价体系，构建场景数据库，形成测试规范统一和数据共享，形成一批区域性、有特色、先导性的示范应用。

——**基础设施**。实现 LTE-V2X 在部分高速公路和城市主要道路的覆盖，开展5G-V2X示范应用，建设窄带物联网（NB-IoT）网络，构建车路协同环境，提升车用高精度时空服务的规模化应用水平，为车联网、自动驾驶等新技术应用提供必要条件。

——**应用服务**。车联网用户渗透率达到30%以上，新车驾驶辅助系统（L2）搭载率达到30%以上，联网车载信息服务终端的新车装配率达到60%以上，构建涵盖信息服务、安全与能效应用等的综合应用体系。

——**安全保障**。产业安全管理体系初步形成，安全管理制度与安全防护机制落地实施，安全技术及产品研发取得阶段性成果，安全技术支撑手段建设初见成效，安全保障和服务能力逐步完善。

2020年后，通过持续努力，推动车联网产业实现跨越发展，技术创新、标准体系、基础设施、应用服务和安全保障体系全面建成，高级别自动驾驶功能的智能网联汽车和5G-V2X逐步实现规模化商业应用，“人—车—路—云”实现高度协同，人民群众日益增长的美好生活需求得到更好满足。

## 二、突破关键技术，推动产业化发展

### （一）加快智能网联汽车关键核心技术攻关

充分利用各种创新资源，加快智能网联汽车关键零部件及系统开发应用，重点突破智能网联汽车复杂环境感知、新型电子电气架构、车辆平台线控等核心技术。加快车载视觉系统、激光/毫米波雷达、多域控制器、惯性导航等感知器件的联合开发和成果转化。加快推动智能车载终端、车规级芯片等关键零部件的研发，促进新一代人工智能、高精度定位及动态地图等技术在智能网联汽车上的产业化应用。加快推动高性能车辆智能驱动、线控制动、线控转向、电子稳定系统的开发和产业化，实现对车辆的精确、协调和可靠控制。

### （二）推动构建智能网联汽车决策控制平台

衔接国家科技重大专项成果，通过联合攻关、合作开发等方式，加快搭建中国标准智能网联汽车场景数据库，完善适合深度学习的软件开发环境，开发软硬件协同计算与通信融合的车载操作系统，加速开发适用于智能网联汽车的硬件接口单元、存储管理单元和 V2X 通信单元，加快形成适合中国道路状况的 L3 级以上智能网联汽车计算基础平台架构设计，满足对车辆动力底盘和车身电子部件的安全、快速、有效控制要求。

### （三）强化无线通信技术研发和产业化

大力支持 LTE-V2X、5G-V2X 等无线通信关键技术研发与产业化。加快推动多接入边缘计算、网络功能虚拟化、5G 网络切片等技术在产业中的应用，构建通信和计算相结合的体系架构，提升多接入边缘计算敏捷性，实现更多业务创新。加快 V2X 计算平台的部署及产品研发，分步构建中心—区域—边缘—终端的多级分布式 V2X 计算平台体系，满足 V2X 业务需求。

## 三、完善标准体系，推动测试验证与示范应用

### （一）健全标准体系

充分发挥标准体系在车联网产业生态中的基础、引导和规范作用，加快推进实施《国家车联网产业标准体系建设指南》，根据产业发展需要适时更新和补充完善。加快制定与完善基础通用类、技术类、测试评价类、服务规范类和

安全认证类标准，增加标准有效供给。鼓励同步推进关键技术的国际标准化，以标准引领技术发展和水平提升。

加快智能网联汽车基础通用、先进驾驶辅助系统（ADAS）、自动驾驶、信息安全、网联功能等相关标准的制修订，以测试场景为切入点、以整车功能评价为目标，系统开展自动驾驶测试评价相关标准规范的研究与制定。开展5G-V2X技术研发与标准制定，推进多接入边缘计算与LTE-V2X技术的融合创新和标准研究。加强与智慧城市建设等相关基础设施标准之间的衔接，加快基站设备、路侧单元和车载终端设备的技术要求与测试方法研究制定。推动制定车联网服务平台、交通管控信息服务平台之间的端到端互联互通标准。构建电动汽车、充电桩和平台间的互联互通与数据交互标准。推进车联网无线通信安全、车联网平台及应用安全、数据安全和用户个人信息保护的相关标准研究制定。

### （二）加快频率和业务许可论证

发布车联网（智能网联汽车）直连通信使用5 905～5 925MHz频段管理规定。结合技术和产业发展情况及相关单位的频率申请，适时发放频率使用许可。推动5G-V2X相关频率需求研究。加强对LTE-V2X基础设施运营资质和车联网业务资质的研究。

### （三）推动测试验证

构建智能网联汽车测试评价体系，完善单项技术、整车产品的测试方法和测试规范，全面提升测试验证能力。加强测试示范区能力建设，推进测试规范统一和数据库共享。推动建设中国道路交通场景库，为产品开发测试、安全性评估与功能评价提供基础支撑。扩大智能网联汽车公共道路测试范围，探索进行高速公路测试试点。

完善车载终端、路侧单元等在不同电磁环境下技术测试验证，构建车联网云平台测试验证体系，提升相关测试验证能力。研究车联网电磁环境保护要求，完善车用无线通信设备进网许可相关管理办法。推动仿真测试、道路试验测试等技术发展，形成面向实验室、封闭道路、半封闭道路和开放道路的综合试验验证能力。

### （四）促进示范应用

加强与公安部、交通运输部等部门及地方政府的协同合作，鼓励产业链各方参与，开展半开放区域和公开道路等测试验证，保障车载终端、路侧单元与云平台间通信的可靠性、兼容性和安全性，逐步完成端到端的技术验证和互联互通测试。在机场、港口、快速公交车道和产业园区开展自动驾驶通勤出行、智能物流配送、智能环卫等场景的示范应用。推进上海、北京—河北、重庆、无锡、杭州、武汉、长春、广州和长沙等区域性示范应用，支持北京冬奥会和雄安新区开展车联网应用。构建国家级的车联网先导区，不断提升交通智能化管理水平和居民出行服务体验。

## 四、合作共建，推动完善车联网产业基础设施

### （一）完善通信网络设施

推动 LTE 网络的改造和升级，满足车联网的大规模应用。提升 LTE-V2X 网络在主要高速公路和部分城市主要道路的覆盖水平，完善路侧单元的数据接入规范，提高路侧单元与道路基础设施、智能管控设施的融合接入能力，推动

LTE-V2X 网络升级与路侧单元部署的有机结合。在重点地区、重点路段建立5G-V2X 示范应用网络，提供超低时延、超高可靠、超大带宽的无线通信服务。分阶段、分区域推进道路基础设施、交通标志标识的数字化改造和新建，在桥梁、隧道等道路关键节点加快部署窄带物联网（NB-IoT）等网络。

### （二）推动大数据及云平台建设与管理

促进各类车联网平台的互联互通，推动智能网联汽车、道路基础设施、通信基站、车联网平台和应用服务等信息交互与数据共享，构建数据使用和维护的市场化机制，保障车辆安全有效地运行。鼓励构建跨行业、跨部门的综合大数据及云平台，支撑车联网应用的规模发展和持续创新。

### （三）构建智能道路基础设施

促进网络通信技术、人工智能技术与道路交通基础设施的深度融合，为车联网、自动驾驶等新技术应用提供必要条件。面向典型场景和热点区域部署边缘计算能力，构建低时延、大带宽、高算力的车路协同环境。支持北斗卫星导航系统和差分基站等设施建设，提升车用高精度时空服务的规模化应用水平，满足车辆的高精度定位导航需求。在部分高速公路和部分城市主要道路，支持构建集感知、通信、计算等能力为一体的智能基础设施环境。

## 五、发展综合应用，推动提升市场渗透率

### （一）扩大车联网用户规模

鼓励电信运营商推出优惠资费等激励措施，大力发展车联网用户。支持汽

车企业前装联网车载信息服务终端，提升驾驶辅助系统新车搭载率。支持公交车、大货车、出租车、网约车等相关运营车辆提高联网率。

### （二）发展综合信息服务

培育面向乘用车的智慧出行、道路救援、数据服务等创新应用，完善面向多种营运车辆的综合信息服务和远程监测系统，推进面向公安交通管理、商业运输车辆调度和道路运输监管等领域的交通服务，发展共享汽车等新业态。创新商业模式，推动车联网产业与智慧旅游和智慧商务等融合发展。

### （三）拓展电动汽车联网应用

发展电动汽车实时在线监测系统和大数据分析能力，实现充电预警、优化充换电调度、提升充换电效率等目标。支持加强对电动汽车电池等核心部件的监测，鼓励开展退役电池甄别、分级和梯次利用。拓展电动汽车的联网应用，推动电动汽车、充电桩、充电服务平台、动力电池溯源系统、在线监测平台等的互联互通和数据交互，实现对电动汽车全生命周期的安全管理，提高电动汽车安全水平。

### （四）推进交通安全与能效技术应用

推动基于 LTE-V2X、5G-V2X 等技术的“人—车—路—云”协同交互，积极开展交通安全与能效应用。在相关技术、产品和商业化运行条件成熟的情况下，推广交通事件预警、事故报警、交通管控等车路交互信息服务的规模应用，推动基于“车车/车人”通信的事故预警和协同控制技术的应用，提升交通安全与拥堵主动调控能力。推动车路通信技术在车辆和道路交通基础设施中的应用，提升交通安全水平。推广不同路况的行驶策略指引、高速公路货车编队行驶等应用，提高交通效率。

### （五）打造汽车全生命周期服务

建立基于网络的汽车设计、制造、服务一体化体系，构建智能网联汽车数据管理体系。通过车联网实现对车辆运行数据的采集、分析与运用，形成多样化的应用服务和系统管理，为车辆安全运行提供保障。推动车辆精准化的营销推广、定制化的保养服务、个性化的保险套餐、透明化的维修服务和差异化的用车体验，实现基于大数据平台的个性化汽车服务的规模应用。利用车联网技术提升车辆回收和循环利用水平。

## 六、技管结合，推动完善安全保障体系

### （一）健全安全管理体系

以产品和系统的运行安全、网络安全和数据安全为重点，明确相关主体责任，定期开展安全监督检查。完善车联网网络和数据安全的事件通报、应急处置和责任认定等安全管理工作。

### （二）提升安全防护能力

重点突破产业的功能安全、网络安全和数据安全的核心技术研发，支持安全防护、漏洞挖掘、入侵检测和态势感知等系列安全产品研发。督促企业强化网络安全防护和数据安全防护，构建智能网联汽车、无线通信网络、车联网数据和网络的全要素安全检测评估体系，开展安全能力评估。

### （三）推动安全技术手段建设

增强产业安全技术支撑能力，着力提升隐患排查、风险发现和应急处置水平，打造监测预警、威胁分析、风险评估、试验验证和数据安全等安全平台。推动企业加大安全投入，创新安全运维与咨询等服务模式，提升行业安全保障服务能力。

## 七、保障措施

### （一）加强组织领导

充分发挥国家制造强国建设领导小组车联网产业发展专委会的作用，加强统筹推进，强化部门合作，解决关键问题，营造有利于车联网产业发展的良好环境。加强部省合作，发挥区域资源优势，共同推动示范应用和产业化，培育一批领军企业，构建产业集聚区。加强产业跟踪研究、总结评估和督促指导，确保重点工作有序推进。

### （二）加大政策支持力度

发挥财政资金的引导作用，鼓励地方政府加大投入，完善协同机制，加大对关键技术研发、示范应用与产业化应用的支持力度。鼓励地方政府通过多种方式支持产业发展，探索制订智能网联汽车分时租赁优惠政策。加强产融合作，引导信贷投放，吸引风险投资等各类社会资本参与车联网产业发展。

### （三）构建产业生态体系

加快建设智能网联汽车制造业创新中心，搭建产学研用联合的协同创新和成果转化平台。积极发挥产业联盟等的统筹协调作用，促进产业链上下游以及与相关行业之间的有效融合，构建技术创新和产业生态体系。鼓励新型商业模式，积极培育创新应用，建设创新创业创优服务平台，促进形成新业务、新市场和新生态。

## （四）优化产业发展环境

推动制定有利于产业创新的政策法规，适时修订制约产业发展的制度规章，为大规模测试示范和商业化应用提供政策和制度保障。加快构建智能网联汽车测试评价体系，建立健全智能网联汽车生产准入管理制度。利用世界智能网联汽车大会等高端平台，促进技术交流和产业合作。坚持包容审慎的原则，加强对产品和应用的事中事后监管，强化知识产权保护与有效利用，健全信用管理机制。

## （五）健全人才培养体系

高度重视人才队伍建设对产业发展的作用，培养和引进相结合，有计划、多渠道引进高端人才和青年人才，培育高水平的创新创业团队，加快形成具有国际领先水平的专家队伍。推动学科建设和专业布局，促进构建有利于产业融合的交叉学科和专业，推动建设跨学科的培训体系。

## （六）推进国际及港澳台交流合作

利用中欧、中俄、中德、中美、中法、中日、中韩以及海峡两岸有关产业对话机制或活动平台，加强务实合作与交流，推动与世界先进技术和产业链对接，实现高起点与可持续发展。积极参与相关国际标准的制定和协调，重点加强共性技术、测试评价以及频率规划等方面的交流与合作。鼓励全球领先企业在中国设立生产基地和研发机构，支持国内优秀企业积极开拓海外市场，构建开放发展、合作共赢的产业格局。

# 中华人民共和国工业和信息化部令第 51 号

现公布工业和信息化部关于取消部分部门规章和规范性文件等设定的证明事项的决定，相关证明事项自公布之日起取消。

部长　苗圩

2018 年 12 月 29 日

附件：1．取消的部门规章设定的证明事项目录

2．取消的规范性文件等设定的证明事项目录

## 附件 1：

取消的部门规章设定的证明事项目录

<table>
<tr><th>序号</th><th>证明</th><th>用途</th><th>依据</th></tr>
<tr><td>1</td><td>工商营业执照原件及复印件</td><td rowspan="7">申请“民用爆炸物品进出口审批”</td><td rowspan="7">《民用爆炸物品进出口管理办法》（工业和信息化部、公安部、海关总署令第 21 号）</td></tr>
<tr><td>2</td><td>《民用爆炸物品生产许可证》或者《民用爆炸物品销售许可证》原件及复印件</td></tr>
<tr><td>3</td><td>企业法定代表人、经办人的身份证明原件及复印件</td></tr>
<tr><td>4</td><td>仓储条件证明</td></tr>
<tr><td>5</td><td>满足行业安全要求的证明材料</td></tr>
<tr><td>6</td><td>符合国家有关安全运输标准的证明材料</td></tr>
<tr><td>7</td><td>符合国家有关环保标准的证明材料</td></tr>
</table>

续表

| 序号 | 证明 | 用途 | 依据 |
| --- | --- | --- | --- |
| 8 | 主要负责人、安全管理人员任职安全资格证书原件及复印件 | 申请“民用爆炸物品销售许可” | 《民用爆炸物品销售许可实施办法》（国防科技工业委员会令第18号，2015年修订） |
| 9 | 国际通信基础设施经营许可证或国际电信业务经营许可证 | 申请“国际通信出入口局设立审批” | 《国际通信出入口局管理办法》（信息产业部令第22号） |
| 10 | 无线电发射设备型号核准证 | 申请“电信设备进网许可（含试用）审批” | 《电信设备进网管理办法》（信息产业部令第 11 号，2014年修订） |
| 11 | 电信业务经营许可证复印件 | 申请“电信网码号资源使用和调整审批” | 《电信网码号资源管理办法》（信息产业部令第 28 号，2014年修订） |
| 12 | 业余无线电台操作证书（申请设置业余无线电台） | 申请“无线电台（站）设置、使用许可” | 《业余无线电台管理办法》（工业和信息化部令第22号） |
| 13 | 可用资金证明 | 申请“组建卫星通信网和设置、使用卫星地球站” | 1.《建立卫星通信网和设置使用地球站管理规定》（工业和信息化部令第7号）<br>2.《工业和信息化部行政许可实施办法》（工业和信息化部令第 2 号，2014年、2017年修订） |
| 14 | 电信业务经营许可证复印件 | | |

# 附件2：

取消的规范性文件等设定的证明事项目录

| 序号 | 证明 | 用途 | 依据 |
| --- | --- | --- | --- |
| 1 | 基础电信业务经营许可证（限公用电信网） | 申请“全国性信息网络工程或者国家规定限额以上建设项目的公用电信网、专用电信网、广播电视传输网建设审核” | 工业和信息化部网站《全国性信息网络工程或者国家规定限额以上建设项目的公用电信网、专用电信网、广播电视传输网建设审核》办事指南 |

续表

| 序号 | 证明 | 用途 | 依据 |
| --- | --- | --- | --- |
| 2 | 营业执照复印件 | 申请“第二、三类监控化学品和第四类监控化学品中含磷、硫、氟的特定有机化学品生产特别许可” | 工业和信息化部网站《第二、三类监控化学品和第四类监控化学品中含磷、硫、氟的特定有机化学品生产特别许可》办事指南 |
| 3 | 预注册通知书（新建） | 申请“新建、扩建或者改建用于生产第二、三类监控化学品和第四类监控化学品中含磷、硫、氟的特定有机化学品的设施建设审批和竣工验收” | 工业和信息化部网站《新建、扩建或者改建用于生产第二、三类监控化学品和第四类监控化学品中含磷、硫、氟的特定有机化学品的设施建设审批和竣工验收》办事指南 |
| 4 | 营业执照复印件（改建或者扩建） | | |
| 5 | 营业执照复印件 | 申请“第一类监控化学品及其生产技术、专用设备进出口审核以及第二、三类监控化学品及其生产技术、专用设备进出口审批” | 工业和信息化部网站《第一类监控化学品及其生产技术、专用设备进出口审核以及第二、三类监控化学品及其生产技术、专用设备进出口审批》办事指南 |
| 6 | 消防验收证明 | 办理“道路机动车辆生产企业及产品准入许可” | 1．《乘用车生产企业及产品准入管理规则》（工产业〔2011〕第37号）<br>2．《商用车生产企业及产品准入管理规则》（工产业〔2010〕第132号）<br>3．《专用汽车和挂车生产企业及产品准入管理规则》（工产业〔2009〕第45号）<br>4．《专用校车生产企业及产品准入管理规则》（工产业〔2012〕第25号）<br>5．《摩托车生产准入管理办法实施细则》（经贸委〔2002〕第110号） |
| 7 | 环评批复文件 | | |
| 8 | 股东出资证明或者验资报告 | | |

续表

| 序号 | 证明 | 用途 | 依据 |
| --- | --- | --- | --- |
| 9 | 学历证书复印件 | 申请“互联网域名根服务器设置及其运行机构和注册管理机构的设立审批” | 工业和信息化部网站《互联网域名根服务器设置及其运行机构和注册管理机构的设立审批》办事指南 |
| 10 | 增值电信业务经营许可证复印件 | 申请“互联网域名根服务器设置及其运行机构和注册管理机构的设立审批” | 工业和信息化部网站《互联网域名根服务器设置及其运行机构和注册管理机构的设立审批》办事指南 |
| 11 | 学历证书复印件 | 申请“域名注册服务机构” | 工业和信息化部网站《互联网域名注册服务机构的设立审批》办事指南 |
| 12 | 增值电信业务经营许可证复印件 | 申请“域名注册服务机构” | 工业和信息化部网站《互联网域名注册服务机构的设立审批》办事指南 |
| 13 | 定制协议或者定制证明（申请定制话机进网许可） | 申请“电信设备进网许可（含试用）审批” | 《移动电话机定制管理规定》（工信部电管〔2010〕4号） |
| 14 | 卫星转发器出租、出售业务经营许可证明 | 申请“境内单位租用境外卫星资源核准” | 工业和信息化部网站《境内单位租用境外卫星资源核准》办事指南 |
| 15 | 无线电台执照复印件 | 申请“无线电台识别码核发” | 工业和信息化部网站《无线电台识别码核发》办事指南 |
| 16 | 质量保证体系证书复印件（仅限境内企业） | 申请“无线电发射设备型号核准” | 1．《生产无线电发射设备的管理规定》（国无管〔1997〕12号）<br>2．工业和信息化部网站《无线电发射设备型号核准》办事指南 |
| 17 | 核准测试报告 | 申请“无线电发射设备型号核准” | 1．《生产无线电发射设备的管理规定》（国无管〔1997〕12号）<br>2．工业和信息化部网站《无线电发射设备型号核准》办事指南 |
| 18 | 合法、有效的频率使用文件 | 申请“无线电发射设备进关核准” | 工业和信息化部网站《无线电发射设备进关核准》办事指南 |
| 19 | 制造业单项冠军市场占有率证明 | 申报制造业单项冠军 | 《工业和信息化部关于印发〈制造业单项冠军企业培育提升专项行动实施方案〉的通知》（工信部产业〔2016〕105号） |
| 20 | 营业执照副本复印件 | 申报制造业单项冠军 | 《工业和信息化部关于印发〈制造业单项冠军企业培育提升专项行动实施方案〉的通知》（工信部产业〔2016〕105号） |
| 21 | 营业执照副本复印件 | 申报服务型制造示范遴选 | 《工业和信息化部办公厅关于开展第二批服务型制造示范遴选工作的通知》（工信厅产业函〔2018〕145号） |

续表

| 序号 | 证明 | 用途 | 依据 |
| --- | --- | --- | --- |
| 22 | 营业执照副本复印件 | 申报国家级工业设计中心 | 《工业和信息化部办公厅关于组织开展2017年度国家级工业设计中心认定工作的通知》（工信厅产业函〔2017〕186号） |
| 23 | 主管部门关于企业未发生重大质量、安全生产事故，没有违法或涉嫌违法正在接受调查的证明 | | |
| 24 | 武器装备有关资质复印件 | 遴选“民参军”目录项目 | 《工业和信息化部办公厅 国防科工局综合司关于推荐〈民参军技术与产品推荐目录（2018年度）〉信息的通知》（工信厅联军民函〔2018〕165号） |

# 附录三 2018 年中国信息通信业大事记

| | |
|---|---|
| 2018.01.05 | 工业和信息化部通信科学技术委员会第二届第一次全体会议在北京市召开，工业和信息化部副部长陈肇雄出席会议并讲话。 |
| 2018.01.12 | 印发《关于督促互联网网络接入服务企业依法持证经营的通知》（工信管函〔2018〕84 号）。 |
| 2018.01.14 | 印发《国家制造强国建设领导小组关于设立工业互联网专项工作组的通知》（工信部信管〔2018〕41 号）。 |
| 2018.01.15 | 向中国电信集团公司等六家单位颁发了首批无线电频率使用许可证。 |
| 2018.01.18 | 工业和信息化部副部长刘利华带队赴海南开展无线电管理边海工程专题调研。 |
| 2018.02.02 | 2018 工业互联网峰会在北京市召开，国务院副总理马凯同志出席并作重要讲话，工业和信息化部部长苗圩主持并致辞，工业和信息化部总经济师王新哲、总工程师张峰分别出席“工业互联网产业生态与行业实践”“工业互联网发展对话”论坛并致辞。 |
| 2018.03.03 | 2018 中国互联网领军企业负责人座谈会在北京市召开，工业和信息化部副部长陈肇雄出席座谈会并讲话。 |
| 2018.03.07 | 印发《关于做好电信业务经营不良名单和失信名单管理工作的通知》（工信部信管〔2018〕54 号）。 |
| 2018.03.21 | 由中国信息通信研究院和 IMT-2020（5G）推进组共同主办 |

的 5G 应用征集大赛行业应用研讨会在北京市召开，工业和信息化部副部长陈肇雄出席会议并致辞。

2018.03.23　2018 年全国无线电管理工作电视电话会议召开，工业和信息化部党组成员、总工程师张峰出席会议并作重要讲话。

2018.03.30　工业和信息化部党组书记、部长苗圩在《学习时报》头版发表署名文章《加快制造强国和网络强国建设步伐》。

2018.04.03　工业和信息化部向中国移动颁发了基础电信业务经营许可证，批准中国移动经营 LTE/第四代数字蜂窝移动通信业务(LTE FDD)。

2018.04.04　国务院总理李克强主持召开国务院常务会议，听取宽带网络提速降费工作汇报，推动数字经济发展和信息消费。

2018.04.12　国务院总理李克强主持召开国务院常务会议，确定发展“互联网+医疗健康”措施，缓解看病就医难题提升人民健康水平。

2018.04.12　工业和信息化部召开全国电视电话会议，部署 2018 年电信行业行风建设和纠风工作，部党组成员、副部长陈肇雄出席会议并讲话。

2018.04.12　“数字经济推进方阵成立暨《中国数字经济发展和就业白皮书（2018 年）》发布大会”在北京市召开，工业和信息化部总工程师陈因出席并致辞。

2018.04.17　工业和信息化部总工程师陈因在瑞士日内瓦出席国际电信联盟 2018 年理事会。

2018.04.22　首届数字中国建设峰会在福建省福州市开幕，工业和信息化部党组成员、副部长陈肇雄出席会议，致开幕辞并主持主论坛。

2018.04.25　国务院办公厅印发《关于促进“互联网+医疗健康”发展的

意见》（国办发〔2018〕26 号）。

2018.04.25　印发《关于贯彻落实〈推进互联网协议第六版（IPv6）规模部署行动计划〉的通知》（工信部通信〔2018〕77 号）。

2018.04.28　印发《关于移动通信转售业务正式商用的通告》（工信部通信〔2018〕70 号）。

2018.04.28　印发《关于深入推进互联网网络接入服务市场清理规范工作的通知》（工信厅信管函〔2018〕161 号）

2018.05.03　印发《关于推进网络扶贫的实施方案（2018—2020 年）》的通知（工信部通信〔2018〕83 号）。

2018.05.11　工业和信息化部 国资委印发《关于深入推进网络提速降费加快培育经济发展新动能 2018 专项行动的实施意见》。

2018.05.17　“2018 年世界电信和信息社会日大会”在北京市召开，工业和信息化部党组成员、总工程师张峰出席会议并讲话。

2018.05.21　工业互联网专项工作组第一次会议在北京市召开，工业互联网专项工作组组长、工业和信息化部部长苗圩主持会议并讲话。

2018.05.25　工业和信息化部党组成员、总工程师张峰在哈萨克斯坦首都阿斯塔纳出席国际数字与网络安全会议并发言。

2018.05.26　2018 中国国际大数据产业博览会在贵州省贵阳市开幕，工业和信息化部党组成员、副部长陈肇雄出席开幕式并致辞。

2018.05.28　第六次中日韩信息通信部长会议在日本东京举行，工业和信息化部部长苗圩率团出席会议。

2018.05.30　工业和信息化部办公厅 财政部办公厅印发《2018 年度电信普遍服务试点申报指南》（工信厅联通信函〔2018〕192 号）。

2018.05.31　印发《工业互联网发展行动计划（2018—2020 年）》和《工业互联网专项工作组 2018 年工作计划》（工信部信管函〔2018〕188 号）。

2018.06.06　工业和信息化部网络扶贫现场推进会在陕西省渭南市柿村召开，工业和信息化部副部长陈肇雄出席会议并实地调研网络建设应用情况。

2018.06.08　数字经济与实体经济融合发展研讨会暨“中国数字经济百人会”筹备工作会在北京市召开，工业和信息化部党组成员、总工程师张峰出席研讨会并讲话。

2018.06.10　国务院办公厅印发《关于印发进一步深化“互联网+政务服务”推进政务服务“一网、一门、一次”改革实施方案的通知》（国办发〔2018〕45 号）。

2018.06.12　工业和信息化部召开全国视频会议，部署深入推进防范打击通讯信息诈骗工作。工业和信息化部党组成员、副部长陈肇雄出席会议并讲话。

2018.06.19　印发《关于深化宽带接入网业务开放试点的通告》（工信部通信函〔2018〕220 号）。

2018.06.22　2018 年 IMT-2020（5G）峰会在深圳召开，工业和信息化部党组成员、副部长陈肇雄出席峰会并致开幕辞。

2018.06.26　工业和信息化部与国际电信联盟共同在广西壮族自治区南宁市召开大数据技术发展与融合应用研讨会，工业和信息化部党组成员、副部长罗文出席会议并讲话。

2018.06.27　工业和信息化部副部长陈肇雄出席 2018 年世界移动大会（上

海）并致开幕辞。

2018.07.01　三家基础电信企业实施取消流量“漫游”费。

2018.07.06　召开 2018 年全国电信普遍服务工作电视电话会议，工业和信息化部党组成员、副部长陈肇雄出席会议并讲话。

2018.07.10　2018（第十七届）中国互联网大会在北京国家会议中心开幕，工业和信息化部副部长陈肇雄出席大会并作主旨报告。

2018.07.23　工业和信息化部向 15 家企业颁发移动通信转售业务经营许可。

2018.07.27　工业和信息化部 国家发展和改革委员会印发《扩大和升级信息消费三年行动计划（2018—2020 年）》（工信部联信软〔2018〕140 号）。

2018.07.30　十三部门印发《综合整治骚扰电话专项行动方案》（工信部联信管〔2018〕138 号）。

2018.08.02　2018（第三届）中国大数据产业生态大会在北京市召开，工业和信息化部党组成员、总工程师张峰出席大会并致辞。

2018.08.03　全国电磁频谱管理领域军民融合发展成果展在北京市举行。工业和信息化部部长苗圩出席开幕式并致辞，工业和信息化部总工程师张峰主持开幕式。

2018.08.14　“2018 可信云大会”在北京市召开。工业和信息化部总经济师王新哲出席大会并致辞。

2018.08.17　“一带一路”互联网+医疗健康大会在北京市召开，工业和信息化部总经济师王新哲出席大会开幕式并致辞。

2018.08.23　首届中国国际智能产业博览会在重庆市开幕，国家主席习近平向会议致贺信。

2018.08.23　印发《关于进一步规范电信资费营销行为的通知》（工信部通信函〔2018〕276 号）。

2018.08.23　无线电管理重点工作推进座谈会在吉林省长春市组织召开，工业和信息化部党组成员、总工程师张峰出席座谈会并讲话。

2018.08.30　工业和信息化部部长苗圩在巴西首都巴西利亚与巴科技、创新和通信部部长吉尔贝托·卡萨布举行工作会谈，并签署信息通信领域合作谅解备忘录。

2018.08.30　第十五届中国信息港论坛在江苏省南京市召开，工业和信息化部党组成员、总工程师张峰出席开幕大会并讲话。

2018.08.31　工业和信息化部、中国证监会联合召开工业互联网产融结合座谈会，工业和信息化部部长苗圩出席会议，工业和信息化部副部长陈肇雄主持会议。

2018.09.04　2018 ISC 互联网安全大会在北京国家会议中心召开，工业和信息化部副部长陈肇雄出席会议并致辞。

2018.09.05　工业和信息化部 12381 公共服务电话平台正式开通运行。

2018.09.10　2018 年世界电信展在南非德班举办，工业和信息化部副部长陈肇雄带队出席开幕式及相关活动。

2018.09.10　2018 世界人工智能大会在上海市举行，中共中央总书记、国家主席习近平向会议致贺信，中共中央政治局委员、国务院副总理刘鹤出席大会开幕式并致辞，工业和信息化部部长苗圩出席大会开幕式及高峰论坛。

2018.09.19　第一届中国无线电大会（原第十九届中国无线技术与应用大会）在北京市开幕，工业和信息化部总经济师王新哲出席开幕式并致辞。

2018.09.26　2018 年中国国际信息通信展览会在北京市开幕，工业和信息化部部长苗圩出席开幕论坛并致辞，工业和信息化部党组成员、总工程师张峰主持开幕论坛，工业和信息化部副部长辛国斌出席 2018 年中国国际信息通信展览会 ICT 领袖论坛并致辞。

2018.09.29　中俄总理定期会晤委员会通信与信息技术分委会第十七次会议在海南省博鳌镇举行，分委会中方主席、工业和信息化部副部长陈肇雄与分委会俄方主席，俄罗斯联邦数字发展、通信与大众传媒部副部长伊万诺夫共同主持会议。

2018.09.30　印发《关于实施无线电发射设备型号核准所需技术测试由工业和信息化部委托开展的公告》（中华人民共和国工业和信息化部公告 2018 年第 47 号）。

2018.10.08　印发《无线电干扰投诉和查处工作实施细则》（工信部无〔2018〕192 号）。

2018.10.25　印发《车联网（智能网联汽车）直连通信使用 5905-5925MHz 频段管理规定（暂行）》（工信部无〔2018〕203 号）。

2018.10.27　印发《关于推进综合整治骚扰电话专项行动的工作方案》（工信厅信管函〔2018〕337 号）。

2018.10.29　国际电信联盟 2018 年全权代表大会在阿拉伯联合酋长国迪拜开幕，工业和信息化部副部长陈肇雄率团出席大会并发言。

2018.10.29　工业和信息化部 国务院扶贫办印发《关于持续加大网络精准扶贫工作力度的通知》（工信部联通信函〔2018〕396 号）。

2018.11.07　第五届世界互联网大会在浙江省乌镇开幕，国家主席习近平致贺信，工业和信息化部副部长陈肇雄出席开幕式。

2018.11.23　2018 中国工业互联网大会在广东省广州市召开，工业和信息化部党组成员、总工程师张峰出席大会并致辞。

2018.11.23　工业和信息化部批复建设山西综改示范区、广东横琴新区、浙江桐乡市 3 条国际互联网数据专用通道。

2018.11.29　全国信息通信监管工作座谈会在北京市召开，工业和信息化部党组成员、副部长陈肇雄，工业和信息化部党组成员、总工程师张峰出席会议。

2018.12.04　2018 中国“互联网+”峰会北京市召开，工业和信息化部总经济师王新哲出席峰会并致辞。

2018.12.05　十三部门印发《关于调整跨境电商零售进口商品清单的公告》。

2018.12.10　工业和信息化部向基础电信运营企业发放 5G 系统试验频率使用许可。

2018.12.11　印发《3 000～5 000MHz 频段第五代移动通信基站与卫星地球站等无线电台（站）干扰协调管理办法》（工信部无〔2018〕266 号）。

2018.12.14　中国通信学会第八次全国会员代表大会第二次会议暨八届三次理事会在成都召开，工业和信息化部副部长、中国通信学会理事长陈肇雄出席会议。

2018.12.25　印发《车联网（智能网联汽车）产业发展行动计划》的通知（工信部科〔2018〕283 号）。

（信息来源：工信部网站新闻动态频道）